Paul Deselaers

Lebensweisheit aus der Bibel

Biblische Frauen und Männer –
Inspiration für heute

HERDER

FREIBURG · BASEL · WIEN

Umschlaggestaltung: Finken & Bumiller, Stuttgart
Umschlagmotiv: Lucas Cranach d. Ä.:
Moses mit den Gesetzestafeln, um 1530,
Stadtgeschichtliches Museum, Leipzig

Alle Rechte vorbehalten – Printed in Grmany
© Verlag Herder Freiburg im Breisgau 2002
www.herder.de
Textverarbeitung: A. Scheydecker, Freiburg i. Br.
Druck und Einband: fgb · freiburger graphische betriebe 2002
www.fgb.de
Gedruckt auf umweltfreundlichem,
chlor- und säurefrei gebleichtem Papier
ISBN 3-451-27320-9

Inhalt

Vorwort

Wenn etwas die Weltlage der letzten Jahre kennzeichnet, sind es gewiss die vielen privaten, nationalen und internationalen Konflikte, die in aller Öffentlichkeit ausgebreitet werden. Immer neu bringen sie schmerzliche Folgen hervor. Ob sie nicht für die jeweiligen Konfliktparteien auf eine Fehleinschätzung ihrer selbst zurückgehen, auf ein Aufheben der Grenze in der Beziehung zu anderen Menschen und vorgegebenen Fakten, auf das fehlende rechte Wissen vom Leben, auf den Verlust, verstehende Fragen stellen zu können? Weisheit ist vonnöten. Sie wäre das Lebenswissen um das stimmige Maß in allen Beziehungen des Lebens, das Tiefenwissen, dass das Leben vom Leben anderer lebt.

Hier setzt die biblische Lebensweisheit an. Sie leuchtet beglückende und schmerzliche Ereignisse des Lebens aus und sucht daraus Erfahrungen zu sammeln. Anschaulich gestaltet werden sie am besten in Personen, in ihren lebensgeschichtlichen Ereignissen. So können sie – weisheitlich durchdrungen – in Lebenssituationen, in Fragen und Suchbewegungen anderer hinein sprechen und dazu helfen, das Lebenkönnen neu zu erlernen, es zu praktizieren und weiterzugeben. Frauen und Männer unterschiedlicher Zeiten werden in der biblischen Tradition zu Ikonen der Hoffnung auf lebendiges Leben. Sie ergeben sich nicht blind ins scheinbare Schicksal, sie lernen vielmehr, sie fragen unnachgiebig, was Leben ist, sie probieren es, sie stehen auf, sie beginnen neu.

So sehr in aller Unübersichtlichkeit die Suche nach Orientierung für das eigene Leben im Vordergrund steht, so sehr ist die biblische Lebensweisheit immer sowohl auf die menschliche Gemeinschaft, die sich in vielfältigen Lebensgestalten zeigt, ausgerichtet, als auch auf den geheimnisvoll tragenden Grund und Hintergrund von allem: den lebendig anwesenden und wirksamen Gott. Je mehr es möglich wird, das Leben sensibel und genau zu beschreiben und es ernst zu nehmen, umso mehr nähert sich der, dessen Antlitz durch alle Lebensumstände hindurch schimmert: der LEBENDIGE GOTT. Mit ihm zeigt sich auch die universale Gemeinschaft seiner Schöpfung. Wer den Dimensionen des gottgeschenkten Lebens auf den Geschmack kommt und das Leben von daher gestaltet, ist im biblischen Sinne weise. Nüchterne Realitätsbezogenheit und Offenheit für das Unbegreifliche helfen zu einem guten Augenmaß im Leben, zur Unterscheidung der Geister und zur Skepsis gegenüber allen Formen von religiöser Überhitzung und Verabsolutierung.

Vielfach sind weise Menschen im Gedächtnis des Alten Testamentes bewahrt. Sie riskieren Beziehungen zu sichtbaren Geschöpfen aus der Beziehung zum unsichtbaren Gott und umgekehrt. Sie bleiben glaubende und Glauben suchende Menschen. Sie wollen uns inspirieren, in uns „hineinatmen", sodass sich unsere Lebenswelt im Licht der Bibel neu erschließt und die Bibel Neues freigibt im Licht unserer Lebensverhältnisse und Fragen. Dazu bedarf es freilich dessen, wozu die Heilige Schrift des Alten und Neuen Testamentes da ist: Sie will gelesen und gehört werden. Dazu möchte dieses Buch „inspirieren".

In seiner Entstehungsgeschichte bin ich vielfach inspiriert worden – in freundschaftlich kundigen Gesprächen mit Dorothea Sattler, Christoph Dohmen, Peter Weimar und Erich Zenger. Ihnen danke ich von Herzen. Frau Roswitha Kipp hat durch ihr gründliches Fragen und die sorgfältige Erstellung der Manuskriptvorlage die konkrete Arbeit an diesem Buch mitgetragen. Ihr gilt mein besonderer Dank.

Münster, zum immerwährenden Gedenken
des 1. Advents des LEBENDIGEN GOTTES 2001

Noach –
Auf Gegenwegen

1 Vorsintflutlich leben?

Möchten Sie in dem, wie Sie sind oder was Sie tun, vorsintflutlich genannt werden? Dann wären Sie abgeschrieben, aus dem Rennen, ohne Chance, noch mitreden zu können, ja überhaupt ernst genommen zu werden. Nicht selten ist Vorsintflutliches Gegenstand von Spott und Verachtung. Manchmal findet es freilich auch Liebhaber und Bewunderer.

„Nach mir die Sintflut!" Eine andere Redewendung. Wer das sagt, möchte nicht an die Folgen seines Tuns denken, will nur noch das zu Ende bringen, was er sich vorgenommen hat, weiß sich den Komplikationen nicht gewachsen, die aus seinem Tun entstehen können oder die sich seinen Plänen in den Weg stellen. „Nach mir die Sintflut!" Wer so spricht, lehnt die Verantwortung für die Konsequenzen seines Handelns ab.

Viele Wendungen in unserer Sprache nehmen biblische Bilder und Begriffe auf. Arm wären unsere Vorstellung wie auch unsere Sprache, würden sie nicht aus der Heiligen Schrift schöpfen können. Oft ist diese Herkunft vielen nicht mehr bekannt, auch nicht die Dramatik, die diese Wortbilder mitbringen. Würde beides zurückgewonnen, könnten wir vielleicht unsere Lebenswelt und unser eigenes Leben mit neuen Augen sehen.

Beide Redewendungen „Nach mir die Sintflut!" und „vorsintflutlich" haben mit dem zu tun, was vor der Sintflut geschehen ist, welche Verhältnisse da geherrscht haben. Das reicht in den Anfang der Bibel zurück. Was war denn vor der Sintflut?

Nach dem Geschehen zwischen Kain und Abel, dem Brudermord, geht die Menschengeschichte weiter. Kain zeugt mit seiner Frau ein Kind (Genesis 4,17). Von da aus beginnt eine ununterbrochene Geschlechterfolge. Vielfältige Berufe und Existenzweisen tauchen auf: Nomaden, Musikanten, Schmiede, Kesselflicker. Eine „Liste der Geschlechterfolge nach Adam" (5,1) enthüllt eine deutliche Aussage: Letztlich geht es nicht darum, wer wessen Vater oder Mutter oder Kind ist. Vielmehr ist von Belang, dass sich in der Weiterentwicklung der Menschheit eine erschütternde Veränderung der menschlichen Gesinnung zeigt. Aus der Ursünde folgen wie in einer Kettenreaktion wachsende Unversöhnlichkeit und eine entschlossene, manchmal wild erscheinende Selbstbehauptung, der Hang, nur sich selbst zu sehen.

Einen Brennpunkt dieser Entwicklung stellt ein Lied dar, das Lamechlied (4,23 f). Es ist ein uralter Rachegesang, in dem der Mensch Lamech beansprucht, jetzt selber Rache zu üben – und zwar „siebenundsiebzigfach". Bei Kain, Generationen zuvor, hatte Gott selbst Kain nicht einfach gestraft, vielmehr ihn durch ein Zeichen vor menschlicher Gewalt geschützt (4,15). Jetzt ist es anders, und der Kontrast ist unüberhörbar und übersehbar. Überall ist Gewalt (6,11), und Menschen üben sie aus gegen Menschen und gegen die Schöpfung.

Die alten Bilder der biblischen Erzählungen sprechen nämlich von der gegenseitigen Verletzung der menschlichen Rechte, von der Ausnutzung der Macht, von Unmenschlichkeit, von Gewalttat, die sich gegen Menschen richtet. Dadurch wird Gottes gute Schöpfung gestört. Insofern Menschen die Schöpfung und die menschliche Ordnung stören, stellen sie sich gegen Gott, den Schöpfer. Dass das die Sünde aller Menschen gegen Gott ist, stellt die Bibel mit Erschrecken fest.

Die Übertragung dieses Grundverhaltens auf uns, auf unsere Welt und unsere Fragen ergibt sich fast spontan und wie nebenbei. Gewalt – von der Folter bis zum Psychoterror, von Attentaten an Einzelnen und Selbstmordattentaten mit Massenmorden bis zu erniedrigenden Vergewaltigungen, vom Verschweigen wahrer Sachverhalte bis zur erklärten Irreführung, vom Misstrauen bis zur Unterstellung, von der institutionellen Gewalt bis zum gewalttätigen Widerstand oder blutigster Vergeltung: Welch ein aus vielfach grauenhaften Zusammenhängen gefärbtes Wort ist das Wort „Gewalt"! Nichts kennzeichnet den vorsintflutlichen Zustand prägnanter. Damit ist immer auch der Selbstlauf der Gewalt in seinen verheerenden Folgen mitgemeint, das also,

10

was die einzelne Gewalttat an zerstörenden Folgen mit sich bringt.

Bei der Vertreibung aus dem Paradies hatte Gott den Menschen folgendermaßen ausgestattet: „Seht, der Mensch ist geworden wie wir; er erkennt Gut und Böse" (3,22). Genau das verwirklicht sich jetzt nicht. Der Mensch kann und muss Gut und Böse unterscheiden; jetzt aber realisiert sich in der Gewalt ein Lebensgefühl und ein Lebensprogramm, die das Böse als Grundmotiv allen Lebens an die erste Stelle setzen und Gott, dessen Freude am Leben und dessen Anteilgeben am Leben die Menschen ihre Existenz verdanken, nicht mehr Gott sein lassen wollen.

Fast kann man überlesen, wie dieser Weltzustand sich in den Augen Gottes ausnimmt: „Der HERR sah, dass auf der Erde die Schlechtigkeit des Menschen zunahm und dass alles Sinnen und Trachten seines Herzens immer nur böse war" (6,5). Alle denkbaren sprachlichen Mittel wendet der Erzähler der Sintfluterzählung auf, um die totale und unwiderrufliche Verderbtheit der ganzen Menschheit auf allen Ebenen festzuhalten. Kein gutes Haar bleibt am Menschen, wie er sich entwickelt hat. Die Schöpfung ist auf den Kopf gestellt. Wie soll es nur weitergehen? Eine Krise ohnegleichen bahnt sich an, eine vorsintflutliche – im wahrsten Sinn des Wortes. Wird diese Krise auf eine Katastrophe zulaufen, in der alles umgedreht wird, gar der Bestand der Schöpfung rückgängig gemacht wird, oder wird eine neue Chance eröffnet, die immer wieder zur Geltung bringen kann, dass die Schöpfung Gottes gute Schöpfung ist, seiner Freude entsprungen, Anteil am Leben zu schenken, eben nicht „vorsintflutlich" gewollt?

Auch diese Frage ist unserer Lebenswelt nicht fremd. Ungeheure Energien hat der Mensch freigesetzt, die zur Vernichtung der Erde führen können. Auch positiv können diese Energien genutzt werden. Immer ist der Umgang damit so oder so möglich. Wer wollte denn wirklich „vorsintflutlich" leben? Und wie könnten wir so leben, dass Gottes Schöpfungswille aufblitzt und durchscheint?

2   „Aber Noach ..." (Genesis 6,8)

Heißt vorsintflutlich, dass die an der Innenseite zerrüttete Welt
auch von außen hoffnungslos zerstört wird? Ist das Schwarz-
sehen – „denn alle Wesen aus Fleisch auf der Erde lebten verdor-
ben" (6,12) – vielleicht nur eine pädagogische Maßnahme, um
den Finger auf eine gefährliche Wunde zu legen? Der Ernst der
vorsintflutlichen Situation ist unverkennbar. „Da reute es den
Herrn, auf der Erde den Menschen gemacht zu haben, und es tat
seinem Herzen weh" (6,6). Hier wird der Urzusammenhang zwischen Mensch und Erdreich zum Ausdruck gebracht, der das
ganze Schicksal des Menschen mit dem Boden dieser Erde verknüpft. Zuerst ist das Erdreich da, geschaffen von Gott als
„Adama" (2,5). Doch es fehlt ihm der „Adam", um es zu bedienen, wie es heißt. Dann wird von Gott aus Lehm derselben
„Adama" der „Adam" gebildet, der Erdling, wie der Mensch
eigentlich heißt. Er wird in den Garten gesetzt, „um ihn zu bedienen und zu bewachen" (2,15). Dieser Garten ist geradezu ein
Modell für die Welt, für die „Adama". An ihm soll deutlich werden, wie Welt und Menschen, Erde und Erdling aufeinander bezogen sind, wie aus dieser Verbindung Kultur entsteht, eben das
„Bedienen und Bewachen" des Gartens. Dieser Zusammenhang
ist tief gestört. Wegen der Menschen sagt der HERR jetzt: „Ich
will den Menschen, den ich erschaffen habe, vom Erdboden ver-
tilgen" (6,6 f). Indem sich die ganze Erde mit der Gewalttat des
Menschen füllt, verdirbt sie selber (6,11). Gott beschließt nach
der Erzählung, sie vergehen zu lassen.

Erde und Erdling, Erdboden und Mensch, Welt und Wel-
tenbürger sind für immer miteinander verbunden, eine Existenzgemeinschaft, die sich zu einer schicksalhaften Solidarität auswirkt. Die Erde bringt den Segen der Menschenarbeit hervor,
doch sie trägt auch den Fluch der menschlichen Gewalttat. Der
Mensch verantwortet das Schicksal seines Bodens, so zeigt es die
vorsintflutliche Situation. Eine Perspektive, die keine Perspektive
mehr in sich birgt – aus Menschensicht: eine Modellgeschichte
der Störung und Zerrüttung der Gottes- und der Schöpfungs-
gemeinschaft.

Wäre da nicht Noach. „Aber Noach" (6,8), heißt es. Dieses

„Aber" ist im Hebräischen ein einziger senkrechter Strich. In Normalfall bedeutet er „und" und verbindet. Hier trennt er zwei Sätze und damit zwei Wirklichkeiten, die vom Ursprung her eins sind und sich dann auseinander entwickelt haben, schroff voneinander. Er trennt die Menge der Gewalttaten und der menschlichen Bosheit mit dem Beschluss Gottes, diese Welt verderben zu lassen *und* die teilweise Zurücknahme des Unheils, die in Noach Gestalt findet. Kann also die Schöpfung doch nicht so gänzlich entarten, dass nicht ein Setzling für eine neue Pflanze übrig bleibt? Schon in 4,26 heißt es: „Damals begann man den Namen des HERRN anzurufen." Das wird gesagt, als Set, ein Nachkömmling Adams und Evas, anstelle des ermordeten Abel geboren wird. Sein Name wird gedeutet als „Setzling" der Stammeltern (4,25). In seinem Umkreis zeichnet sich eine neue Menschheitslinie ab, aus der Noach hervorgeht.

„Aber Noach"! In der Quintessenz dieses Einschnitts liegt die ganze Tragik der ersten Menschheitsgeschichte. Wenn es von Noach heißt, dass er „Gnade fand in den Augen des Herrn" (6,8), dass er „ein gerechter, untadeliger Mann unter seinen Zeitgenossen war und seinen Weg mit Gott ging" (6,9), werden zwar seine Qualitäten angesprochen, doch liegt der Schwerpunkt bei Gott, der Noach als Lichtstrahl aufscheinen lässt und in ihm seinen Lebenswillen und sein Erbarmen konkretisiert. Gott hat sich an den Menschen als den, der diese Erde gestalten soll, gebunden.

Die Geschichte von Noach ist im Tiefsten eine Erzählung, in der Gottes inneres Ringen um sein schöpferisches Erbarmen Gestalt gewinnt – und eine Erzählung, in der Menschen um Gottes Barmherzigkeit ringen und darin Halt suchen. Gewiss mit Bildern und Prozessen, wie sie uns Menschen einleuchtend und nachvollziehbar erscheinen. Gottes Entsetzen über die Gewalttat des Menschen ist in dieses Ringen hineinerzählt. Sein Zorn und sein Vernichtungswille richten sich gegen alle Gewalttat und Ungerechtigkeit auf der Erde. Sie sind Abfall von Gott in seinem Schöpfungshandeln. Die Erzählung verdeutlicht, dass Gott unter dem gewalttätigen, selbstherrlichen Handeln der Menschen, das seiner Schöpfung zutiefst widerspricht, leidet. Wenn es heißt, dass es ihn reut, die Welt erschaffen zu haben (6,6f), spricht sich darin jedoch zuallererst seine Zurückweisung dieser zerstörenden Lebensweise aus. Seine Suche richtet sich darauf, die Schöpfung, seine gute Schöpfung, zu erhalten und ihr ein Gesicht zu geben, in dem sein lebensstiftendes Angesicht wieder erkannt werden kann; seine Suche richtet sich darauf, dass die Menschen sein Heilswort und zugleich die gottwidrigen Verhältnisse wahrnehmen. Wie schon am Anfang der Welt will der lebendige Gott die Schöpfung nicht ohne Menschen vollbringen, sondern mit ihnen. Sie sollen sein Angesicht aufblitzen lassen. So sehr Gottes Enttäuschung über die Schöpfung sich in dem Willen, die Welt verderben zu lassen, ausdrückt: Er handelt nicht nach dem Grundsatz „Alles oder Nichts". Das würde zuletzt immer in die Enttäuschung und tödliche Verzweiflung führen. Nein, Gott setzt seine Hoffnung auf das Kleine gegen das Übermächtige.

So ist es von Anfang an. Deswegen wirft er seinen Blick auf Noach, der unter seinen Zeitgenossen ein gerechter Mann war (6,9). Damit wird betont, dass Noach eine Beziehung zu Gott sucht und lebt, die sich alltäglich auswirkt. Dieses Ansehen, das Gott Noach schenkt, will er selbst in seiner souveränen Zuwendung zur Geltung bringen, zur Rettung der Schöpfung. Noach soll helfen, dass die gesamte Schöpfung den göttlichen Grund der Welt entziffern lernt. Gerade indem Noach seinen Weg mit Gott geht (6,9), also dialogisch, ohne Selbstanmaßung mit Gott lebt, kann er wahrnehmen, wie Gott unerbittlich gegen das aus dem gestörten menschlichen Bewusstsein erwachsende Gottwidrige in der Schöpfung, gegen das vorsintflutliche Treiben protestiert. Er kann lernen, wie Gottes Protest sich ins Wort bringt und in Noachs menschliches Fühlen, Denken, Sprechen und Handeln eingeht. Eben dieser Zorn Gottes ist in diesen gestörten Zusammenhängen wie eine Spiegelschrift, die zur Erkenntnis des Gottes führt, dessen Herz an der „Adama" und dem „Adam auf ihr" hängt.

3 Sintflut (Genesis 7,4)

„Sintflutartige Regenfälle" – manchmal wird so ein Unwetter gemeldet. So bitter nötig Regen ist, weil er alles Wachstum mit ermöglicht, so sehr kann er eine Bedrohung werden, der man nicht zu entfliehen vermag. „Feuer kann man notfalls bändigen, Wasser nicht", heißt eine alte Volksweisheit.

Sintflut – nicht nur die Bibel kennt solche Erzählungen. In vielen alten Kulturen spielen Sintfluterzählungen eine wichtige Rolle. Sie bewahren vielleicht Erinnerungen an Zeiten, in denen der Lebensraum der Menschen durch das Wasser stark begrenzt oder gar vernichtet wurde. Die Bibel nimmt solche Erzählungen auf und gibt ihnen einen eigenen Sinn. Sie will vor allem den unwiderruflichen Willen des lebendigen Gottes ins Wort und ins Bild bringen, die Schöpfung wieder herzustellen, die durch menschliche Gewalttat so bedroht und niedergehalten ist.

Deswegen gehen die Erzählungen um Noach auch nicht der Frage nach, was mit dem Leid von so viel zerstörtem Leben, von so viel ertränkter Schöpfung ist. Sie richten ihren Blick in den chaotischen Bedrohungen der gesamten Schöpfung auf den Willen Gottes, einen Neuanfang zu setzen.

Schon vor dem Ausbruch der Sintflut, inmitten aller lebensverneinenden Gewalttat und inmitten des Baues der Arche heißt es im Erzählablauf: „Da sprach Gott zu Noach: ... Mit dir aber schließe ich meinen Bund" (6,18). Ganz unübersehbar ist, dass Gottes erstes Wort für diese Welt das Wort vom Heil ist. Deshalb ergreift er die Initiative. Er schließt, ja er gibt den Bund. Diese Gabe soll das Vertrauen in das Leben inmitten dieser Schöpfung stärken, ja soll ermutigen, im Angesicht dieses Gottes zu leben und seine Erde zu bebauen und zu hüten.

Deshalb bekommt Noach als Ausdruck dieses Bundes konkrete Aufträge: „Mach dir eine Arche ... mach der Arche ein Dach ... geh in die Arche" (6,14. 16. 18). Vielleicht war Noach ein Mensch mit Spürsinn für Veränderungen, sodass er sorgsam beantwortete, was ihm von Gott her einleuchtete. Vielleicht waren die Zustände ringsum überhaupt erst die Möglichkeit, dass er Gott erkannte und mit ihm lebte. Gottes Willen zur Lebenserhaltung und Noachs Bereitschaft, Leben hinüberzuretten und durch sich selbst an der Wiederherstellung des durch Gewalttat so niedergehaltenen Schöpfungssegens mitzuarbeiten, treffen sich. Es heißt hier ausdrücklich von ihm: „Er ging seinen Weg mit Gott" (6,9) – in der Hinkehr zu ihm, in allen neuen Ereignissen, kontinuierlich hörend. Noach gibt Antwort auf das ihm entgegenkommende Wort Gottes, das Leben und Neubeginn bedeutet. Mit allen Ausführungen wartet er freilich, bis ihm das Wort klar vermittelt ist. Bei ihm könnte man geradezu in die Schule gehen. Es heißt: „Er tat alles genau so, wie ihm Gott aufgetragen hatte" (6,22). Mit dieser Notiz ist der Weg frei, dass der hinter dem Auftrag verborgene Wille des HERRN sich entwickeln kann. Noachs beständige und sorgfältige Praxis ist also ein Hoffnungszeichen ohnegleichen.

Nicht nur Noach gilt die Lebenserhaltung, sondern der gesamten Schöpfung – und zwar so, dass sie in ihren Grundlagen ernst genommen wird: „Von allem, was lebt, von allen Wesen aus Fleisch, führe je zwei in die Arche, damit sie mit dir am Leben bleiben; je ein Männchen und ein Weibchen sollen es sein" (6,19) – so der Auftrag an Noach, der entscheidende. In diesem Wort wird Gottes Sorge um den Bestand der Schöpfung greifbar. Es ist eine geradezu liebevolle Achtsamkeit, mit der er alle Arten von Lebewesen im Blick hat. Seine Freude an der Vielgestalt der Lebewesen äußert sich hier wie auch sein Wille, dass Leben aufblühe: „Je ein Männchen und ein Weibchen sollen es sein", dass die Schöpfung Anfänge über Anfänge erlebt und so wieder hergestellt werden kann. Ganz ausdrücklich heißt es, Noach solle das tun, „um Nachwuchs auf der ganzen Erde neu zu beleben" (7,3).

Wenn es mehrfach (vgl. 6,13.24; 7,4) heißt, die Sintflut solle die ganze Schöpfung vernichten, ist damit vor allem das Ausmaß der gottwidrigen Gewaltverhältnisse auf der Erde und unter den Menschen beschrieben. Mit seinem Tun und Lassen verantwortet der Mensch das Schicksal des Erdbodens – als der Ast, auf dem er sitzt, das Feld, das ihn nährt, die Umwelt, die im Leben und Tod seine Heimat bleibt.

Die Erzählung lässt die Wasser der Sintflut, den vierzigtägigen Sturzregen (7,4.12), überhand gewinnen, kaum dass die Arche bestiegen ist. Es heißt: „Das Wasser war auf der Erde gewaltig angeschwollen und bedeckte alle hohen Berge, die es unter dem ganzen Himmel gibt" (7,19). Damit wird das universale Ausmaß der Flut ausdrücklich betont, geradezu auch die universale Vernichtung des Lebens. Am Ende des Erzählbogens heißt es: „Übrig blieb nur Noach und was mit ihm in der Arche war" (7,23). Tiefsinnig ist diese Aussage. Alles war der Vernichtung zum Opfer gefallen, übrig blieb „nur" Noach. Wenn Noach zunächst als „gerechter, untadeliger Mann" (6,9) hingestellt wird, – hier bleibt „nur" Noach: sein nacktes Leben, ein Mensch ohne Titel und Ruhm, wie am Anfang der Schöpfung. Er ist der einzige, der Gottes Freude, an seinem schöpferischen Wirken Anteil zu geben, aufnimmt und beantwortet, der zutiefst vertraut, dass Gott die Schöpfung nicht ohne den Menschen will. Er steht in keinem Vergleich mehr zu anderen Zeitgenossen. Sein Anteil ist es jetzt, neu anzufangen, Gottes Willen mit dieser Schöpfung Gestalt werden zu lassen. Die Bedingungen dafür schafft Gottes souveränes Handeln, das auf Rettung und Bewahrung der Menschen aus ist und auf das vielfältige Blühen seiner Schöpfung.

4   Das Fenster in der Arche (Genesis 8,6)

Bevor die Sintflut beginnt, schließt Gott selbst hinter Noach die Arche zu (7,16). Schließlich hat er in all seinen Anweisungen an Noach genau festgelegt, wo die Tür zur Arche angebracht werden soll (6,16). Auf jeden Fall soll die Arche sicher sein und vor den Wassermassen schützen. Am Ende gibt Gott auch den Auftrag zum Verlassen der Arche (8,16). Noach hat alles genau nach dem göttlichen Plan ausgeführt. Von innen und außen soll die Arche mit Pech verpicht, abgedichtet werden. Wie ein schützender Kasten erscheint die Arche, freilich auch als dunkler Kasten.

Offenbar gibt es eine Eigenmächtigkeit Noachs, die diese Finsternis lichtet. Gott hat sie geduldet. Noach hat nämlich ein Fenster eingebaut. Das ist seine Idee, und sie kommt ausdrücklich ans Licht, als der Regen aufgehört hat und das Wasser sinkt (8,6). Noach öffnet das Fenster, weil er sich vom Wasserstand überzeugen will. Im Paradies stand alles offen. Erst seit dem Versteck im Garten (vgl. Genesis 3,8–10) braucht es einen Sehspalt, ein Fenster geradezu, damit das Geschehen draußen im Blick

17

bleibt und ins Herz dringen kann. Die Arche soll kein abgeschlossener Kasten sein, in den man sich zurückziehen und die Welt draußen vergessen kann, keine Höhle, in der man ein für alle Mal versorgt wäre.

Ohne Fenster wäre es in der Arche finster gewesen. Die Familie Noachs wäre wie blind umhergetappt, die einzelnen Kammern für alle Arten der Tiere (vgl. 6,14) hätten sich kaum unterschieden. Was wäre mit den Tieren und mit dem Füttern der Tiere gewesen? So kommt die Idee Noachs gerade recht. Es gibt Licht in der Arche – von außen nach innen durch das Fenster. Noach konnte jetzt aufgrund der geöffneten Fenster mit seiner Sippe auch sehen, was sich draußen ereignete, er konnte von innen nach außen sehen. Die Folgen der die Erde bedeckenden Gewalttat trat ihnen vor Augen. Fenster ermöglichen, dass Innenwelt und Außenwelt miteinander in Beziehung kommen und bleiben. Ein Fenster ermöglicht, dass wir Innenwelt und Außenwelt zusammenhalten können, selbst in der äußersten, durch größte Gegensätze hervorgerufenen Spannung.

Was Noach sehen konnte, war die von Gott angekündigte Katastrophe. Das Wasser war so hoch, dass alle Bergspitzen im Wasser versunken waren. So konnte kein Lebewesen überleben. Das war ausgeschlossen. Noach konnte in der auf dem Wasser sicher schwimmenden Arche dessen inne werden, dass Gott sein Wort wahr macht. Von jetzt an spätestens wusste er, dass Gott seine Schöpfung mit Noach und der Arche rettet, zugleich aber aufs schärfste seinen Protest gegen die Zerstörung von Erde und Mensch aufgrund von Gewalttat durchsetzt.

Diese Erfahrung ist dem Gottesvolk Israel geradezu ins Stammbuch geschrieben: Gott ist nicht der, der alle menschlichen Vorstellungen, Wünsche und Taten bestätigt. Das Wachstum seiner Wahrheit geht mit dem Scheitern dessen einher, was ihm widerspricht: Lüge, Habgier, Bosheit, Misstrauen, Gemeinschaftsbruch, Gewalt und Vernichtung. Auch in der Geschichte Jesu lässt sich das wieder finden. Die Erfahrung, wie entschieden Gott sich seinen zuvorkommenden Willen mit dieser Erde nicht aus der Hand nehmen lässt, ist durch das Fenster der Arche ermöglicht, das Noach erfunden hat.

Seit der Sintflut, seit dieser Idee Noachs, kann man den

Menschen auch nicht mehr als „fensterlose Monade" begreifen, der als Individuum in einer „prästabilisierten Harmonie" eine innere Gesetzmäßigkeit im Gesamt des Universums vollzieht (so G. F. Leibniz, 1646–1716). Manche meinen, man müsse dem Menschen helfen, aus dem fensterlosen Bunker einer totalen Diesseitigkeit auszubrechen, ihm eine Art Luke für einen Blick in die andere Welt aufzustoßen. Ob das machbar ist? Ob nicht eher manches andere freigelegt werden müsste? Heute entdeckt man vielmehr die faszinierend vielfältige genetische Ordnung des Lebens und zumal des Menschenlebens als Ergebnis eines Zwiegesprächs, das die Gene mit der Außenwelt führen. Nichts entsteht demnach auf Dauer in einem dunklen Kasten allein, alles Leben ist offenkundig durch einen langwierigen dialogischen Prozess mit der Umwelt geprägt. Immer sind die Verhältnisse der Schöpfung wohl wie ein Lehrmeister für die Ausbildung des wachsenden Lebens. Als ob darin sich spiegelt, dass und wie Gott auf das Leben und die Bedingungen unseres Verstehens eingeht und das Leben fördert, gedeihen und sich neu formieren lässt. Dahin den Blick richten, ihn dahin lenken – dann wären wir nahe bei den Wegen des Noach, nahe bei seinen Weisen, die geheimnisvoll dialogische Existenzgemeinschaft von Gott und Mensch zu erkunden und im Leben zu beantworten. Das Fenster ist ein Interpret des Lichtes, das von Gott kommt. Es erinnert, dass wir Menschen immer wieder Grenzen überschreiten müssen, dass wir immer wieder neu Verstehen suchen müssen.

Noach entdeckt, dass menschliches Leben und geschöpfliches Leben in der unendlichen Vielfalt gewollt ist. Deshalb sollte er die Arche ja füllen. Ihm wird auch nahe gebracht, dass er Anteil am Schöpfungswillen, ja am Traum Gottes von dieser Welt hat. Die Sorge um das bunte Gewimmel in der Arche ist ihm aufgetragen. Sie verlängert sich, als Gott schließlich nach dem Sinken des Wassers und dem Trocknen der Erde sagt: „Geh heraus aus der Arche, du und deine Frau – und deine Familie und alles Getier" (8,16 f). Was er von innen nach außen gesehen hat, soll er jetzt betreten, soll die Folgen aus dem, was er gesehen hat, konkret umsetzen. Er kann herausgehen in der Gewissheit, dass Gott auf die Bedingungen menschlichen Verstehens eingeht. Doch ist seinerseits kein Weg mehr denkbar ohne Zwiesprache mit dem lebendigen Gott, der das Leben gibt, ohne Rückbindung an den, der die Welt trägt. So ist das Erste, was Noach tut, als er wieder auf festem Grund steht: Er tritt in den Dialog mit Gott ein, indem er einen Altar baut und ein Opfer darbringt (8,18. 20). Darin gibt er ein Zeichen, dass er in die als richtig erfahrene Beziehung zum Leben hineinkommen will, immer wieder, dass er im Wissen um die Gegenwart Gottes in der Schöpfung und mit den Geschöpfen lebt. Das Fenster in der Arche hat Noach in die Tiefe und in die Weite sehen lassen, Innenwelt und Außenwelt hält er zusammen, er sucht zu wissen, was er glaubt und wem er sich anvertraut. Erst in diesem neuen Sehen gewinnt er bleibende Zuflucht. „Zuflucht noch hinter der Zuflucht" hat der Dichter Reiner Kunze ein Gedicht überschrieben, das ans Herz legt, diesem Dialog unerbittlich treu zu bleiben.

ZUFLUCHT NOCH HINTER DER ZUFLUCHT
(für Peter Huchel)

Hier tritt ungebeten nur der wind durchs tor

Hier
ruft nur gott an

Unzählige leitungen lässt er legen
vom himmel zur erde

Vom dach des leeren kuhstalls
aufs dach des leeren schafstalls
schrillt aus hölzerner rinne
der regenstrahl

Was machst du, fragt gott

Herr, sag ich, es
regnet, was
soll man tun

Und seine antwort wächst
grün durch alle fenster

Aus: Reiner Kunze, gespräch mit der amsel. Frankfurt/M. 1984, 198.

5   Die Taube (Genesis 8,11)

Das Fenster in der Arche bietet Noach die Möglichkeit und erinnert ihn zugleich beständig, Innenwelt und Außenwelt zusammenzuhalten, auch in ihren widerstreitenden Spannungen. Es erinnert ihn auch, die Zwiesprache mit dem Schöpfer und seiner Schöpfung zu pflegen. Er will und soll ja im Angesicht Gottes leben und die Welt in seinem Sinne hüten. Niemand, der die Bibel liest und sich auf den Weg des Glaubens einlässt, kommt an Noachs Auftrag vorbei, immer neu den göttlichen Grund der Welt zu entziffern, alle Entstellungen der Schöpfung, die „vorsintflutlichen" Bedrohungen aufgrund von Gewalt wahrzunehmen und nach Kräften zu beheben. Alle, die auf diesem Weg sind, stoßen immer wieder auf Noach und werden in diese Fragen hineingezogen: Warum ist überhaupt etwas und nicht nichts? Warum ist das, was ist, so und nicht anders – heilvoller? Wie könnten heilvollere Verhältnisse entstehen?

Gottes eigener Rettungsplan greift. Die Arche ist abgedichtet gegen das Wasser. Doch wie lange soll sie dahintreiben? Entwicklung in das Geschehen bringt Gottes Übersicht: „Gott gedachte des Noach und aller Tiere ..." (8,1). Wenn Gott gedenkt, dann handelt er auch. Er lässt Wind aufkommen und ordnet das Ende der Chaosfluten an. So kann das Wasser sinken, nach und nach. Als die Arche schließlich fest steht und nicht mehr schwankt – sie hatte in einem Gebirge aufgesetzt –, beginnt der Weg Noachs aus der schützenden Arche heraus mit dem Öffnen des Fensters. Dieser Weg hat viele Stationen und Fristen, die alle benannt werden. In der Arche hat Noach jetzt festen Stand. So kann er wahrnehmen, was sich draußen entwickelt. Bergspitzen werden sichtbar, das Wasser sinkt. Doch genau damit beginnt der Weg, der die Innenwelt, in die man sich aus Angst so leicht einigelt, mit der Außenwelt zusammenhält.

Noach muss herausbekommen, ob er seinen Fuß wieder auf die trockene Erde setzen kann. Wie kann er sich dem annähern? Er braucht Kundschafter. Zunächst lässt er einen Raben aus dem geöffneten Fenster, der aus- und einfliegt, bis das Wasser von der Erde getrocknet ist (8,7). Dann sendet er eine Taube durch das Fenster hinaus, dreimal, bis sie nicht mehr zurückkehrt. Bei der zweiten Rückkehr bringt sie in ihrem Schnabel ein frisches Ölblatt (8,11), eine Botschaft aus der wieder auflebenden Schöpfung: Neubeginn, Veränderung zum Guten. Diese Veränderung beginnt mit dem Öffnen des Fensters, sie nimmt weitere Gestalt an im Verlassen der Arche: „Geh heraus aus der Arche ..., bring mit dir alle Tiere heraus" (8,16 f). Gottes Weisung ist unterfangen von seinem Charme, von seiner Zuwendung: zuerst das Hoffnungszeichen des Ölblatts, dann das darauf sich gründende Tun der Hoffnung.

Zahlreiche Bilder erinnern an die Stationen des Weges von der Arche in die wieder aufgelebte Schöpfung. Vielen wird die Friedenstaube von Pablo Picasso vertraut sein, die einen grünenden Zweig im Schnabel trägt. Sie ist freilich aus dem ursprünglichen Zusammenhang herausgelöst. Mit wenigen Strichen hat der Künstler sie einfach und eindrucksvoll als Symbol der Friedenssehnsucht gemalt. Der Ölzweig in ihrem Schnabel ist der Erweis der neuen Lebensmöglichkeit – so wie in der Noacherzählung. Manchmal ist die Taube auch bildlich in den Händen eines Kindes geborgen. Ihren Ursprung hat sie nachsintflutlich. Eindringlich ist ein Holzschnitt von Gerhard Marcks unter dem Titel: „Noach empfängt die Taube". In der linken Bildhälfte steht Noach im Fenster, den rechten Arm gelassen hängen lassend, den linken Arm hält er mit der ausgestreckten Hand der Taube entgegen, die gerade dabei ist, sich auf dieser Hand niederzulassen – einen Zweig mit Blättern im Schnabel. In der rechten Bildhälfte sind im unteren Teil durch kreis- und wellenartige Linien die Wassermengen angedeutet. Noachs Kopf ist leicht angehoben, noch wie gezeichnet vom zurückliegenden Schrecken und erwartungsvoll fragend, ganz der Taube in der rechten oberen Bildhälfte zugewandt, die in Augenhöhe auf ihn zufliegt. Er sucht nach Zeichen von Hoffnung und Leben, die aus dem noch Chaotischen herauswachsen.

Lebenspraktisch kann sich dieses Bild übersetzen in die eigene Existenz, um das Innen mit dem Außen des Lebens zu verbinden, um Zwiesprache zu führen auf der Grenze von Innen und Außen und dessen gewahr zu werden, was die gottgegebenen Zeichen der Zeit für mich selbst in meinem Lebenszusammenhang sind oder sein könnten. Es käme darauf an, wie Noach geradezu die Hand nach der Taube auszustrecken und etwa am

Abend eines Tages zu fragen: Welche Zweige hat mir heute die Taube gebracht? Oder: Was ist mir heute an Hoffnungsvollem widerfahren, das ich nicht als selbstverständlich ansehe? Was hat mich in meiner erwartungsvollen Suche nach frischen Blättern des Ölbaums heute bewegt und wie hat es mich bewegt? Welche Richtung hat diese Bewegung? Geht sie mehr zu Vertrauen und Hoffnung oder mehr zu Misstrauen und Mutlosigkeit? Es könnten dabei die Grundbereiche des Lebens in den Blick kommen, die die Tagesgestaltung, die grundlegend dialogischen Dimensionen wie Begegnungen, Arbeit, Bereitschaft zur Verantwortung, Gebet und auch anderes noch betreffen.

So könnte aus der Übersicht über die einzelnen Tage nach und nach eine alles umfassende Deutung des Lebens aus der Sicht des Glaubens eingeübt und immer weiter verinnerlicht werden. Zugleich würde aus einer längerfristigen Bewegung, wie sie sich vielleicht aus dem Erfahrungshorizont und den Wegabschnitten der Gestalt Noachs auftun, auch erkennbar, wer ich bin, was ich will, was ich kann und was ich soll. Zusammenhänge könnten mir aufgehen und die daraus sich abzeichnende Lebensrichtung. So bin ich wie von selbst immer auch einbezogen in die umfassenden Zusammenhänge menschlicher Gemeinschaft und bin geradezu gehalten, nach „Gegenwegen" zu suchen, die den auf den ersten Blick vielleicht gängigeren Wegen zuwider erscheinen, aber doch dem Willen und der Verheißung Gottes näher kommen, und sie zu gehen, damit die Schöpfung aufleben kann. Das alles wäre die Frucht dieser größeren Achtsamkeit auf der Grenze von Innen und Außen, zu der Noach ermuntert.

Er braucht ja letztlich nur Ausschau zu halten und die Taube mit ihren Botschaften zu empfangen. Die Botschaften selbst sind da, sie kommen oder sie werden gebracht, auf jeden Fall wollen sie aufgehoben sein und entziffert werden. Die Taube erinnert daran, dass sie Botschaften für die weitere Lebensreise bringt. Sie könnten tagebuchartig festgehalten werden, um nicht in Vergessenheit zu geraten und die Wegweisung zu verlieren. Noachs Gehen mit Gott (6,9) soll ja nach dem Ende der Flut weitergehen – vertieft und ermutigt, kraftvoll und begleitet von Gottes Gnade, die ihren sichtbaren Ausdruck in Gottes Bogen in den Wolken findet.

6 „Meinen Bogen setze ich in die Wolken" (Genesis 9,13)

Auch für nüchterne Zeitgenossen ist es ein faszinierendes Schauspiel: Nach einem Gewitter mit Blitz und Donner und Regengüssen reißen vor der Sonne die Wolkenmassen auf und ein Regenbogen entsteht. Zwischen dem Finsterdunkel des Unwetters und dem Licht: jetzt die Brechung der Farben; wie überirdisch ohne „Erdung" steht der Bogen in den Wolken, wie hingetupft, nicht auf Dauer eingerichtet und doch eindeutig da. Als ob wieder Sichtkontakt zwischen Himmel und Erde ist. Was uns tief drinnen anrührt – vielleicht an der Stelle, wo wir ahnen, dass nichts im Leben selbstverständlich ist –, das war den alten Völkern und in den alten Religionen ein Wunder und Geschenk Gottes. Wie ein Signal, dass das Schlimmste überstanden ist, dass die Gewitter vorbei sind, die gefährlichen, alles ertränkenden Wolken sich auflösen, alles wieder gut ist. Die unbändigen Chaosmächte sind gebannt, die Schöpfungsordnung wird wieder erkennbar, Gott hat die Regie und handelt entgegen allen Katastrophenerfahrungen und -empfindungen zugunsten der Menschen.

Spätestens an dieser Stelle wird deutlich, dass der Regenbogen kein romantisches Motiv ist. Es hat nach der Erzählung der Genesis die katastrophale Flut gegeben, in deren Folge nur die am Leben geblieben sind, die auf Gottes Geheiß hin von Noach in die Arche geführt worden sind. Diese Arche war ein kleinformatiges Modell der Welt, die die Flut überstehen konnte aufgrund der Bundeszusage Gottes an Noach: „Mit *dir* schließe ich meinen Bund" (6,18). Jetzt, nach der Flut, gibt Gott eine neue Bundeszusage, die umfassend ist: „Hiermit schließe ich meinen Bund mit *euch*" (9,9). Dieser Bund gilt für den gesamten Weltenraum, er gilt für alle Zeiten, er gilt für alle Menschen und für alle Tiere. Dieser Bund garantiert neue, stabile Lebensmöglichkeiten für alle Lebewesen. Es ist, als ob Gott geradezu an sich gehalten hat. Der Zorn als Sterbenswort soll nicht das letzte Wort haben. Er erklärt sich als Anwalt der Menschen, die ja nach Gottes Ebenbild geschaffen worden sind. Gott lässt sich nicht noch einmal darauf ein, das gewalttätige Verhalten der Menschen und entsprechend die Folgen, die in ihrer Eigendynamik schließlich zur Vernichtung der gesamten Schöpfung führen, zuzulassen und mitzutragen. Er selbst ist Dreh- und Angelpunkt der neuen, nach-sintflutlichen Verhältnisse. Dafür gibt er ein Zeichen: „Meinen Bogen setze ich in die Wolken" (9,13).

Auch in der altorientalischen Umwelt Israels wird deutlich, dass dieser Bogen keine Idylle ist. Er wird als Waffe in der Hand Gottes gesehen, die allein den Chaosmächten Einhalt gebieten kann. Damit ist der Bogen Symbol für die Weltherrschaft Gottes. Nachdem die Flut und mit ihr das Chaos zurückgedrängt sind, kann Gott diese Waffe in die Wolken hängen, d. h. er braucht sie nicht mehr. Auf diese Weise jedoch hat er wie ein machtvoller König für die gesamte Erde, für alle Erdlinge, für alle Lebewesen, für Mensch und Tier, Verantwortung übernommen, damit die Chaosflut nicht noch einmal solches Unheil anrichten kann. Dieser Bogen ist bleibendes Symbol dafür, dass Gott in und über seiner Schöpfung mächtig ist und sein wird. Einerseits garantiert er, dass die Schöpfung mit Leben erfüllt bleibt. Andererseits ist er das bildliche Versprechen, dass Gott machtvoll aufhalten wird, was seine Schöpfung in solch umfassenden Ausmaßen in Frage stellen kann.

Gott stellt sich zugleich wachsam auf die Gewaltbereit-schaft des Menschen ein. Darin ist Gott nie berechenbar. Denn sein Herrschen ist so beschaffen, dass es allein die Zusammen-hänge des Geschehens begreift und dann damit so umgeht, dass auch noch die verfahrenste Lage in seiner ursprünglichen Schöp-fungsabsicht aufgehoben ist. Sein Herrschen ist zugleich die Zu-sage, dass jede Not einmal sichtbar beantwortet wird, schöpfe-risch zum Heil, zu einem heilen Zustand.

Wie Gott wirkt – das will die Noachgeschichte nahe brin-gen. Es ist eine jener alten Erzählungen, in denen die Hörenden ihre Gegenwart wieder erkennen und deuten sollen. Sie erzählt nicht, was historisch geschehen ist, sondern sie vermittelt, was niemals war und immer ist. Was gegenwärtig geschieht und er-fahren wird, soll dadurch besser verstanden werden, damit es an seiner „Wurzel" gepackt werden kann. So misst die Erzählung von Noach die ganze Spannung aus, die wir darin erleben, dass Gott die Menschen, die Lebewesen und die Welt ins Verderben rutschen lassen kann und rutschen lässt und zugleich die Men-schen, die Tiere und ihre gemeinsame Lebenswelt bestehen lässt, neu aufbaut und schützt. Die Erzählung ist umgetrieben von der Frage, wie angesichts dunkler und beängstigender Erfahrungen Gottes Verhältnis zur Welt und zu den Menschen sich als eines voller Zuwendung und Liebe erweist.

In den katastrophalen Ereignissen jeder Zeit ist nach dieser Erzählung die alles prägende Kraft, dass Gott nach einer unverbrüchlichen Beziehung zum menschlichen Gegenüber sucht, das ja nach Gottes Ebenbild geschaffen ist. Davon ist die Noacherzählung durchwoben. Gott ist es, so vermittelt sie, der leidenschaftlich den Menschen annimmt, der sich um die Lebensumstände des Menschen sorgt, der achtsam ist auf das Verbleiben aller Lebewesen in seiner Schöpfung, der sich vehement gegen alles engagiert, was das geschaffene Leben gefährdet. Das ist das Entscheidende, was die Fluterzählung von Gott sagt.

Freilich kann die Gewaltbereitschaft des Menschen nicht unbeachtet bleiben, damals nicht und heute nicht. Gott verhält sich dazu in einer wortwörtlich aus-gesprochenen Reaktion. Gerade in der klärenden Auseinandersetzung mit den dunklen Gegenkräften in der Welt und mit den erlittenen Erfahrungen von Menschen erweist sich der lebendige Gott als Gott der Liebe, der die zerrüttete Geschichte der Menschen nicht dem Selbstlauf überlassen will; schützend und immer wieder rettend greift er ein. Dabei ist die ganze Gotteswirklichkeit für uns Menschen nicht auflösbar und auslotbar.

Gott in seiner bleibenden Beziehungswilligkeit zum Menschen zu sehen, das ist zum Angelpunkt des Lebens in Zeiten des erfahrenen Unheils und angesichts fehlenden Lebensraumes geworden, wie die Bibel bezeugt. Dieser Halt lässt die Wirklichkeit nüchtern sehen und fordert zugleich heraus, diesen nicht fassbaren Gott mit seinem aus dieser Unbegreiflichkeit herausragenden unverbrüchlich guten Willen in das menschlich Vorstellbare hinüber bringen zu wollen. Zugleich soll das menschlich Vorstellbare auf dem Weg der Hinkehr zum unvorstellbar erwählenden und Heil schaffenden Gott begonnen werden, geradezu das Unmögliche in die Möglichkeitsform gebracht werden.

Davon spricht auch ein Gedicht aus unseren Tagen, ein Gedicht der österreichischen Dichterin Ingeborg Pacher:

Die unter dem Regenbogen
sammeln auch Steine.
Sie nageln Fragen an die Wand der Tage.
Sie fallen einsam in die Nacht
Und falten im Dunkel die Seele.

Die unter dem Regenbogen
trinken auch Bitterwein.
Sie eggen Tränen vom Feld des Schmerzes.
Sie gleiten einsam in den Wind
und kämmen im Dämmer das Leid.

Doch sie wissen den Weg,
die unter dem Regenbogen.
Und in ihre Dunkelheit
stürzen bunte Träume.

Aus: Ingeborg Pacher, Die unter dem Regenbogen. Lyrik.
Klagenfurt 1971, 7.

Unsere Hoffnung ist, dass wir alle Fluten und Gefahren bestehen können – wie Noach, wie Jesus von Nazaret, wie alle ihm Nachfolgenden, denn das letzte Wort des lebendigen Gottes ist ein Lebenswort, der neue, alles umfassende und ewige Bund, viel mehr als bunte Träume noch.

Abraham –
Gottes bleibender Neubeginn

1 Zieh weg aus deinem Land (Genesis 12,1)

In der Bibel gibt es Gestalten, von denen durchgängig die Rede ist. Zu ihnen gehört Abraham. Mehr als 230-mal wird er im Alten Testament erwähnt, 72-mal im Neuen Testament. Sein Bild ist vielschichtig. In zahllosen Generationen hat man mit Abraham die eigene Gegenwart zu erkennen versucht, den Standort in der jeweiligen gesellschaftlichen Situation. Dabei ist mal dieser, mal jener Zug stärker aufgenommen worden. Paulus, der Apostel, der sich wohl Abraham tief verwandt fühlt, sagt: „Wenn ihr wissen wollt, was es heißt, den Weg des Glaubens zu gehen, dann seht auf Abraham: Er ist im Glauben unser aller Vater vor Gott" (Römer 4,1–25). Das wird durchgängig von Abraham bezeugt: Er – der Vater des Glaubens. Er verbindet die drei nachbiblischen monotheistischen Religionen: Judentum, Christentum und Islam. Zwar sehen alle ihn etwas anders, doch alle berufen sich auf ihn. Er gilt allen als Vater des Glaubens.

Wie konnte Abraham zum Vater des Glaubens werden? Was von dem, was die Heilige Schrift berichtet, ist besonders geeignet, uns einzuführen in den Glauben an den lebendigen Gott? Was kann uns plastisch vor Augen führen, was es heißt, an einen einzigen Gott zu glauben, ein Leben in diesem Glauben zu bestehen? Was kann uns zur Ermutigung werden?

Abrahams Ausgangspunkt ist sein Land, seine Verwandtschaft, sein Vaterhaus. An diesem Ort ist er zu Hause und gesichert. Er ist noch ohne Kinder, doch wohlhabend. Er wohnt weit im Osten, im Zentrum des babylonischen Reiches, in der uralten, seit Jahrtausenden schon bewohnten Kulturstadt Ur.

Das erste Wort Gottes an Abraham heißt: „Zieh weg aus deinem Land, von deiner Verwandtschaft und aus deinem Vaterhaus" (Genesis 12,1). Äußerst knapp wird ihm das gesagt. Darin ist das uralte Menschheitsbild für das Leben des Menschen und seine Entwicklung eingewoben: der Weg. Immer wieder verwendet die Bibel dieses Bild: die wandernden Väter, das wandernde Gottesvolk, der wandernde Jesus, der wandernde Paulus. Mit Abraham beginnt etwas Neues. Wenn jemand Neues erleben soll, muss er sich bewegen, muss er losziehen.

Vorher hat das erste Buch der Bibel Welt- und Menschheitsgeschichte geschildert: Nicht, was historisch einmalig geschehen ist, sondern es hat Allmaliges als Erstmaliges vermittelt, was niemals war und immer ist. Doch gab es in der Linie von Adam zu Kain eine tödlich wirkende Sackgasse. Diese wird jetzt überwunden. Ein neuer Weg wird geschichtliche Wirklichkeit: Gott erwählt Abraham, um in ihm und durch ihn eine Segensgeschichte für alle Menschen zu beginnen – mit dem Aufbruch Abrahams, mit seinem Hören auf den lebendigen, einzigen Gott, um diesen Gott zu verehren: „Zieh weg aus deinem Land, von deiner Verwandtschaft und aus deinem Vaterhaus."

Vordergründig erzählen diese Verse, dass Abraham in das Land ziehen soll, in dem seine Nachkommenschaft heranwachsen wird: das Volk Israel. Unter allen Völkern soll es dazu erwählt und herangebildet werden, Gottes Volk zu sein, den anderen Menschen zu zeigen, wie das gehen kann, in dieser Welt mit dem einzigen Gott zu leben. Doch seit dem frühen Judentum hat man immer auch noch herausgehört: Abraham lebt im Schoß seiner Familie als verheirateter Mann, freilich noch ohne Kinder, wohl mit großem Vermögen. Er lebt im Kernland der Großmacht Babylon, die jetzt Israel völlig zerschlagen hat. Dort lebt Abraham als Einheimischer, wo wir als Israeliten jetzt als Fremde im aufgenötigten Exil leben müssen. – Ur in Chaldäa, das bedeutet verlockende Vielfalt von Göttern, von Tempeln und prunkvoller Liturgie.

Abraham ist der erste Mensch, so verstanden es schon die frühen Juden, der zu dem einzigen Gott gerufen wurde, im Kernland von Babylon: „Zieh weg aus deinem Land, von deiner Verwandtschaft und aus deinem Vaterhaus." Im alten Land ist kein Leben mehr für ihn.

Wer den einzigen Gott verehren soll unter all denen, die viele Götter verehren, wird Außenseiter und muss heraus aus seinem bisherigen Lebensraum. Sonst kann er diesen andersartigen Gott nicht erfahren. Alles muss er neu lernen – woher die Gabe und die Kräfte des Lebens kommen, wie in der Sprache sich die Vorstellungswelt spiegelt, wie der lebendige Gott verehrt sein will, wie der Glaube an ihn bestanden sein will auf den Wegen des Alltags. Ist er nicht bereit zu diesem Lernen, wird er dieses einen und einzigen Gottes nie gewahr werden. Das hat Israel, das haben die Juden, das haben auch die Christen vielfach erleben müssen, immer wenn sie einem heidnischen, scheinbar allmächtigen Staat gegenüberstanden.

Was ist das Ziel, um dessentwillen Abraham alles aufgibt? „Und zieh in das Land, das ich dir zeigen werde." Abraham wird in dem aus der Perspektive Urs in Chaldäa hinterwäldlerischen Kanaan landen. Doch das zeigt sich nicht am Anfang, viel später erst. Wird Abraham so lange warten können, ohne Heimat und ohne Großfamilie? Wie wird das Land sich zeigen? Wird Abraham es überhaupt erkennen?

Abraham kommt tatsächlich nach Kanaan. Doch wird ihm dieses Land nicht zur Heimat. Er bleibt darin nur geduldeter Fremder. Er betritt nicht die Städte, er lernt ihre Kultur nicht kennen, er wird weder zum Einheimischen noch zum Bürger. Ganz am Ende wird er ein kleines Landstück besitzen mit einer Höhle, in der er wenigstens seine Frau in eigenem Boden begraben kann, in der er selbst begraben sein wird. Das Land, das Gott ihm zeigen wird, wird nicht seine neue Heimat. Vom „Land seiner Fremdlingsschaft" (17,8) spricht die Bibel. Letztlich ist dieser Gott selbst die einzig mögliche Heimat. Sie ist in keinem Land der Erde zu finden. Wäre ein Land die letzte Heimat, dann wäre die Gefahr nahe, Gott, den Einzigen, aus dem Leben zu verlieren. Weil nur Gott selbst das Ziel sein kann, das Landziel, ist der Aufbruch so radikal.

Wie kann der Aufbruch gehen? Ein Wort aus unseren Tagen beschreibt ihn so:

„Viele brechen nur scheinbar auf. Sie tragen nur ein Gespenst ihrer selbst mit sich fort, eine abstrakte Puppe. Sich selber bringen sie vor dem Aufbruch in Sicherheit ... Sie bilden sich eine künstliche Persönlichkeit, eine ausgeliehene,

nach Büchern zurechtgemachte, und diesen Roboter, diesen
Schatten ihrer selbst schicken sie auf die Suche nach Gott.
Nie treten sie mit ihrem ganzen Wesen in die Erfahrung
ein ...
Beim Auszug muss man seinen ganzen Besitz auf seinen
Esel packen, mit allem emigrieren, was man ist, mit seinen
Knochen, seinem Geist, seiner Seele, alles muss mit, das Er-
habene und das Erbärmliche, die Sündenvergangenheit, die
großen Hoffnungen, die gemeinsten und heftigsten Triebe ...
Alles, alles, denn alles muss durch das Feuer hindurch. Al-
les muss schließlich integriert werden, damit ein Mensch
herauskommt, der mit Leib und Seele in die Erkenntnis
Gottes eingehen kann.
Gott will ein leibhaftiges Wesen vor sich sehen, das weinen
kann, schreien unter den Wirkungen seiner läuternden
Gnade; er will ein Wesen, das um den Wert menschlicher
Liebe weiß und die Anziehung des anderen Geschlechts
kennt. Er will ein Wesen, das den heftigsten Wunsch ver-
spürt, ihm zu widerstehen, warum nicht? ... Gott will ein
menschliches Wesen vor sich sehen, sonst hätte seine Gnade
nichts zu verwandeln; das wirkliche Wesen wäre entwischt.
Hier aber pflegt das Unglück zu geschehen: Zu viele unter
denen, die sich Gott geben, haben seinem Wirken nur eine
ausgeliehene Persönlichkeit ausgesetzt ... Kein Wunder,
wenn sie eines Tages entdecken, dass sie für etwas anderes
gemacht sind."

Aus: Ives Raguin, Wege der Kontemplation in der Begegnung mit China.
Freiburg i. Br. 1972, 31 f.

2   Du sollst ein Segen sein (Genesis 12,2)

Die Sehnsucht nach Segen, nach dem Zuspruch von Segen für
ganz unterschiedliche Übergangssituationen macht sich heutzutage deutlich bemerkbar. An den Knotenpunkten des Lebens in
positiven Entscheidungen, doch auch beim Auszug aus dem
Elternhaus, bei der Trennung vom Lebenspartner, beim Eintritt
in den Ruhestand: Menschen erbitten Segen, möchten sich des

Segens Gottes für ihr Leben, für den neuen ungewissen Lebensabschnitt vergewissern – des Segens eines Gottes, den es als irgendwie schützende Macht über ihrem Leben geben möge. Gehen nicht schlichte Segensgesten tiefer als viele Worte? Kann nicht jede Situation auf dieser Welt mit Gott in Beziehung gebracht werden?

Zudem: Wer möchte nicht so leben, dass er/sie von den Menschen als Segen erfahren wird, als Segen, durch den Menschen Heilendes vermittelt wird? Denn das ist doch „segnen": das Gute sagen. Im lateinischen Wort „benedicere" zeigt es sich so. Es lässt sich von seiner Intention her erweitern: das Gute entdecken und stark machen, das Gute so sagen, dass es Wirkung hat. Menschen brauchen wir, die selber für andere zum Segen werden, in deren Leben Sinn, Hoffnung und Ermutigung sichtbar wird.

Solch ein Mensch ist Abraham, von Anfang an. In ihm und durch ihn setzt der lebendige Gott eine neue Heilsinitiative: Er erwählt sich Abraham, um mit ihm der urgeschichtlichen Menschenexistenz, die in die – die ganze Erde bedeckende – Gewalttat hineingerutscht war, eine Segensgeschichte entgegenzusetzen, an der alle Menschen teilhaben sollen. Deswegen bekommt Abraham von Gott gesagt: „Du sollst ein Segen sein" (12,2).

Es ist nicht das erste Wort an Abraham. Voran geht der Auszugsbefehl, geht auch die Zusage, Gott selbst werde ihn segnen. Der lebendige Gott ruft nicht ins Nichts, nie. Den Verlust der Heimat soll Abraham ersetzt bekommen durch unendlichen Segen: „Ich werde dich zu einem großen Volk machen, dich segnen und deinen Namen groß machen" (12,2). Das ist die Zusage Gottes. Segen ist für die Menschen der biblischen Zeit, konkret. Land gehört dazu, also einen Ort im Leben zu haben, von dem man nicht vertrieben werden kann: Boden unter den Füßen, um einen guten Stand im Leben zu haben. So ist „Land" in der Abrahamgeschichte ein roter Faden (12,1; 24,7), der seine Existenz von Anfang bis Ende durchwebt. Zum Land kommt als Element des Segens der Besitz (13,2). An dieser doppelten Gabe entzündet sich ein Bruderstreit zwischen Abraham und Lot. Er lässt sich friedlich lösen, weil das entscheidende Argument Abrahams heißt: „Wir sind doch Brüder" (13,8). Er teilt den Segen mit seinem Bruder Lot. Ihm überlässt er das Land, das „schön wie der Garten des Herrn" (13,16) genannt wird, während er selbst nimmt, was übrig bleibt: das mühsam zu bebauende judäische Bergland. Danach und dort jedoch erscheint ihm der lebendige Gott und verheißt ihm Zukunft und Segen (Kap. 18). Beides besteht nun genau in der Nachkommenschaft, in seinem spät geborenen Sohn Isaak. Schließlich gilt als viertes Element des Segens das hohe Alter. Von Abraham heißt es: „Er starb in hohem Alter, betagt und lebenssatt" (25,8). „Ich werde dich segnen" – der lebendige Gott setzt sein Wort in Kraft, und Abraham empfängt alle Bedingungen, selbst ein Segen zu sein.

„Abraham glaubte dem Herrn" (15,6), heißt es. Von niemandem wird dieser unbedingte Glaube, diese überraschende Reaktion des bedingungslosen Vertrauens sonst ausgesagt, nur noch von den Niniviten (vgl. Jona 3,5), als sie die Predigt des Jona gehört haben. Ohne Wenn und Aber lässt Abraham sich in diese Beziehung zu Gott hineinholen. Von daher leuchtet das Wort noch stärker: Ein Segen sollst du sein!

Segen wächst in die Erfahrung schmerzlicher Situationen hinein: Leben ist ungeschützt, ausgesetzt, bedroht; Unglück, Unrecht, Enge, Gewalt, Unfruchtbarkeit können dem Leben einen Stempel aufprägen; die Erfahrung von Krankheit und Tod, von Endlichkeit und Zerbrechlichkeit fragt dieses Leben tief an, ebenso fragen Streit und Unversöhntsein. Wer darunter leidet, wird vielleicht eher empfänglich für das, was zwar zutiefst erwünscht ist, was sich jedoch niemand selbst erarbeiten kann, weil es gewährt wird: Segen. Er führt jenseits aller erfreulichen Gaben und günstigen Umstände in die Beziehung – in eine neue Beziehung zwischen Gott und Mensch sowie zwischen Mensch und Gott, zwischen Mensch und Mensch sowie zwischen Mensch und Welt.

Ausgangspunkt des Segens ist die grundlegende Beziehungswilligkeit des lebendigen Gottes, sein zugewandtes Angesicht (vgl. Numeri 6,24–26; Psalm 27,8f). Das Geheimnis des Segens, der Segen des Segens ist die Beziehung. Segen unterbricht den gewohnten Lebenszusammenhang von Geben und Nehmen. Er zeigt uns, dass wir von einer alles umfassenden Wirklichkeit außerhalb unserer selbst leben: vom lebendigen

Gott Abrahams in seiner Beziehungssuche zu uns Menschen. Er ist auch der Gott Jesu Christi. Weil er zu unserem Heil gehandelt hat, können wir anderen zu ihren Gunsten seinen Segen weiterschenken, aus der Beziehung zu ihm den Menschen begegnen – wie Abraham, über dessen Leben steht: „Ein Segen sollst du sein." Seine Gabe ist, dass er in seinem Leben anderen das Leben öffnet für einen Dritten, für den lebendigen Gott. Nicht aus sich ist er ein Segen, kann er Segen sein, sondern insofern er aus der Verbindung mit dem lebendigen Gott lebt. So ist er zum Vater des Glaubens geworden.

Ein Gebet von Romano Guardini bringt das Geheimnis des Segens ins Wort:

„Immerfort empfange ich mich aus Deiner Hand.
So ist es, und so soll es sein.
Das ist meine Wahrheit und meine Freude.
Immerfort blickt Dein Auge mich an,
und ich lebe aus Deinem Blick,
Du mein Schöpfer und mein Heil.
Lehre mich,
in der Stille Deiner Gegenwart
das Geheimnis zu verstehen, dass ich bin.
Und dass ich bin durch Dich und vor Dir und für Dich."
Aus: Romano Guardini, Theologische Gebete. Frankfurt/M. 1985, 14.

3 Abraham glaubte Gott (Genesis 15,6)

Abrahambilder gibt es aus allen Jahrtausenden. Oft wird er unter dem weiten Sternenhimmel gezeigt – so in einem Bild aus der Wiener Genesis im 6. Jahrhundert. Nur aus wenigen Elementen besteht dieses Bild: auf der linken Seite eine geöffnete Tür, davor Abraham. Diesen senkrechten Elementen verbinden sich drei waagerechte: ein Himmelssegment mit der segnenden Hand Gottes und unten ein grüner Streifen, der „Weg". Nichts anderes gibt es auf diesem Bild. Die Tür erinnert an das Hinausgeführtwerden, an das Aufbrechen des Abraham, an sein Weggehen – als ob er immer wieder auf Gottes Zusage und Weisung hin aufbricht.

Die offene Tür kann daran denken lassen, dass Abrahams Freiheit gewahrt bleibt. Gott zwingt nicht. Abraham steht vor der Tür. Ein festes Stehen scheint es zu sein, dabei ganz auf das Hören konzentriert, vielleicht auch auf das Fragen. Dazu hat er allen Grund: Ob es sich noch lohnt weiterzugehen?

Er ist inzwischen sehr alt geworden, ein Greis mit langem weißen Haar und eben solchem Bart, und noch immer hat sich die Verheißung einer großen Nachkommenschaft nicht erfüllt, nicht einmal ansatzweise: „Ich gehe doch kinderlos dahin ...“ (15,2). Ein leicht geöffneter Mund, der Blick – all das drückt auf dem Bild diese eine Frage aus, vielleicht jedoch auch das Staunen darüber, dass Gott seine Verheißung aller Vernunft zum Trotz noch einmal wiederholt. Abraham hat seine Unterarme und Hände nach vorn gestreckt, darüber ist das Ende seines Obergewandes gelegt. Seine ganze Gestalt geht in Richtung des Weges und der segnenden Hand Gottes. Über Abraham wölbt sich ein blaues Kreissegment als Zeichen für den Himmel. Den wie ein Tuch wirkenden Himmel durchstößt die Hand Gottes. Abraham soll den Sternenhimmel betrachten, weil sich in ihm die Verheißung Gottes abbildet: Unzählbar wie die Sterne sollen seine Nachkommen sein. Die Hand Gottes zeigt nicht nur auf den Weg voraus, sie deutet auch auf die Sterne am Himmel.

Dieses Segment erinnert auch an den Beginn des Gotteswortes: „Ich will dein Schild sein“ (15,1). Gottes Zuwendung wird so ins Bild gebracht. Abraham steht auf einem schmalen grünen Band. Er ist schon ein Stück auf diesem Weg gegangen. Da, wo er steht, verdickt sich das Band noch einmal – so als ob der Weg noch einmal neu beginnt. Nach rechts hin verjüngt sich das Band: Hinweis auf die Weite des Weges, der sich in der Ferne allmählich verliert. Doch ist die Farbe wichtig: grün. Sie steht für Hoffnung, Leben, Fruchtbarkeit. Dort, wohin Abraham gehen soll, gibt es offenkundig nichts Sichtbares, an das er sich halten kann. Einzig von Licht ist die Zukunft erfüllt. In diesen Raum hinein weist die Hand Gottes.

Als Vater des Glaubens ist Abraham gemalt. So steht er da. Die Bibel ist von der Frage bewegt, ob und wie Abraham die Grundbeziehung zum lebendigen Gott ins Leben bringt und im Leben wirksam werden lässt – wie sein Weg aussieht. Als er nach längerer Zeit des Wanderns und des Aufenthalts in Kanaan wegen einer Hungersnot nach Ägypten kommt, hat er Angst um sein Leben. Ein rechtloser Fremdling ist er dort. Er fürchtet, wegen seiner schönen Frau Sara getötet zu werden. So greift er zu einer Lüge und gibt sich als Bruder Saras aus. Der Pharao umwirbt Abraham mit Geschenken und lässt Sara in seinen Harem bringen. Abraham ist so bestätigt in seiner Angst (12,10–20). Hätte Gott nicht eingegriffen und den Pharao zum Nachdenken gebracht, wäre aus der Nachkommensverheißung nichts geworden. Der glaubende Abraham ist kein Held. Immer wieder kommt er ins Schwanken und Zweifeln. Der tiefste Stachel in ihm ist: ein Leben ohne eigene Kinder. Das bedeutet damals ein Leben ohne Zukunft, ein Leben ohne Leben. Solche Perspektivlosigkeit zeigt in der Regel verhängnisvolle Früchte.

Doch der lebendige Gott schenkt ihm immer neu eine Horizonterweiterung, ermöglicht so eine Weitung und zugleich Vertiefung des Lebens. Sie beginnen so, wie das Bild es beschreibt. Der lebendige Gott sagt sich dem aufgebrochenen Abraham neu zu: „Fürchte dich nicht, Abram, ich bin dein Schild. Dein Lohn wird sehr groß sein" (15,1). Der alte Mann ohne Nachkommenschaft fragt seinen geheimnisvollen Gesprächspartner, wie ernst er es meint und wie verlässlich seine Zusage ist. Er glaubt nicht blind. Da wird Abram, so heißt er damals noch (17,5), in einen atemberaubenden Kontrast geführt: Er, der nur die ein halbes Dutzend Mal wiederholte Zusage hat, einen leiblichen Sohn zu haben, der unterwegs ist im Niemandsland der Wüste, fern der Heimat, wird mit der Fülle des Himmels, mit der Weite des Sternenzeltes konfrontiert, wie es das Bild aus der Wiener Genesis zeigt: „Sieh doch zum Himmel hinauf und zähl die Sterne, wenn du sie zählen kannst. So zahlreich werden deine Nachkommen sein" (15,5). Ein Mann mit leeren Händen, mit nichts als dem Wort der Zusage im Angesicht des Reichtums der Sternenwelt, dem Symbol der Fülle und der Verheißung.

Gegen allen Augenschein traut dieser Abraham dem Himmel über ihm rückhaltlos mehr als allen Schritten hinter ihm. „Abraham glaubte dem Herrn und der Herr rechnete es ihm als Gerechtigkeit an" (15,6). Abraham wird der erwählenden Nähe Gottes dadurch gerecht, dass er seiner Existenzverlagerung in

36

diesen Gott hinein traut. Er lässt sich aus der Enge herausführen, beharrt nicht auf seinem begrenzten Wahrnehmungsvermögen. Alle Fragen und Bedenken lässt er sich immer neu öffnen und in einen großen Zusammenhang stellen. Er lässt sich von dem lebendigen Gott die Zukunft zusagen, die er selbst nicht in der Hand hat und haben kann. „Er nahm Stand in dem lebendigen Gott" – so lässt sich übersetzen.

Glaube ist ein Akt von Person zu Person. Abraham glaubt dem lebendigen Gott dessen bundeswillige Zuwendung. Was Glaube ist, erzählt die Bibel so mit Abraham. Von hier an gilt er als der Vater aller Glaubenden – bis heute.

Abraham ist nüchtern genug, dass er es für möglich hält, der Blick zum Sternenhimmel könne bloßes Wunschdenken sein, eine im Moment tröstliche Fantasie. Deswegen fragt er weiter und erreicht ein handfestes Arrangement. Unterschiedliche Tiere vom Rind bis zur Haustaube werden geteilt. Und der lebendige Gott geht zwischen den getöteten Tieren hindurch. Damit sagt er: ‚Wenn ich diesen meinen Bund nicht halten sollte, soll es mir genauso ergehen wie diesen Tieren.' Die ganze Zukunft des Glaubens steht hier auf dem Spiel. Abraham wird durchglüht von der Gewissheit, dass Gott treu ist. So kann er sich neu auf den Weg machen und erfahren: „Der Weg entsteht im Gehen" (Martin Buber). Wird die neue Gewissheit des Bundes ihn stützen und aufrecht gehen lassen? Wird sich der Glaube bewähren in seinem ganzen Leben?

4 Gott wandert zum Menschen (Genesis 18)

In der Abfolge der Erzählungen von Abraham wird immer neu erzählt, wie seine Gedanken um seine Hoffnung auf Nachwuchs und Weiterleben kreisen. Dafür unternimmt er manches (16,1–4), dafür möchte er der Verheißung Gottes auf eigene Weise nachhelfen. Doch scheint das alles ihn nicht weiterzubringen. Von sich aus sieht Abraham keinen Fortschritt, sieht die Verheißung des Segens vielleicht sogar immer weiter entschwinden, je älter er wird, je länger er auf dem Weg ist. Wird Gott sein Wort halten und bekräftigen?

Dieser Gott aber, der Abraham herausgeführt hat aus seinem vertrauten Land, lässt ihn nicht allein. Er kommt zu ihm in der Gestalt eines überraschenden Besuchers, eines Besuchers in drei Männergestalten. Gott bringt sich Abraham unerwartet in Erfahrung, und zwar in dem Land, das er nach der Teilung mit Lot als sein Land angenommen hat, als Gabe seines Gottes. Abraham bleibt nicht allein mit der Verheißung. In der Not, die Spanne zwischen den gegenwärtigen leeren Händen und der überreichen Erfüllungszusage ausmessen zu müssen, geht Gott selbst mit. Er ist unterwegs zu Abraham, sucht ihn, sucht ihn auf. Es ist nicht der Mensch, der Gott auf den Pfaden der Erkenntnis oder des Wollens sucht und findet – Gott ist es selbst, der zum Menschen kommt, ihn anspricht und ihm begegnet. Nicht unbeweglich schaut er auf Abraham – er ist geradezu auf einer Wallfahrt zu Abraham, unvermutet entgegenkommend, er ist unterwegs zu Abraham und fragt nach ihm.

Und Abraham? Er sitzt (18,1). Am Zelteingang kann er seinen Be-sitz übersehen und das Innere seines Lebensraumes im Zelt schützen. Ob er die Sehnsucht verloren, die Suche aufgegeben, die Unruhe hinter sich gelassen hat und nun das Erworbene sichert? Es scheint, dass er keine Anzeichen der Erfüllung sieht. Er sitzt also und lässt kommen – auch den beweglichen Gott, der sich so anders zeigt in den drei Gestalten, sodass Abraham ihn nicht erkennt. Immerhin sieht er, und das Sehen und alles Folgende beginnt mit dem „Aufblicken" (18,2). Daraufhin gibt es sein Entgegengehen. Als ob er spürt, dass es plötzlich akut wird auf seinem Weg, auf dem er sitzend nicht vorankommt. Keine Störung ist der Besuch für ihn, er empfindet ihn als Bereicherung, lädt ihn ein, holt ihn in sein Leben hinein.

Abraham zeigt sich da als Inbegriff der Gastfreundschaft. Er fühlt und denkt von den Neuankömmlingen her, dreht sich nicht um die eigene Achse – als ob er zeigen möchte, wie sehr er nicht aus sich selbst leben kann, sondern des Wortes, des Angeschautwerdens durch andere bedarf. Deshalb bereitet er alles im Übermaß und gibt. Wenn im Leben das Kommen und Gehen geschieht, bedarf es der Rast, des Verweilens und des Gespräches. Welche Bereicherung! Abraham inszeniert in seiner Gastfreundschaft fantasievoll einen Empfang, der den Fremden den weiten

und auch den weiteren Weg schmackhaft machen und erleichtern
soll: Speisen und Austausch, eine Oase der Menschlichkeit, Teilen des Segens. Abraham ist darauf eingestellt, dass die drei Männer genau das suchen, was er ihnen bieten kann. Selbst haben sie
es ja nicht – am Rande der Wüste. So gibt er, was er hat, was er
geben kann. Als ob sich darin der Raum öffnet, in dem Gott sich
in Erfahrung bringen kann. Ob Abraham es ahnt?

In diesem Raum, der sich durch Abrahams Aufsehen und
Aufstehen geöffnet hat, wird nun der lebendige Gott selbst zum
Gastgeber, der sich um das Wohl und das Gesegnetsein seines
Gegenübers kümmert – und dies so diskret und suchend, dass er
in Menschen und mit ihnen da sein will, unverwechselbar als er
selbst. Abraham entdeckt das, was seinen Glauben zu einem un-
glaublichen Glauben macht: Dieser Gott ist verborgen unterwegs
zu uns Menschen; er will von uns aufgenommen und bewirtet
werden, er macht sich geradezu abhängig von unserer Aufmerksamkeit, von unserer Fantasie, von unserer Bereitschaft, Segen zu
teilen, von unserer Tatkraft. Er besucht uns so, dass wir ihn
suchen und entdecken können – als den Gott, der uns hineinliebt
in das unendliche Leben.

Auf doppelte Weise tut das der unerwartete und uner-
kannte Besucher. In der Frage, wo seine Frau Sara sei, rührt er an
die Lebensfrage Abrahams. Sie und er sind ja uralt und haben
ihre Hoffnungen auf ein eigenes Kind trotz aller Zusagen offenbar längst begraben, die Hoffnung auf das Weiterleben im eigenen Kind. Doch er verheißt ihnen jetzt die Geburt eines Sohnes –
nicht irgendwann, sondern wenn er nach einem Jahr erneut zu
Besuch kommt, wird das Kind geboren sein. Dieser unscheinbare
Besucher-Gott ist unendlich achtsam und schöpferisch. Indem er
um Bewirtung bittet, beschenkt er seinen Gastgeber und lässt
sich auch durch ihr (Sarahs) überrascht-erwartungsvolles Lachen
(17,17; 18,12) nicht abbringen von seinem Ankommen, durch
das die erhofften Lebensziele der Menschen neu aufleuchten.

Geradezu im Weggehen spricht der unfassliche Besucher
noch eine andere Lebensfrage an: die nach dem Leben der Menschen von Sodom und Gomorra, über deren Sünde, über deren
Gemeinschaftsbruch in allen Lebensdimensionen Klagen laut geworden sind. Vielleicht stehen die Menschen dieser Städte für alle

39

Menschen, für die ganze Welt. Dann würde Abraham gefragt
nach dem Verhältnis der Zusage der reichen Nachkommenschaft
an ihn mit dem befähigenden Auftrag, ein Segen zu sein, und seiner Sicht der anderen Menschen, seiner Bereitschaft, sie auf den
Weg des Segens mitzunehmen, für jene einzutreten, die gegen
Gottes Schöpfungsordnung handeln, die den Weg des Segens
nicht mitgehen.

Indem der Besucher-Gott seinen Plan Abraham nicht ver-
heimlichen will (18,17), legt er diese Frage in Abraham hinein
und lässt sich mit sich selbst konfrontieren in den Fragen, die Abraham ihm nun stellt. Neu geweckt durch die wiederholte Verheißung eines Sohnes wird Abraham zu einem hartnäckig hoffnungsvollen Frager, der mit Gott verhandelt und um die Welter-
haltung trotz aller Zerstörung bittet: Der Segen soll kräftiger sein
als der Fluch. Jetzt ist Abraham auf demselben Weg zu Gott, wie
Gott zuvor auf dem Weg zu ihm war. Er erweist seinen Glauben,
indem er nicht locker lässt. So ruht auf ihm, auf seinem Glauben,
auf der Trotzkraft seines Glaubens der Bestand der Welt. Er begegnet Gott mit seinem eigenen Maß: Güte, Vergebung, schöpfe-
rischer Neuanfang, Weltzustimmung. Er vertraut, dass Gott sich
zuinnerst rühren lässt und ihn erhört. So wird Abraham zum
Kristallisationspunkt, an dem sich der Blick vom eigenen Lebenskreis und -glück auf alle Menschen weiten kann, in fester Rückbindung an den, der ihn ruft und geleitet.

5 Die beiden Söhne Isaak und Ismael (Genesis 21)

Abrahams und Saras Unglück finden eine Wende: Isaak wird geboren (21,1–3), im hohen Alter seiner Eltern. Gott hat sein Wort
in Kraft gesetzt. Beziehungsreich ist der Name des Kindes: „Gott
möge über dem Kind lächeln." Da ist die lachende Freude, die
Gott dem Paar bereitet hat, spürbar. Wie ein roter Faden zieht
sich das Lachen in je anderen Tönungen durch Isaaks Leben, von
der Ankündigung und Verheißung seiner Geburt angefangen.

Drei Jahre lang wird Isaak von seiner Mutter Sara gestillt.
Zur Entwöhnung wird ein Familienfest gefeiert (21,8). Für Isaak
beginnt ein neuer Lebensabschnitt. Der beginnt gut: mit Lachen.

Ismael, der Stiefbruder, tollt mit Isaak und bringt ihn zum Lachen. Als Sara es sieht, vergeht ihr das Lachen. Sie wittert Gefahr, Angst packt sie, sie zählt zwei und zwei zusammen: Wer wird von den beiden zuletzt lachen, wenn Abraham gestorben sein wird? Wird Ismael sich als der Stärkere erweisen? Könnte nicht Ismael, der Sohn der Sklavin Hagar und Abrahams, Ansprüche stellen auf Abrahams Erbe? Angst und Furcht lauern. Deren Folge ist ein Beschluss Saras: Abraham, der Vater beider Kinder, soll Hagar und Ismael fortjagen. So wird Abraham in die Angst Saras hineingezogen. Ob auch ihn Verlustangst umtreibt? Er hat Ismael gern. Soll er nun der Angst und Eifersucht Saras nachgeben?

In dieser Zwickmühle greift Gott selbst ein und trifft eine Entscheidung: „Hör auf alles, was dir Sara sagt" (21,12). Ist das nicht gegen alles menschliche Empfinden? Stellt Gott sich nicht auf die falsche Seite, wenn er sich auf die Seite Saras begibt? Gerade dieses Zusammenfallen seiner Entscheidung mit Saras Angstwunsch öffnet seinen Plan, von dem weder Abraham noch Sara, weder Hagar noch die Kinder eine Vorstellung haben konnten. – Gott jedoch denkt nicht in ihren Gedanken, er schenkt nicht Hoffnung und enttäuscht sie dann. Die harte Entscheidung wird vielmehr zu einer Segenszusage für Ismael. Der lebendige Gott verstößt nicht, wen die Menschen verstoßen. Auch Ismael soll zu einem großen Volk werden (21,13). So also geschieht es.

Doch der Anfang ist auch hier ein Weg in die Wüste. Zwar stattet Abraham für den Anfang Hagar und Ismael mit Proviant aus, hebt der Mutter das Kind auf die Schulter, doch er entlässt sie eben auch. Todesangst stellt sich bald ein und Todesnähe. Doch Gott lässt nicht zu, so zeigt die Erzählung, dass Hagar und Ismael in der Wüste verdursten. Gott hört das Schreien des Kindes und sieht die Tränen der Mutter. Er hilft, indem er seinen Boten schickt. Der gibt ihr das Segenswort weiter, gibt ihr Hoffnung. Er öffnet Hagar die Augen. So sieht sie die Quelle, die am Leben erhält. Die Hoffnung wird Wirklichkeit.

Ein anderer roter Faden durchzieht die Erzählungen: In Zukunftsangst, in Verlustangst, in Furcht und Zorn, in Kummer und Verzweiflung ist der da, der zuvor auf den Weg ruft. Die

41

Menschen werden anders, wo sie das erfahren: Abraham, Sara, Hagar ...

Ismael soll leben und Gott ist mit ihm. Er wächst in der Wüste auf und wird ein Sohn der Wüste. Dort lernt er zu leben. Als ihm seine Mutter eine Frau aus Ägypten holt, öffnet sich der Weg in die verheißene Zukunft weiter: Ismael wird der Stammvater der Ismaeliter. Aus seiner Nachkommenschaft stammt Mohammed, der Verkünder des Islam. Er beruft sich auf seinen Stammvater Ismael und predigt von Allah, dem Gott Abrahams, der einzig und allmächtig ist. Gottes Verheißung hat sich auch hier erfüllt. Ob wir glauben können, dass der lebendige Gott mit allen Nachkommen Abrahams Großes vorhat? Dass er mit allen auf dem Weg ist?

6   Abrahams Wanderung zum lebendigen Gott (Genesis 22)

Schon als Kind habe ich gern die Erzählungen des Alten Testaments gehört. Dazu gehörte auch die Erzählung, wie Abraham von Gott geprüft wurde, indem er seinen Sohn Isaak opfern sollte. Bestürzend freilich ist diese Geschichte. Im Hören kann einen das Entsetzen packen, der Atem stocken, wenn vor Augen kommt, dass hier einem Menschen das Liebste vom Herzen gerissen werden soll. Nicht wenige versuchen, diese Erzählung zu entkräften oder zu übergehen und auszublenden – diese unheimliche Geschichte, die wie ein ärgerlicher Fremdkörper in all dem steht, was uns die Bibel von Gott sagt. Für etliche schon war sie Anlass, sich von Gott zu distanzieren oder gar loszusagen: ‚Mit diesem Gott, der mit den Menschen so umspringt, will ich nichts zu tun haben.'

Und doch: Weder Israel noch die christlichen Kirchen haben diese Erzählung verbannt oder an den Rand gedrängt. Israel hat darin ein unaufgebbares Wort im weiten Feld seiner Gotteserfahrung gesehen und die Kirchen stimmen dem zu. Zu Abraham gehört sie unbedingt. Ohne sie würde der Glaube Abrahams nicht in seiner letzten Tiefe ansichtig. In Israel wird diese Geschichte in der Paschanacht bis heute vorgetragen und bei den Christen auch in der Osternacht. Ob uns dies ermutigen kann, uns hineinzuhören und hineinzufragen in diese Erzählung?

Wenn wir diesen Abschnitt nicht herauspicken, sondern in seinen Zusammenhang stellen, bekommen wir zwei Hinweise, die helfen können, unsere Fragen, auch unsere Empörung groß werden zu lassen vor diesem Zeugnis der langen Kette glaubender Juden und Christen.

Der erste Hinweis: Wer in der Bibel auf diese Geschichte stößt, hat schon eine lange Reihe anderer Erzählungen aufgenommen, in denen der lebendige Gott den Menschen Leben, Schutz, Nahrung, Gemeinschaft, Land, Liebe, Kinder, Gesundheit schenkt. Diese Erzählung ist also nicht das erste und nicht das einzige Wort, das von Gott gesagt wird.

Der zweite Hinweis: Dieser Erzählung von Abrahams Opfer kann man sich wohl erst ganz aussetzen, wenn man lebendig weiß und erfahren hat, dass man dem lebendigen Gott Leben, Fruchtbarkeit, Nahrung, Lebensraum, Geleit und Schutz verdankt. Beides versammelt sich im Beginn: „Nach diesen Ereignissen ..." Alles, was zuvor war, alles schöpferisch liebende Umgehen Gottes mit dem Menschen und alles vertrauend annehmende Umgehen des Menschen mit Gott wird hier eingesammelt.

Umso stärker wird dann der Einschnitt spürbar, das, worum es jetzt geht: Gott stellt Abraham auf die Probe. Das steht geradezu als Überschrift da. Und nur Gott spricht, während Abraham schweigt vor Gott. Außer dass er zweimal sagt: „Hier bin ich" (22,1. 11).

Auf die Probe stellen, prüfen – wer verbindet damit nicht Situationen, die bis heute unverstehbar geblieben sind: Wo das Erhoffte oder Ersehnte, wo das Allerliebste genommen wurde – Ihnen selbst oder anderen Menschen, die Sie kennen. Vielleicht eine Arbeitsstelle, auf die sich ein anderer geschoben hat. Vielleicht ein Wunschkind, das nie geboren werden konnte. Vielleicht der frühe Tod des Partners, sodass aus dem gemeinsamen Lebensabend in trauter Zweisamkeit nichts wurde. Wohl in jedem Leben gibt es diesen Einschnitt, diesen Einbruch.

Und hier diese Überschrift: Gott stellt Abraham auf die *Probe*. Und wozu prüft Gott den Abraham? Das hebräische Wort für „prüfen" meint: versuchen, etwas Sinngebendes herauszubekommen, etwas ans Licht bringen; manchmal auch: auf einen falschen Weg führen. Offenbar wird Abraham in eine Entscheidung der Freiheit gestellt, in der sein Weg neu aufleuchten kann. Ob wir je ungeprüft heranreifen zu Menschen, die mit Gott zu handeln beginnen im Sinne seines Bundes mit uns? Was oder wer werden wir in unserem Leben, wenn wir es nicht im Gegenüber zum lebendigen Gott werden? Dahin fragt uns die Erzählung zuerst. Vielleicht bekommt sie eine größere Nähe zu uns, wenn wir diese Frage aus Gottes Handeln heraushören, wenn wir ihm vorab einen guten Willen uns gegenüber unterstellen. Denn dass Isaak davongekommen ist, weiß ja der oder die längst, der oder die diese Geschichte hört. Sonst gäbe es kein Volk Israel mehr, das diese Geschichte hören und erzählen könnte. Sonst gäbe es auch die Kirche nicht, die diese Geschichte hört und erzählt.

Wird also Abraham sich neu in dieses Gegenüber zu Gott hineinziehen lassen? Und noch schärfer gefragt: Wird Abraham das, was er von Gott dankbar angenommen hat – den einzigen, unerwarteten Sohn, das Liebste, Wichtigste, worauf er sich gründet, was er sehnlichst groß werden zu sehen hofft –, abgeben können? Von Gott selbst wird Abraham der Verzicht auf den freigebig schenkenden und gütig führenden Gott zugemutet: „Nimm deinen Sohn, deinen einzigen, den du liebst ... und bringe ihn ... als Brandopfer dar." Genau da steht ein Wort, das noch einmal den Atem stocken lässt: Brandopfer, Ganzbrandopfer, Holocaust. Alle Gräueltaten der Weltgeschichte seit je bis heute machen die Last dieser Geschichte aus, machen die Erzählung an diesem Punkt geradezu unerträglich. Soll da etwas ans Licht kommen? Was soll da ans Licht kommen?

Die Erzählung gibt keine allgemeingültige Antwort. Nein, sie richtet den Blick auf einen einzigen Menschen, wie er geht – unter diesem Wort: auf Abraham, den Vater der Glaubenden.

Er ist ja nicht irgendwer, der Stammvater Israels, mit seiner ungewöhnlichen Hörfähigkeit zu Gott hin. So ist die Prüfung tief und abgründig wie nirgends sonst im Alten Testament. Es geht um die dunkle, undurchschaubare, unergründliche Zumutung für Abraham, an der Hand Gottes weiterzugehen, obgleich er diesem Gott zurückgeben soll, was Gott ihm in hohem Alter nach langem Warten und vielen Zumutungen gegeben hat – Widerspruch in sich, ein dunkler Weg in einer Zerreißprobe ohnegleichen.

Wird Abraham gehen? Wird er sich angesichts dieses Abgrunds von Gott lösen und zu halten versuchen, was sein Liebstes ist? Wird er sein Eigenstes im Zerstören hergeben oder zu retten versuchen? Sein Kind Isaak, das er von Gott geschenkt bekam gegen alle Hoffnung? Wie besteht Abraham diese Probe?

Die Erzählung konzentriert sich auf den Weg Abrahams, auf die Kette von Schritten und Tätigkeiten: der Esel, die Knechte, Isaak, die Holzscheite, die Wanderung. Abraham schweigt und geht. Schweigt und gehorcht. Er erwandert sich seine Einmaligkeit, seinen Gehorsam gegenüber Gott, Schritt für Schritt auf diesem unsäglichen Weg. Ist er verzweifelt? Die Erzählung spricht in nichts davon. Vielmehr lässt sie ihn uns sagen: „Bleibt mit dem Esel hier. Ich will mit dem Knaben hingehen und anbeten; dann kommen wir zu euch zurück" (22,5). Und dann, als er auf die Frage Isaaks nach dem Opfertier aus diesem Weg ausbrechen könnte, sagt er knapp: „Gott wird sich das Opferlamm aussuchen, mein Sohn" (22,8). Weder die Knechte noch der Sohn erfahren, was Gott von Abraham will. Abraham lässt diesen Befehl Gottes Eigentum sein. Er selbst schweigt und geht, er gehorcht. Vielleicht doch in tiefster Kommunikation mit diesem Gott?

Genau das, dass Abraham nicht sich festkrallt in sein Liebstes, dass er geht – auf Gottes klares Wort hin –, dass er erneut aufbricht, obgleich er Gott selbst noch gar nicht sieht, dass er sich dem Abgrund nähert, um sich nicht von Gott zu trennen, nennt die Erzählung *Gottesfurcht*. Auf diese Haltung kommt es vor Gott an, sagt die Erzählung.

Abraham ist durch Gottes unfasslichen Segen weit über sein Maß hinausgehoben. Jetzt wird er durch die unfassliche Zumutung Gottes auch weit über sein Maß hinausgehoben. Was soll da ans Licht kommen? In dieser Spannung? Es ist wohl eine neue Weise des Menschseins angedeutet, in der sich entwickelt, dass ein Mensch als Lebensgrund nichts, aber auch gar nichts hat als den einen Gott, an dem er ohne jede Ausflucht festhält, wenn einmal sein Wort zu ihm gedrungen ist. Gott allein. Seine Bejahung. Nicht weil er dies oder das gibt, sondern weil er so ist, wie er ist. Abraham besteht die Probe, und ans Licht kommt seine Gottesfurcht, aufgrund derer er schließlich Gott gesehen hat, weil Gott ihn gesehen hat.

Wenn die Bibel von Gottesfurcht spricht, dann meint sie, dass wir allen Grund haben, auf Gottes unbedingt verlässliche Treue zu bauen – auf den Gott, der sich nahe und liebend zusagt, unüberbietbar und unwiderruflich. Weil diese Liebe Gottes jedoch alles andere als selbstverständlich ist, bewahrt und würdigt die Liebe zu ihm zugleich das Anderssein Gottes. Wahre Liebe will das Anderssein des Anderen stark machen und wehrt so der Gefahr plumper Vertraulichkeit. Das schließt freilich den Willen ein, in dieser Beziehung eine Gestalt der Antwort zu finden, die stimmig ist und voller Lebendigkeit. So bleibt die Gottesfurcht in der Liebe wie eine Wanderung auf den lebendigen Gott zu, den unbegreiflich Anderen und zugleich den, in dessen Liebe wir wahrhaft daheim sein können, wenn wir uns ihm nur vertrauensvoll anvertrauen.

Diese Erzählung, in der sich die Geschichte Abrahams, des Vaters aller Glaubenden, verdichtet – und also auch die Geschichte des Gottesvolkes –, will keine Rezepte geben, keine Norm setzen und auch keine Anleitung zum Herbeiführen der Gottesfurcht bereitstellen. Doch teilt sie Erfahrungen mit, die hörend beherzigt sein wollen.

Zuerst bekommen wir die Verheißung zugesprochen, dass wir bei Gott aufgehoben sind, wenn wir an seiner Hand gehen. Nur, dieser Gott ist nicht der Gott, der mit dem Bild übereinstimmt, das wir uns von ihm machen. Wie Abraham an der Hand Gottes gehen heißt auch, wie Abraham auf seinem Weg das Zerbrechen der eigenen Gottesbilder durchzumachen. Denn Gott, der lebendige Gott Abrahams, ist nicht zu fassen. Nur weil er anders ist, kann er letztlich seine unendliche Verheißung wahrmachen. Abraham lernt, Gott um Gottes willen zu verlassen – und neu zu finden.

Die Erzählung deutet sodann die Haltung an, mit der wir vor Gott leben lernen können – und nennt das Gottesfurcht. „Der Mensch – nun, er ist das, was er im Gegenüber Gottes wird, was sein Gespräch mit Gott aus ihm macht" (Gerhard von Rad). Darin ereignet sich der Vertrauenstest, in dem Gott allein als Grund des Glaubens aufscheint. Nur mit stockendem Atem lässt sich das buchstabieren, was das heißt: Gott aus *ganzem* Herzen zu lieben, mit der ganzen Lebendigkeit (vgl. Deuteronomium

6,5). Genau darin wird Abraham gesegnet, dass er diesen Weg geht. Er steht am Ende da mit dem erneut geschenkten Isaak, mit Israel, als wahrer Stammvater des Gottesvolkes.

Schließlich sehen Christen im Weg Abrahams ein Vorausbild des Jesusweges. Er, der sein Leben hingibt, sein Leben an der Hand Gottes und sein Leben aus Gott, empfängt schließlich alles, ist der Gesegnete, der Auferweckte. Beides, das Hingeben und das Empfangen geschieht „für euch und für alle". Er ist wahrhaft Abrahams Sohn: „Noch ehe Abraham wurde, bin ich" (Johannes 8,58). Nicht im Widder, der geschlachtet wird anstelle von Isaak, liegt der erste Vergleich in Bezug auf Jesus, sondern im Weg Abrahams, damit unser Weg mit ihm und nach seiner Art, immer an der Hand Gottes, zu dem Ziel gelangt, das der lebendige Gott selbst ist.

Die Erzählung vom Opfer Abrahams öffnet den Weg zum je größeren Gott und zu jenem menschlichen Glauben, in dem die wahre Heimat und Zukunft des Menschen aufscheint. Nicht selten wird das Evangelium von der Verklärung des Herrn (vgl. Markus 9,2–10) mit dieser Erzählung in Beziehung gebracht. Es verweist darauf: Dieser Weg zum Gipfel des Berges der Gotteserkenntnis und der Umgestaltung in die Herrlichkeit Gottes ist der ganz persönliche Weg einer jeden und eines jeden. Auf diesen Weg sind wir alle – in den Zumutungen des Verlustes des Liebsten wie auch in der Bereitschaft zur Hingabe – gerufen: um des lebendigen Gottes willen, der das unzerstörbare Leben ist. Dieser Weg beginnt mit Abraham, dem Vater aller, die dem einzigen Gott glauben.

Josef und seine Brüder –
Eine Konfliktgeschichte voll Hoffnung

1 „Meine Brüder suche ich" (Genesis 37,16a)

Als Kind habe ich gern Erzählungen aus dem Alten Testament gehört. Bei diesen spannenden Geschichten war ich immer ganz dabei. Etwa wenn unser Lehrer erzählte, wie es dem Josef im Kreis seiner Brüder erging, wie er nach Ägypten verkauft wurde und es dort zum Stellvertreter des Pharao brachte, und wie es schließlich überraschend zur Versöhnung mit seinen Brüdern kam. Diese Geschichte von Josef und seinen Brüdern, die eine einzige große Konfliktgeschichte ist, birgt in sich eine Hoffnung, die auch in verwickeltsten Situationen und hartnäckigen Widerständen nicht aufgibt.

Diese Erzählung ist eine dieser uralten Erzählungen, die es in sich haben, weil sie zeigen, wie es im Leben zugehen kann. Da kann sich beim Hören oder Lesen als Reaktion einstellen: „Typisch. Das war schon damals so." Weil sie Erfahrungen und Einsichten verdichten, weil sie durch Leiden und Aufatmen beglaubigte Erzählungen sind, weil die Personen meistens kommentarlos allein durch ihre Handlungen und Reden profiliert werden, damit wir uns so einfühlen und einleben in die Hauptpersonen, sind diese Erzählungen so etwas wie die Heimatsprache des Lebens. Sie erinnern daran, dass wir Wünsche haben, die über die gegenwärtige Situation hinausgehen. Sie bestärken Wünsche, uns ein Leben anzueignen, das diesen Namen wahrhaft verdient.

„Meine Brüder suche ich" (Gen 37,16a). So stellt sich Josef selbst vor. Damit gibt er sein Thema an, das ein Leben lang dauert: die Suche nach Versöhnung mit den Brüdern.

„Meine Brüder suche ich." Das sagt Josef, der dadurch, dass er seine Träume erzählt, den Konflikt heraufbeschwört. Josef träumt nämlich, dass er größer und stärker wird als seine elf Brüder und sie sich vor ihm verneigen. Die Brüder halten Josef für größenwahnsinnig. Sie fühlen sich bedroht und wollen ihm seine Träume austreiben. Als Josef sie, dem Wunsch des Vaters entsprechend, auf dem Feld sucht und sie ihn kommen sehen, kaum dass er ihre Spur gefunden hat, sagen sie: „Ei, der Meister Träumer, da kommt er ja daher! Los jetzt, kommt, wir bringen ihn um" (37,19 f). Die Träume sollen sich auf keinen Fall verwirklichen! Das ist ihr erklärtes Ziel.

Diese Reaktion der Brüder hat auch damit zu tun, dass der Vater Jakob „Josef unter allen seinen Söhnen am meisten liebte, weil er ihm noch im hohen Alter geboren worden war" (37,3). Auch deswegen hassen die Brüder den Josef (37,4. 8. 11). Er hat vom Vater einen knöchellangen Ärmelrock bekommen, ein Ehrenkleid, das ihn aus der Schar der Brüder heraushebt. Dazu hinterbringt Josef seinem Vater, was die Brüder Böses tun.

Eine nicht mehr zu entwirrende Geschichte von Liebe und Hass beginnt. Hass, Eifersucht, Neid sind im tiefsten der Wunsch, ein anderer, eine andere zu sein, als man ist, und anderes zu haben, als man hat. Diese Leidenschaften hindern, mit sich selbst einverstanden zu sein und aneinander zu wachsen. Hass ist enttäuschte Liebe. Er erwächst aus dem Gefühl, ausgeschlossen zu sein von jemandem, dem man sich zugehörig fühlt. Wer in Hass, Eifersucht und Neid stecken bleibt, geht einen sicheren Weg ins Unglück.

„Meine Brüder suche ich." Josef sagt, was sein tiefster Wunsch ist. Damit beginnt der Weg der Befreiung. Wie soll der aussehen? Die Träume zeigen Josef zwar verhüllt als Erwählten Gottes, denn sie sind ein Spiegel und Vorgriff zukünftiger Wirklichkeit. Doch die Brüder versuchen, Josefs Träume um ihre Verwirklichung zu bringen – mit allen Mitteln, die sie zur Verfügung haben.

Ungelöste, schwelende Konflikte gibt es allenthalben. Ohne Beschönigung sagen zu lernen, wie es ist und was man will, damit kann sich manchmal ein Weg der Lösung öffnen. Und wer brauchte nicht einen solchen Mut zur Klarheit?

2 „Da zogen sie Josef aus der Grube heraus" (Genesis 37,28)

Situationen, in denen es um Leben und Tod geht, werden uns täglich nahe gebracht. Oft sind schreckliche Hintergründe da: Der Schalom, der Friede, das Heilsein einer Gemeinschaft ist zerbrochen. Das wird in der Josefsgeschichte auch daran deutlich, dass die Brüder dem Josef nicht einmal mehr Schalom, den normalen Tagesgruß, sagen können (37,4). Diese alltägliche Situation gehört mit hinein in den dramatischen Konflikt, der sich zwischen Josef und seinen Brüdern entwickelt. Josef, 17 Jahre alt, ist der Liebling seines Vaters, aber unbeliebt, sogar gehasst bei seinen zehn älteren Brüdern. Neid und Hass der Brüder schüren und entwickeln ihre Zerstörungskraft. Die Brüder machen aus ihrem Herzen eine Mördergrube. Ehe sie einen Mordanschlag absprechen, haben sie ihren Bruder Josef schon in ihrem Herzen umgebracht. Sie wollen seine Träume, in denen er sich als Herrscher über die Brüder darzustellen scheint, im Keim ihrer Verwirklichung ersticken. Das geht für sie nicht anders, als dass sie Josefs Freiheit und seinen Lebensraum im Schoße der Familie zerstören.

Nur einer wird wach, Ruben, der älteste Bruder. Er will Schlimmeres verhüten und erreicht immerhin, dass Josef zunächst nur ins Gefängnis gesteckt wird, das ihnen zur Verfügung steht – in den Brunnen mitten in der menschenleeren Steppe (37,21f). Ein anderer Bruder, Juda, schlägt vor, Josef an Händler zu verkaufen, die gerade mit einer Karawane in Sicht kommen. So nimmt die Geschichte ihren Lauf: Josef wird in eine Zisterne geworfen, von Vorbeikommenden entdeckt und schließlich wie eine heiße Ware an die Ismaeliter verkauft. Was die Brüder nicht ahnen konnten: So sind auch sie hintergangen, wie die Geschichte noch zeigen wird. Für Josef ist das Ergebnis dasselbe: verraten und verkauft. Gegenüber einem Mord sollte dies für die Brüder das sie weniger belastende Verbrechen sein und weniger gefährlich. Jetzt sind sie selbst betrogen, beginnt doch so der Aufstieg Josefs (37,28).

Doch bis zum Verkauf sitzt Josef in der Zisterne. Das dabei verwendete hebräische Wort lässt andere Worte anklingen: Grube, Grab, Unterwelt, Gefängnis. Das Wort hat den Geschmack von

Tod. An einer Grube, an einer Zisterne, an einem Brunnen passiert immer etwas. Und immer gibt es Menschen, die die Zisterne „passieren" – zum Glück. Denn nur dadurch wird Josef aus der Grube gezogen (37,28). Dieser Vorgang, dieses Bild wird zum Hoffnungszeichen. Denn wer aus der Grube gerettet wird, ist jemand, der dem Geheimnis von Leben und Tod näher gekommen ist: Er kann offenbar vom Diesseits in ein jenseitiges Land gelangen. Er ist ein Grenzgänger, der mit Himmel und Erde in Berührung gekommen ist; er ist in Kontakt mit der Tiefe, weiß um die Abgründigkeit menschlicher Wirklichkeit. Weil er neue Lebenskraft gewonnen hat, kann er zum Leben anstiften, kann er Neues mit dem Alten verbinden.

Doch ist das an Josef jetzt noch nicht sichtbar. Josef muss den Preis für sein Lebensthema bezahlen, für sein Wort: „Meine Brüder suche ich." Er wird aus dem Gedächtnis der Brüder ausgelöscht, aus ihrer Welt entfernt.

Das Verschwinden Josefs muss vor dem Vater jedoch vertuscht und erklärt werden. Die Brüder legen dem Vater Jakob das vom Blut eines Ziegenbocks getränkte Gewand Josefs kommentarlos vor. Er soll selbst die Folgerungen aus dem Augenschein ziehen. Die Lüge kostet die Brüder kein einziges Wort. Der Vater zieht sofort die erhoffte Konsequenz, die seine Söhne gezogen haben wollen. Und er lässt sich von ihnen nicht trösten. Die Brüder sind darauf angewiesen, den zu verdrängen, der lebt. Josef existiert, ohne zu existieren: in der nicht vernarbten Wunde des Vaters, in der Verdrängung der Brüder.

Rivalität hat zum Bruch zwischen den Brüdern und zum Verbrechen geführt. Der Druck der Leidenschaften hat das Gefühl brüderlicher Verantwortlichkeit und den Sinn für die Rücksicht gegenüber dem Vater weichen lassen. Das Verbrechen der Brüder zerstört die grundlegenden Güter des Josef: Heimat, Freiheit, Sprache, Verwurzelung, Beziehungen.

Wo ist dabei der lebendige Gott? Die Josefserzählung zeigt in ihren verwickelten Zusammenhängen, in denen menschliche Erfahrung sich in einem Wirkungsgeschehen von Gott her eingewoben sieht: Von Menschen geplantes Tun verwirklicht sich – doch es geschieht auch, dass immer eine Möglichkeit mehr ins Spiel gebracht wird, als Menschen ahnen können. Indem zaghaftes Engagement zur Lebensrettung Folgen bekommt, wird dem ganzen Geschehensablauf Richtung und Ziel gegeben. Hier ist der „Spielraum" Gottes in der Josefserzählung angesiedelt.

3 „Du sollst über meinem Hause stehen" (Genesis 41,40)

Josef aus dem ersten Buch der Bibel, dem Buch Genesis, wird von seinen Brüdern – ohne dass sie es wissen konnten – nach Ägypten verkauft. Dort wird er als Sklave weiterverkauft an den ägyptischen Hofbeamten Potifar. Der entdeckt bald, wie umsichtig und verlässlich Josef ist, und er macht ihn zum zweiten Mann seines Hauses, zum Prokuristen, dem er sorglos alles anvertrauen kann. Das wirkt sich günstig aus. Der Besitz wird größer.

Doch dann gibt es die missliche Szene mit Potifars Frau: Sie will mit Josef schlafen. Der wiederum will das in ihn gesetzte Vertrauen Potifars nicht enttäuschen und weigert sich. Als er das Begehren der Frau nicht erfüllt und vor ihr flieht, glaubt sie ihn in ihrer Gewalt. Josefs Gewand in ihrer Hand (39,13) ist für sie das verleumderische Beweisstück. Sie bringt ihn in die Grube, ins Gefängnis (39,20). Wird er auch diesmal, wie damals in der Steppe, aus dem Gefängnis gerettet?

Auch noch in diesem neuen Gefängnis erweist sich Josef als umsichtig und vertrauenswürdig, sodass der Gefängnisleiter ihm seinen ganzen Wirkungsbereich anvertraut (39,22): Josef wird der zweite Mann im Gefängnis. Was ihm in seiner Heimat zum Verhängnis wurde, seine Träume, das hilft ihm jetzt entscheidend weiter. Zunächst deutet Josef nämlich zwei Gefangenen ihre Träume. Und alles trifft genau seiner Deutung entsprechend ein. Er bittet deswegen einen Gefangenen, dem er die Träume gedeutet hat, er möge sich für ihn, den Unschuldigen, einsetzen, wenn dieser wieder in sein früheres einflussreiches Amt eingesetzt sei. Doch bleibt dies ohne Ergebnis, und Josef bleibt in der Grube: vergessen.

Seine Stunde kommt erst später, nach zwei Jahren (41,1), als er die Träume des Pharao, des obersten Herrn Ägyptens, deuten soll. Dies tut Josef so überzeugend, mit so perspektivenreich-praktischen Folgerungen, dass der Pharao von Josef eingenommen ist und ihn zum zweiten Mann in Ägypten einsetzt (41,40 ff). Der Sklave Josef steigt auf – aus der Gefängnisgrube – dem Vorboten des Todes – zum Stellvertreter des Pharao, dessen ureigenste Aufgabe es ist, Leben zu erhalten, das Volk so zu versorgen, dass es leben kann. Die angekündigten sieben Jahre des Überflusses und die sieben Jahre der Hungersnot werden erweisen müssen, ob Josef das in ihn gesetzte Vertrauen des Pharao rechtfertigen kann.

Die biblische Erzählung sagt, dass der lebendige Gott mit Josef und dass dieser daher ein „Mann des Gelingens" ist (39,2. 3.21.23; 41,38). Das wird freilich vom Erzähler gesagt, der die ganze Geschichte Josefs kennt, die Zeiten der Not und der Todesnähe sowie die Zeiten neuen Lebens. Dies erweist sich handgreiflich – in der Aufstiegsgeschichte und in der Arbeit Josefs, darin, wie er in den sieben fetten Jahren für die angekündigten sieben Hungerjahre Vorsorge trifft. Jenes zeigt sich immer auch darin, worin das ganze Geschehen Bestand hat: Gott ist mit Josef.

Das erweist die Erzählung zudem in der Gabe Josefs, Träume zu deuten. Träume können mitunter wichtiger sein als unsere Tageserfahrungen. Sie enthalten manchmal Fahrten der Seele in unbewusste Tiefen, die zu den Tageserfahrungen heilsam hinzutreten und sie ausloten. Hier liegt die gottgeschenkte Fähigkeit des Josef (40,8; 41,16.25.32.38). Träume sind für ihn Zeichen göttlichen Wirkens in der Welt. Die gilt es wahrzunehmen und aufzudecken, zuerst im genauen Hinhören; dann lassen sie sich übersetzen. Josef ist solch ein Dolmetscher. Er hat wiederholt die Zumutung der Todesnähe erlitten, kennt die Ab-Gründe des Lebens und ein Gerettetwerden. Er ist ein Weiser, der aus diesen Erfahrungen Urteilskraft gewonnen hat und genau diese bei den Menschen freisetzt, indem er ihnen den Sinn ihrer Träume aufschlüsselt.

Wenn Josef die Träume als Kundgabe eines zukünftigen Geschehens durch Gott versteht und wenn sich seine Traumdeutungen im nachfolgenden Geschehen bewahrheiten, werden dann auch seine eigenen Träume sich entschlüsseln und verwirklichen? Werden sich seine Brüder einmal vor ihm verneigen und ihn als den anerkennen, der für das Leben-Können der Brüder sorgt? So wie er es geträumt hat?

Gottes Mitsein erweist sich im Gelingen Josefs, angefangen damit, wie er aus der Grube des Gefängnisses herausgeholt wurde. Doch verhehlt die biblische Erzählung nicht, dass Gottes Mitsein sich immer auch im Mitsein der Menschen untereinander auswirkt (45,5–8; 50,17–21). Also braucht es eine Fortsetzung der Erzählung. Wird es eine Versöhnung der Brüder und ein brüderlich geeintes Volk geben? Diese Frage stellt sich damals wie heute.

4 „… *wurden Josef zwei Söhne geboren" (Genesis 41,50)*

„Josef und seine Brüder" – die biblische Erzählung am Ende des ersten Buches der Bibel gehört zu den großen Themen der bildenden Kunst und der Weltliteratur. HAP Grieshabers Zyklus von 36 Bildern in Stuttgart und Thomas Manns vierteiliger Roman „Joseph und seine Brüder" sind nur zwei Zeugnisse aus dem 20. Jahrhundert, die aus diesem biblischen Stoff schöpfen und in Auseinandersetzung mit Zeittendenzen ein eigenes Anliegen verfolgen: das erste im Blick auf die Auseinandersetzung zwischen Israelis und Arabern rund um den Sechstagekrieg 1967, das andere in Auseinandersetzung mit dem „Mythus des 20. Jahrhunderts", einer der Grundlagen des Nationalsozialismus. Viele Situationen heute lassen sich auch im Spiegel dieser großen Erzählung verstehen.

Josef ist durch seine eigenen Brüder 17-jährig in die Sklaverei gekommen. Mit etwa dreißig Jahren ist er, der zunächst auf die Verliererstraße gestellt war, mit dem es nur bergab ging, zweiter Mann in Ägypten. Jetzt kann er all seine Fähigkeit erweisen und einsetzen. Durch seine Vorratspolitik wird Josef während der ersten sechs Jahre des in den Träumen Pharaos angekündigten Überflusses im ganzen Land berühmt. Ist damit für ihn alles gut? Hat er hinter sich lassen können, was ihm in seiner Heimat an Bösem widerfahren ist?

Die Antwort verbirgt sich in drei unscheinbaren Versen, die grundlegend für das weitere Geschehen sind: Das nun erzählte Ereignis liegt für Josef etwa 20 Jahre nach dem gewaltsamen Verkauf aus der Heimat. Die Verse heißen so:

„Ein Jahr, bevor die Hungersnot kam, wurden Josef zwei Söhne geboren. Asenat, die Tochter Potiferas, des Priesters von On, gebar sie ihm. Josef nannte den Erstgeborenen Manasse (Vergessling), denn er sagte: Gott hat mich all meine inneren Schmerzen, meinen Kummer und mein ganzes Vaterhaus vergessen lassen. Den zweiten Sohn nannte er Efraim (Doppelfrucht), denn er sagte: Gott hat mich fruchtbar werden lassen im Lande meines Elends" (41,50–52).

Josef im Angesicht von zwei Neugeborenen! Was hat er selbst an Zukunft vor sich in diesen Kindern! Sie bekommen Namen, die die Erfahrungen ihres Vaters im fremden Land verdichten. Hier zeigt Josef, dass er erst jetzt seine Geschichte versteht als Frucht von etwas, was er aktiv vollzogen hat, was aber zugleich eingefädelt war vom Wirken Gottes her. Und hier zeigt Josef, dass er sich neu und frei für die Zukunft öffnet.

Da ist Manasse, der Erstgeborene. Sein Name wird gedeutet: „Gott hat mich all meinen inneren Schmerz, meinen Kummer und mein ganzes Vaterhaus vergessen lassen." Vergessen heißt hier nicht: es aus dem Gedächtnis streichen, wohl aber: es loslassen, es sinken lassen, sodass die Bitternis und das Vorwurfsvolle aus dem Schmerz nicht lebensbestimmend werden. Josef gibt zu erkennen: Gott hat bewirkt, dass ich meine Verletzungen loslassen kann, die aus der Trennung von der Familie, dem Verlust der Heimat, der Todesbedrohung, der Erniedrigung zum Sklaven, den Verleumdungen, dem Vergessensein herrühren. Gott hat bewirkt, dass ich mich wieder auf das Leben einlassen kann, dass ich durch die Trauer hindurch wieder in Einklang mit mir gekommen bin. Josef steht mit Manasse da als einer, der neu geworden ist. Gut, dass Josef zwei Kinder geboren werden.

Das zweite Kind nennt Josef Efraim – „Doppelfrucht". Diesen Name versteht er so: „Gott hat mich fruchtbar werden lassen im Lande meines Elends." Diesem Kind widmet Josef die gleiche Aufmerksamkeit in Rückbindung an seine persönlichen biographischen Erfahrungen. Es könnte ja sein, dass ihm all die Wendungen in seinem Schicksal nicht nahe gehen, dass der Aufstieg, der wie von langer Hand vorbereitet scheint, nichts fruchtet, weil er über den Verlust nicht hinwegkäme und sich innerlich weigerte, dass sich in seinem Leben etwas änderte. Doch Josef nimmt wahr, was neu geworden ist. Diese Wahrnehmung nach der Art des Josef hängt eng mit dem Vertrauen zusammen, dass der lebendige Gott (JHWH) mit dabei ist in diesem Leben. Dies aber entdeckt Josef, und das hilft ihm zur Krisenbewältigung. Mit diesen beiden Kindern kann Josef mit innerem Standvermögen den guten, hoffnungsvollen Blick bewahren in allem, was noch kommt.

Vielleicht kann aus dieser kurzen Notiz in der Josefserzählung die Empfehlung erwachsen, in der inneren Vorstellung mit beiden Kindern zu gehen und sie an die Hand zu nehmen: Manasse – und mit ihm die ausgetrauerten Kränkungen, die Verluste, Brüche und das Leid; Efraim – und mit ihm die Frucht des eigenen Lebens, das Gelungene, das, womit jemand nie gerechnet hat. *Beide* Kinder sind eine Verheißung, dass die Zukunft versöhnlich werden kann.

5 „Spionierende oder rechtschaffene Leute?" (Genesis 42,9.11)

Im ersten Buch der Bibel nimmt die Josefserzählung durch ihren beträchtlichen Umfang eine Sonderstellung ein. Während sonst kleinräumig erzählt wird, stoßen wir hier auf die großräumige Anlage eines geschlossenen Erzählzyklus', in dem viele Wege zurückgelegt werden. Das hat auch damit zu tun, dass alles zwischen Josef und seinen Brüdern der Versöhnung bedarf, dass Versöhnung Zeit braucht und nur in vielfältigen Schritten zu erreichen ist, sodass sich das Erzählgeschehen in vielen Schritten entwickelt.

Josef ist für die Versöhnung mit den Brüdern vorbereitet. Er vertraut, dass es so, wie es mit ihm gegangen ist und geht, mit rechten Dingen zugeht. So kann er ganz ohne Furcht sein, dass doch noch Rache Herr über ihn wird. Denn er lässt seine Vergangenheit wahr sein und auch seine Gegenwart. Aus dieser Spannung schöpft er Aussicht für die Zukunft.

Wie steht es mit den Brüdern? Von ihnen ist erst wieder die Rede, als sie auch in ihrer Heimat Kanaan von der gleichen Hungersnot erreicht werden, wie sie in Ägypten droht. Der Getreideverkauf in Ägypten, der durch die Vorsoge Josefs möglich ist, führt sie mit ihrem jüngsten Bruder zusammen. Wird es so sein, wie es in der Not oft geht? Not schweißt zusammen. Wenn es um das Elementarste geht, was man zum Leben braucht, ist der Zusammenhalt not-wendig, im wahrsten Sinne des Wortes. Das lässt sich immer wieder erfahren in nationalen Notsituationen, Katastrophen und Schicksalen, wie geschehen am finsteren 11. September 2001 in New York und Washington, an dem fast die ganze Welt Anteil nahm.

Die Konstellation der Brüder beim unverhofften Zusammentreffen ist in allem doppelsinnig: Josef erkennt seine Brüder, während er aufgrund seiner Stellung, Kleidung und Sprache unerkannt bleibt. Wie wird das Ganze weitergehen?

Josef gibt seinen Brüdern Getreide, damit sie leben können. Das steht völlig außer Frage. Und die Erinnerung lebt wieder auf. „Sich-Erinnern" – das heißt in der englischen Sprache „to remember" und bedeutet wörtlich, sich wieder zu einem Mitglied, zu einem „member" einer Familie, eines Volkes machen, zugehörig werden. Darum geht es Josef, dass sie alle als Brüder leben. Sein Lebensthema klingt deutlich an, und unbeirrbar bleibt er ihm auf der Spur. Den Weg dahin geht er in einer gewagten Aktion.

Um herauszubekommen, was die Brüder von sich selbst sagen, wie sie sich verstehen, wie sie sich entwickelt haben in den zwanzig Jahren des Nichtsehens, wirft Josef ihnen vor: „Spionierende seid ihr" (42,9). Die Brüder verwahren sich dagegen und antworten: „Wir alle sind Söhne eines einzigen Mannes, rechtschaffene Leute sind wir" (42,11). Die weitere, spannende Erzählung zeigt: Genau das sollen die Brüder erweisen, und zwar zum einen, dass sie gegenüber ihrem Vater rechtschaffen und ehrlich sind, zum anderen, dass sie miteinander solidarisch leben. Ihre Selbstvorstellung soll keine leere Rede sein.

Das will Josef aufdecken. Deshalb nimmt er einen der Brüder, Simeon, in Geiselhaft. Wenn die Brüder zu ihm stehen und ihn auslösen wollen, müssen sie wieder kommen. Wieder kommen aber müssen sie mit Benjamin, dem jüngsten Bruder, der beim Vater Jakob geblieben ist. Dieser Befehl Josefs ergeht ultimativ, unter Todesandrohung (42,19 f).

Hier genau durchbricht Josef den Panzer der Gefühls- und

Gedankenlosigkeit bei den Brüdern. Ihre Verdrängung der Existenz Josefs bricht endlich zusammen. Sie erinnern sich ihres Verbrechens an ihm, erinnern sich seiner Ängste. Wie ein dunkler Schatten springt die Vergangenheit sie an. Sie sagen: „Gewiss, Schuldige sind wir an unserem Bruder Josef" (42,21). Josef hört ihr Schuldeingeständnis; aber sie wissen nicht, dass Josef sie verstehen kann. Damit sind die Brüder in zwei Fragen hineingezogen:

– Sollen wir unseren Bruder Simeon fallen lassen oder uns für ihn verwenden, indem wir Benjamin nach Ägypten bringen?
– Sollen wir unseren Vater Jakob erneut belügen oder ihm die Wahrheit sagen und mit unserem Leben und unseren eigenen Kindern für die Unversehrtheit Benjamins einstehen?

Josef führt mit Feingefühl und Festigkeit seine Brüder in die Erkenntnis, dass sie alles tun müssen, um Benjamin ihm selbst und ihrem Vater zurückzubringen. Wenn sie es tun, dann erweisen sie sich als „rechtschaffene Leute". Genau an diesem Punkt geschieht die Wandlung der Brüder: Sie wollen Söhne ihres Vaters und Brüder untereinander sein. Dafür müssen sie neue Wege gehen. Da gibt es Zögern und die Suche nach Umwegen, leichteren Wegen. Vor allem aber gibt es Gespräche. Solange im Sprechen auf den Tisch kommt, was ist und geschehen ist, können auch verdrängte Konflikte einer Lösung zugeführt werden, und Schuldiggewordensein verhindert dann nicht mehr das Zusammenleben. Das gilt auch heute.

6 „Ich bin Josef, euer Bruder" (Genesis 45,3 f)

Das Lebensthema des nach Ägypten verkauften Josef, der der Liebling seines Vaters Jakob war, war und ist nach seinen eigenen Worten: „Meine Brüder suche ich" (37,16a). Diese Suche gibt er durch alle Erniedrigungen, die er erleidet, und durch alle Erfolge, die ihm zuteil werden, nicht auf. Weil er das Vertrauen gewonnen hat, dass seine Geschichte eine Geschichte Gottes mit ihm ist, kann er auf Rache verzichten. Als seine Brüder, der Not folgend, aus ihrer Heimat überraschend zu ihm nach Ägypten gekommen sind, ohne ihn zu erkennen, hat Josef die Übersicht; die Brüder erkennen ihn nicht.

Josef ergreift die Initiative zur Versöhnung, allerdings auf ungewöhnliche Weise. Mit einer provokativen Anklage, sie seien Spione, bringt er seine Brüder in eine ungewöhnliche Bewährungsprobe. In der Angst um ihr eigenes Leben erkennen und erinnern sie sich, was sie ihrem Bruder Josef (42,21; 44,16) und zugleich ihrem Vater angetan haben; ja sie erkennen, wie sehr ihr Tun die tragenden Zusammenhänge des Lebens Gottes mit den Menschen schrittweise zerstört hat. Josef trifft den wundesten Punkt bei seinen Brüdern. Sie sollen den jüngsten Sohn ihres Vaters Jakob, Benjamin, mit nach Ägypten bringen. Er ist jetzt das liebste Kind des Vaters. Offenbar akzeptieren sie jetzt seine Vorzugsstellung. Die Brüder bringen Benjamin mit, nach langem Zögern des Vaters.

Doch knüpft Josef mit unheimlicher Präzision die Fäden so, dass Benjamin als Dieb erscheinen soll: Er habe Josefs Silberbecher gestohlen; damit habe er das Gastrecht frech gebrochen und müsse sterben. Doch diesmal entledigen sich die Brüder dieses ihres Bruders nicht, wie damals bei Josef. In einer bewegenden Rede führt Juda (44,18–34) die Wende des Geschehens herbei. Er kann keine Rechte geltend machen. Aber er zeigt, wie die Brüder aus dem Zulassen und der Anerkennung ihrer eigenen Schuld gewachsen sind, wie sie jetzt für den alten Vater eintreten und um Mitleid mit ihm bitten. Zugleich stellt sich Juda vor den jüngsten Bruder Benjamin und gibt um seinetwillen seine eigene Freiheit hin. Er sagt: „Darum soll jetzt dein Knecht an Stelle des Knaben dableiben als Sklave für meinen Herrn" (44,33). Die Brüder treten füreinander ein. Sie erweisen sich als wahrhaft rechtschaffen.

Genau an dieser Stelle vollzieht sich die Versöhnung. Josef gibt sich zu erkennen. Es heißt wörtlich so: „Ich bin Josef, euer Bruder, den ihr nach Ägypten verkauft habt. Jetzt aber lasst es euch nicht mehr leid sein und grämt euch nicht, weil ihr mich hierher verkauft habt. Denn um Leben zu erhalten, hat mich Gott vor euch hergesandt" (45,4 f).

Dass Gott mit ihm ist, hat Josef in der Geburt seiner Kinder Manasse und Efraim wahrgenommen. Dieses Mitsein Gottes zeigt sich im Sinken-lassen-Können all seiner Kränkungen und im Gelingen seines Weges, der ihn vom sicher scheinenden, gewaltsamen Tod Schritt um Schritt wegführt. Es zeigt sich auch in der Solidarität der geeinten Brüder.

Wo es Brüder und Schwestern gibt, gibt es nicht nur Harmonie, sondern immer auch neid- und leidvolles Rivalisieren. Daraus entstehen Konflikte. Ihre Bearbeitung soll immer auch zur Vergebung und Versöhnung führen. Die biblische Josefserzählung zeigt, dass sie durch zwei Bewegungen entsteht. Die erste ist grundlegend und geht von Josef aus, weil er dahin wachsen konnte: Er verzichtet auf Rache und ist grundsätzlich bereit, den Brüdern zu verzeihen. Die zweite Bewegung löst Josef bei seinen Brüdern aus. Sie haben aus den Ereignissen mit ihm gelernt und tun im Verlauf des Versöhnungsprozesses das Gegenteil jener Untat, die am Anfang stand. Das ist ihre verwirklichte Umkehr.

Wo Vergebung gewährt wird und Versöhnung geschieht, fallen jede Abrechnung und jede Strafe dahin. Oft tut der oder die am tiefsten Geschädigte am meisten für die gemeinsame Zukunft, indem er oder sie die Vergangenheit wahr sein lässt und mit ihr die Gegenwart bewältigt, um sie in die Zukunft hinein zu öffnen. Wie zerbrechlich allerdings die gewonnene Solidarität ist, zeigt die Fortsetzung der Josefsgeschichte. Als die Brüder zu Jakob, dem Vater, der unter der Rivalität der Söhne gelitten hat, zurückkommen und ihm sagen, dass Josef noch am Leben ist, heißt es: „Jakobs Herz aber blieb starr, denn er traute ihnen nicht" (45,26). Offenbar kann er so viel Gelingen auf einmal nicht glauben. Zu lang anhaltend und zu tief war wohl der Schmerz über das Misslingen, das Scheitern seiner Hoffnungen in den Kindern. Es braucht einige Zeit, bis er der Sache traut und auflebt (45,27f).

Auch die Brüder Josefs scheinen skeptisch – als könnten sie der erfahrenen Güte doch nicht trauen. Nach Jakobs Tod ist ihre Sorge, ob Josef mit ihnen abrechnet. Doch hier können sie auf das Erbe ihres Vaters zurückgreifen, auf sein Wort, das sie Josef übermitteln: „Dein Vater hat uns, bevor er starb, aufgetragen: ‚So sagt zu Josef: Vergib doch deinen Brüdern ihre Untat und

Sünde, denn Schlimmes haben sie dir angetan'" (50,16. 17a). Der
Vater hat den Söhnen einen Weg geebnet – hat ihnen die Sprache
gegeben. Manchmal gibt es Augenblicke im Leben, wo es die
größte Gabe ist, Worte zu bekommen. Dieses Wort des Vaters
hilft den Brüdern, ein eigenes anzufügen und vor Josef zum ersten Mal unmittelbar ihre Schuld auszusprechen: „Nun, vergib
doch die Untat der Knechte des Gottes deines Vaters" (50,17b)!
Damit erbitten sie die Bereitschaft Josefs, die Folgen aus diesem
Tun mitzutragen, wie auch sie bereit sind, die Folgen, wie auch
immer sie aussehen mögen, mitzutragen. Und Josef? Er antwortet: „Fürchtet euch nicht. Stehe ich denn an Gottes Stelle"
(50,19)?

Alle Brüder stellen sich unter das Angesicht Gottes und
sehen ihre menschliche Begrenzung. Denn der lebendige Gott
allein ist es, der uns seine Güte schenkt, damit wir Güte weitergeben können. Er ist es, der dazu verhelfen kann, auch verfahrenste Situationen zum Guten zu wenden, der Vergebung und
Versöhnung gelingen lassen kann, auch durch alle Angst und
Wunden hindurch.

Mose –
Freiheit aus der Nähe zu Gott

1 Eine schöpferische Irritation: der Dornbusch (Exodus 3,2)

Längst ist er entdeckt und ins Bild gesetzt – in Hollywood und in manchen Häusern von Medienzaren: Mose. Er findet breites Echo. Doch der Stoff, wie er dargeboten wird, ruft viele gravierende Missverständnisse hervor, sodass es fast unmöglich wird, dem Mose zu begegnen, wie er in der Bibel gegenwärtig ist. Zudem: An Mose wird in der Kulturwissenschaft auch die Frage der Wahrheit der Religionen und ihr Verhältnis zueinander durchgearbeitet, darin die Frage nach dem wahren Gott. Verachtung der anderen Religionen – dieser Vorwurf hängt an Mose. Wer ist nun dieser Mose? Er ist der, der in allen Situationen des Lebens unabweisbar auf die Gottesfrage lenkt, der Antwortwege bahnt auf die Frage, mit der sich alle Generationen schwer tun, die Menschen aller Zeiten in Stottern kommen lässt: Wer ist der Gott, dem die Menschen der Bibel glauben, dem die Christen glauben?

Vielgestaltig ist die Mosegeschichte mit den zahllosen Einzelerzählungen. Die Hauptfigur Mose verbindet den großen Erzählkomplex Exodus 2 bis Deuteronomium 34. Als ob es geradezu einen Wettbewerb gegeben hat, von ihm zu erzählen. Immerhin ist er der Repräsentant Israels, die für Israels Religion entscheidende Figur. An Mose wendet sich der Gott JHWH, er selbst wendet sich an diesen Gott anstelle Israels. Immer ist der Unterschied gewahrt worden: Mose ist nicht Gott, er ist Bote und Knecht dieses Gottes, er ist der einzigartige Mittler und Interpret der Gotteswahrheit zwischen Gott und dem Volk. Er ist auch die Zentralfigur der Gründungsgeschichte Israels. Wie ergeht es ihm mit diesem Gott JHWH, auf den sein Leben grundlegend hingeordnet ist? Wie lernt er, ihm zu glauben?

Mose ist nicht einfach da. Er wird geboren. Die Bibel fällt nicht mit der Tür ins Haus. Sie erzählt von seiner Rettung vor der vom ägyptischen Pharao befohlenen Ausrottung. Gerettet wird er aufgrund mutiger und selbstständiger menschlicher Aktionen (Ex 1,21–2,10). Nur indirekt kommt hier der lebendige Gott vor, und zwar über die Abstammung des Mose aus der Nachkommenschaft des Levi, die ganz für den lebendigen Gott lebt (32,26). Wenngleich aufgrund seiner besonderen Rettung am Hof des Pharao erzogen, wird Mose doch von seiner Herkunft eingeholt, genauer vom Elend seines Volkes. Er selbst will der Gewalt gegen sein Volk Abhilfe schaffen und wird darüber zum Mörder an einem ägyptischen Aufseher, der seine Landsleute quält. Deshalb muss er außer Landes fliehen (2,11–22). Mose will sein Volk retten, doch er weiß noch nicht, dass die Stunde der Rettung allein der Bestimmung Gottes entstammt. Er flieht in das Nachbarland Midian, wo er im Angesicht seines Dilemmas Schutz sucht. Dieses Land ist nicht das Paradies, wahrlich nicht. Von Anfang an stößt er auf Formen der Unterdrückung. Doch hat er Boden unter die Füße bekommen, kann sich neu orientieren. Vielleicht ist in ihm auch die Frage groß geworden, mit welcher Legitimation er dem himmelschreienden Unrecht seines Volkes hätte Abhilfe schaffen können und wie denn wirklich Rettung aussehen kann.

Mose, der Flüchtling, findet einen Lebenszusammenhang, er heiratet und gründet eine Familie. Und er tut Dienst. Nach außerbiblischen Überlieferungen lebt er vierzig Jahre als Schafhirte im Auftrag seines Schwiegervaters (3,1) – ein Leben, das vom Rhythmus der Herde diktiert ist. Ein Leben, das davon geprägt ist, sich und seine Familie durchzubringen. Ob das jedoch der Inhalt seines Lebens ist?

Bei seinem Tun wird Mose irritiert. Kunstvoll ist das erzählt (3,1–4,17). Als eines Tages nämlich die Weidegründe erschöpft sind, treibt er seine Herde weiter. Er zieht über die Grenzen des Bisherigen hinaus und sucht fruchtbares Land, das nährt. Um weiterziehen zu können, muss Mose das Land, das ihm vertraut ist, hinter sich lassen. Das Bisherige trägt nicht mehr genug zum Leben, es nährt nicht mehr. Da sieht er auf dem neuen Weg einen Dornbusch, aus dem die Flammen schlagen und der doch nicht verbrennt.

Mose lässt sich irritieren und geht noch einmal einen neuen Weg, er geht von dem normal geplanten Weg plötzlich etwas abseits, wagt den Überschritt in den „anderen" Bereich. Seine Neugier bringt ihn bis dahin, wo ihm Grenzen gesetzt und zugleich gesprengt werden: „Komm nicht näher heran" (3,5) und: „Ich bin der Gott Abrahams" (3,6). Mose öffnet sich ungeschützt in dieser Irritation, als er sogar mit seinem Namen angesprochen wird. Solchermaßen ernst genommen, sagt er: „Ja, hier bin ich" (3,4). Schon vor allem weiteren Geschehen versichert er seine Verfügbarkeit und ergebene Gegenwart, er zeigt sich mit seiner ganzen Lebensgeschichte und bekundet sein Hier- und Dasein für den Gott, der sich nachfolgend aus seiner unzugänglichen Gegenwart heraus als der beschreibt, der das Elend seines Volkes längst gesehen hat, der zur Befreiung „herabsteigt" (3,8) und sein Volk in ein „schönes, weites Land" führen wird, wo Milch und Honig strömen. Offenbar spürt Mose, dass er sich dieser Situation ungeschützt stellen muss, wenn er die Botschaft hautnah erfahren will. Deswegen sagt er: „Hinenni – hier bin ich, sieh mich an." Er nimmt sich selbst die Möglichkeit zum Weglaufen, indem er tut, was ihm aufgetragen wird: Er zieht die Schuhe aus. Das Zeichen des brennenden, doch nicht verbrennenden Dornstrauchs verweist ja auf eine Macht, die nicht von Zerstörung lebt. Hier leuchtet mitten in der Wüste plötzlich eine Zukunft auf, wo Feuer lodert, ohne zu zerstören. Mose ist ganz gegenwärtig, er lässt sich in Bann ziehen von diesem neuen Geschehen, das offenbar an das rührt, was ihn zuinnerst erreichen kann, was die Wahrheit seines Lebens offenbart.

Der Höhepunkt der Erzählung ist da, wo er nach dem Namen dessen fragt, der ihn und das Volk in ein neues, weites Land führen will. Da erhält Mose die Antwort: „Ich bin der Ich-bin-da" (3,14). Bei diesem Namen versagt die Sprache. Die Grammatik reicht nicht mehr hin, diese Worte genau zu erklären. Es ist ein schwer zu durchschauender Satz. Doch durch die Risse der Sprache schimmert das Geheimnis der Beziehung, die dieser Gott JHWH mit Mose und seinem Volk eingeht. Das ist seine Zusage: *Was* auch immer ist, *wann* es auch immer ist, *wo* es auch immer ist, *wie* es auch immer ist: Du triffst, wenn du dich rufen lässt, auf mich als dein lebendiges Gegenüber, als den „Ich werde da sein, als der ich da sein werde" (Martin Buber).

Mose bekommt das als Erstes gesagt: Dieser Gott ist wirklich da für dich und für die Menschen. Er lässt sich hineinrufen in die Geschichte seines Volkes und eines jeden Menschen, in die Geschichte der Welt. Er ist verlässliche, unbedingte Zuwendung zu den Menschen. Und ein Zweites liegt in diesem Gottesnamen: Es bleibt die souveräne Freiheit dieses Gottes, wann, wo, wie und in Hinsicht auf was er sich zeigen und hilfreich erweisen wird. Er manipuliert und tyrannisiert nicht, wie er umgekehrt sich auch nicht manipulieren und tyrannisieren lässt. Er ist menschlichem Kalkül entzogen. Darin ist er Gott. Mitten in seiner Zuwendung ist er unverfügbar. Er ist das absolute Geheimnis. Er ist da, nicht wie es uns gut dünkt, sondern wie es ihm für uns gut dünkt. Weil er sich diese Freiheit nimmt, können wir gewiß sein, dass er, wenn er da ist, wirklich unseretwegen da ist und uns in die Freiheit führt.

Von diesem Gott wird Mose berufen, das Volk in die Freiheit zu führen. Fünfmal versucht er, dieser Berufung mit Fragen auf den Grund zu kommen. So tief geht seine Irritation, so grundlegend will er aufnehmen, was ihm hier widerfahren ist. Zunächst weicht er zögernd vor dem Neuen zurück mit der Frage: „Wer bin ich denn, dass ich zum Pharao gehe und dass ich die Israeliten aus Ägypten herausführe" (3,11)? Was er zutiefst wollte, als er noch in Ägypten war, das macht ihm jetzt Angst. Zudem: Was soll er sagen, wenn er nach dem Namen dessen gefragt wird, der ihn sendet (3,13)? Jede Frage, die Mose aufbietet, bringt den lebendigen Gott jedoch zu einer neuen Antwort, sodass Mose immer tiefer in den an ihn ergehenden Auftrag hineingezogen wird.

Sodann richtet Mose den Blick von diesem Gott auf die Menschen: „Und wenn sie mir nicht glauben" (4,1)? Als er wiederum Zug um Zug die Zusagen Gottes erfährt, verweist Mose noch auf sein fehlendes Redetalent, auf seine Unvollkommenheit (4,10). Was er als gravierenden Mangel vorbringt, wird dadurch korrigiert, dass er erfährt, „Mund JHWHs" zu sein. Schließlich scheint Mose ganz zurückzuweichen: „Sende doch, wen immer du senden willst" (4,13). Dieser letzte Widerstand, in dem er ahnt, dass sein Leben sich völlig ändert, dass seine Lebenszusammenhänge neu geortet werden, wird durch die Zuordnung Aarons zu ihm überwunden. Jetzt steht Mose mit seiner anfänglichen Reaktion „Ja, hier bin ich" neu und geläutert vor Gott, gewonnen für ihn und beauftragt zur Rettung seines Volkes. Nicht seiner eigenen Initiative entspringt diese Perspektive. Er ist erwählt, herausgerufen zum Boten des Gottes, der sich ihm in Erfahrung bringt. Nur mit ihm lässt sich diese Aufgabe bewältigen und zu einem guten Ende bringen.

Die Irritation hat Mose neu werden lassen, weil er sie bis auf den Grund seines Lebens zugelassen hat. Gründlich wollte Mose in seine neue Aufgabe eingeführt werden, er verlangte nach Hilfen, um seine Angst überwinden zu können. Den Dienst in dieser Gestalt hat er nicht gesucht. Ob das eine Gewähr sein kann, dass er in der Hinordnung auf den lebendigen Gott JHWH ein Leben lang bleibt, dass er sich der Einzigartigkeit und Wahrheit dieses Gottes anvertraut, der von allen Formen der Unfreiheit, der Entwürdigung und Entrechtung befreit: „Ich bin JHWH, dein Gott, der ich dich herausgeführt habe aus dem Land Ägypten, aus dem Sklavenhaus" (20,2)?

2 Krieg mit Amalek: Gebet als ein Zusammenhalten (Exodus 17,8–16)

Plötzlich ist ein dicker Brocken im Weg. Es geht nicht geradeaus weiter. Oder: Es liegen zumindest lauter Steine im Weg. Was dann? Lassen wir die Hände sinken in diesem Fall? Legen wir sie gar in den Schoß, wenn es darum geht, heute Leben, Gesellschaft und Kultur mitzugestalten? Die Verse aus dem Bilderbogen des Buches Exodus enthalten starke Bilder, die tiefe Fragen aufwerfen.

Die eröffnete Szenerie ist schon wenig sympathisch. Amalek, der Heerführer eines räuberischen Halbnomadenvolkes, sucht den Kampf mit Israel. Nicht Israel hat Kampfeslust, von außen kommt vielmehr die Bedrohung. Das Gottesvolk wird wieder einmal auf seinem Weg des Exodus – seines Auszugs aus dem Sklavenhaus Ägypten – herausgefordert. Ob es zu einer neuen Exoduserfahrung mitten auf dem Weg geführt werden soll?

„Das auch noch!" – werden Mose, Josua und viele andere im Volk gedacht haben, nachdem der unerwartete Durchzug durchs Rote Meer, die Befreiung aus dem Sklavenhaus Ägypten sowie der Hunger und Durst in der Wüste schon mehr als genug Bewährungsproben mit sich gebracht hatten. Und wer weiter schaut, weiß: Es kommen noch viele dicke Brocken, der Tanz ums Goldene Kalb etwa und vieles andere mehr. Sollen sie, die Israeliten, es machen wie eine Ameise? Legt man ihr einen Halm in den Weg, biegt sie ab, läuft einfach anders weiter, ohne dass es ihr etwas auszumachen scheint. Bei uns Menschen ist das gewöhnlich anders. Verschiedene Reaktionen sind möglich und kommen vor: Man ärgert sich, man macht eine neue „Rechnung" auf, man verliert, wenn die Sache schwerwiegend ist, den Mut, man hat keine Lust mehr, verzweifelt oder resigniert. Manch einer hat da auch schon seinen Glauben verloren, vielleicht nach viel Gebet um Gelingen, und es ging dann doch wider alle Erwartung schief.

Es ist eine zwiespältige Situation: Kampfstimmung ist gefährlich. Sie provoziert und polarisiert, sie kann die Maßstäbe verlieren lassen. Wo immer sie Einlass findet in den Glauben, in Gruppen und Gremien, in Familien, in die Kirche, da kann sie hart machen und spalten. Kämpfen aber als „etwas in Angriff nehmen", als Mobilisierung der Kräfte, die in einem Menschen, einer Gruppe, hier dem Volk Gottes, verborgen sind, ist für die Bibel durchaus ein Schritt des Glaubens – des Glaubens, dass Gott auf dem nächsten Schritt mit dabei ist, wie kompliziert die Situation auch sein mag. Paulus spricht nicht selten vom Kampf, vom Ringkampf sogar, und er gebraucht dieses Wort mit den dazugehörenden Bildern für das Gebet.

So wie Mose und Josua die Herausforderung annehmen, bringen sie im Volk Gottes etwas in Bewegung. Die Bibel stellt klar: Es geht hier nicht um einen blutrünstigen Militarismus; es geht nicht um Polarisierung, nicht um eine Schwarz-Weiß-Malerei, die ein Feindbild braucht, damit die eigene Position Konturen bekommt. So wie Israel in den aufgegebenen Kampf zieht, bahnt sich eine Exoduserfahrung an, die der Gott der Bibel für jeden bereit hält, der sich den Herausforderungen seines Lebens so stellt, dass die Spannungen angenommen werden, ohne dass sie gleich einseitig aufgelöst werden.

Israel ringt in den vielfältig neuen Hindernissen des Exodus immer wieder um den tieferen Sinn dessen, was sich in den Weg stellt. Nur dadurch, dass einige ihre Hände erheben, wo andere sie längst verschränkt haben, kommt es zum Tasten nach den tieferen Erfahrungen des Glaubens, die schließlich die Geschichte des Volkes Israel ausmachen: Glaube als Aufbruch in einer Zeit des Umbruchs. Dazu muss Israel sich immer wieder durchringen, aus Höhen und Tiefen. Der Exodus des Gottesvolkes ist auch die Frucht dieses stetigen Bemühens. Nicht weniger mutet und traut uns Gott zu!

Zwischen dem Sog, sich nach rückwärts zu bewegen, und dem Drall, sich nach vorne in den Kampf zu stürzen, ausgespannt zu bleiben, kann zu einer inneren Weite führen, in der Auseinandersetzungen, Anfragen und Veränderungen so angegangen werden, wie Mose und Josua es miteinander bedenken. Der eine steigt mit seinen Begleitern auf den Gipfel des Hügels, um die Hände Gott entgegenzustrecken, damit der andere im Tal der Gefahren mit seinen Leuten die Hände zur Verteidigung und zum Sieg, zur gottgegebenen Ordnung bewegen kann. Das ist keine Arbeitsteilung, keine ausgetüftelte Strategie, sondern Ausdruck für das, was in jedem glaubenden Menschen persönlich an Energien, an Initiativen und Möglichkeiten gegeben ist.

Beide Ebenen des Glaubens wollen aber in Einklang miteinander kommen. Der Ausgangspunkt dafür ist nach dem Zeugnis der Bibel da, wo der Mensch seine Hände zum Gebet ausstreckt. Diese Haltung setzt Energien frei. Sie bringt etwas in Gang. Indem wir uns ausstrecken, schauen und wachsen wir über uns hinaus. „Wenn Mose seine Hand erhoben hielt, war Israel stärker" (Ex 17,11a). Das ist nicht Magie, sondern Ausdruck dafür, dass der Mensch nicht aus sich selbst die Auseinandersetzungen bestehen kann, die ihm aufgegeben sind. In der Gebärde der ausgestreckten Hände bekennt der Mensch seine Verwiesenheit und dass er des Größeren bedürfen will. So wächst der Glaube. Der Gottesstab in der Hand des Mose ist bildlicher Hinweis auf die erbetene Nähe Gottes, auf diese menschliche Verwiesenheit.

Als Eingeständnis und Vertrauen, dass wir erst in der Haltung Empfangender die Kraft finden, alles zu geben und zu kämpfen, bekommt unser Glaube eine innere Festigkeit. Er befähigt uns, in den Konflikten und Veränderungen stehen zu bleiben und nicht aufzugeben. Auf Gott hin ausgespannt zu bleiben in der

Weise, wie wir denken, sprechen und handeln, wie wir mit dem anderen umgehen, wie wir unserem Leben als Christen eine erkennbare Gestalt und Kultur geben, ist eine Erfahrung, die sich in dieser Haltung ausdrückt. Die zum Gebet ausgestreckten Hände sind nicht Verrenkung. Von Gott her füllt sich unser innerer Lebensstrom so lange, wie wir ausgespannt leben. Das ist nicht ohne Gefahr. Denn auf dem Berg, wo man Übersicht gewinnen kann, kann man auch leicht abheben. Dann stellen sich auf einmal Herrschaftsallüren ein, und Menschen gebärden sich plötzlich wie Herrgötter. Amt und Berufung können unter der Hand als Herrschaftsinstrument missbraucht werden. Im Gewand des Dienstes erscheint dann unerwartet der Wille zur Macht und zur Selbstdarstellung. Lassen wir die Hände sinken, werden wir angespannt! Diese Erfahrung macht auch Israel. „Wenn Mose seine Hand ruhen ließ, war Amalek stärker" (17,11b).

Die Ermüdung im Beten bringt auch Lähmung ins Leben. Wo die Arme schwer werden, sinken und sich verschränken, wo Menschen sich nicht mehr ausstrecken, sondern hängen lassen, scheint im Glauben Gewachsenes in Gefahr. Doch hier ist es anders. Mose lässt die Hände so tief sinken, dass andere merken: Ich schaffe es nicht mehr, ich bin bereit, mir helfen zu lassen. Wenn es so kommt und wo es so kommt, ist das für die Bibel aber nicht böser Wille, sondern Herausforderung zu einem neuen Schritt im Glauben. Eingestandener und angenommener oder gar erlittener Müdigkeit im Glauben kann dadurch aufgeholfen werden, dass Solidarität geweckt wird. Es braucht einen Ort und eine innere Struktur für diese Ebene des Glaubens.

So geht Israel vor, als die Glaubenskräfte des Mose ermatten. Aaron und Hur stützen seine schwer gewordenen Arme. Müdigkeit, die aufgefangen wird, führt nicht zur Resignation.

Wo Glaubensleben in der Ebene der Alltäglichkeit ermattet, wo scheinbare Talfahrten die bange Frage wachrufen, wie es weitergeht mit dem Zeugnis des Glaubens in einer Situation bedrohlichen Umbruchs, eröffnet die Bibel eine Sichtweise, die uns Stütze und Halt werden kann.

Wo die Arme schwer werden, braucht es mehr Solidarität untereinander. Mose und Josua bringen durch ihr Zueinander im Glauben das Volk Israel in seinem Exodus einen kräftigen Schritt weiter. Das ist dadurch mit ermöglicht, dass Aaron und Hur Israel Überlebenshilfe geben, indem sie Glaubensgefährten werden. Es heißt von Mose: „Und seine Hände wurden Festigkeit, bis die Sonne unterging" (17,12). Aaron und Hur helfen mit, dass die Geste des Mose eine Geste des Vertrauens und des Glaubens bleibt, dass die Zuversicht, der „Ich werde da sein, als der ich da sein werde" werde seine Treue erweisen, nicht verschwindet. Die beiden helfen mit, dass Mose als der glaubende und vertrauende, der anbetende und bittende Führer des Volkes und als der Mittler zwischen Gott und Volk nicht ermüdet. In den unterschiedlichen Figuren zeigt sich ein ergreifendes Bild lebensförderlicher Solidarität: Mose stützt durch seine erhobenen Hände das mit Josua kämpfende Gottesvolk, er selbst wird dabei gestützt von der tatkräftigen Achtsamkeit Aarons und Hurs, den Vertretern des Gottesvolkes. So wird das Gottesvolk auf dem Weg des Exodus zusammengehalten, damit es zum Ziel kommen kann, in das Land, wo Milch und Honig fließen.

Vielleicht kommen wir dort, wo wir die Hände haben sinken lassen und Rückschritte erfahren, weiter, wenn wir neu Ausschau nach denen halten, die mit uns versuchen wollen, die Hände wieder auszustrecken und in Angriff zu nehmen, was in Ordnung kommen will.

An Mose lässt sich ablesen, was die innere Struktur jeden Betens ausmacht. Im Betrachten seines Bildes können wir lernen, „das Geschehensein und Geschehenkönnen des guten Willens Gottes mit der allem guten Willen Hohn sprechenden Realität ‚dieser Welt' so zusammenzuhalten, dass die ‚gott-lose' Realität von Gottes gutem Willen ergriffen und verwandelt werden kann ... Die grundlegende Vollzugsform dieses Zusammenhaltens ist das Gebet ... Das Geheimnis ... des Betens ist, ... wie es sich gegen den Widerspruch einer geradezu zynisch über es hinweggehenden Wirklichkeit behauptet und dieser Behauptung dann mitunter doch nicht glauben kann. Das Gebet ist ... niemals fertig mit der Frage, wie Gottes Wille Wirklichkeit werden kann; und es hat, wo es noch Gebet ist, die Zuversicht in sich, dass es mit all seinen Fragen und wegen seiner Fragen dem Geschehen des guten Willens Gottes dient, es geradezu ‚herbeiruft'" (aus: Jürgen Werbick, Was das Beten der Theologie zu denken gibt – oder: Ein

Versuch über die Schwierigkeit, ja zu sagen; in: J. B. Metz, J. Reikerstorfer, J. Werbick (Hrsg.): Gottesrede. Münster 1996, 59–94; hier 79 f).

Dicke Brocken im Weg können zur Verzweiflung treiben, zumindest in die Resignation. Wenn die Herzen jedoch bei Gott sind, kann das Vertrauen auf ihn zum Exodus bewegen, der unter dem Vorzeichen der Befreiung steht. Wird er ohne Scheuklappen aufgenommen, wächst ihm die Kraft zu, wie Mose zu beten, eben „zusammenzuhalten".

3 Die Zehn Gebote – Grundgesetz von Gottes Handschrift (Exodus 20,2–17)

Zum Lernstoff in der Schule gehören die Zehn Gebote, der so genannte Dekalog. Sie sind ein fester Begriff. Fast alle, nicht nur in unserem Land, begegnen ihnen immer wieder, weil sie in allen erdenklichen Konflikten zitiert werden. Die Reaktionen sind unterschiedlich. Viele fühlen sich von ihnen positiv geleitet, sehen in ihnen wirksame Hilfen zu einem gelingenden Leben und sind dankbar, diesen Halt zu haben. Andere ziehen Vergleiche zum Strafgesetzbuch und gehen eher auf Distanz, wenn Religion und Glaube mit Gesetz oder Gebot in Verbindung gebracht werden. Manche sehen in ihnen Instrumente der Bevormundung, der man sich nur schwer entziehen könne. Etlichen schließlich sind sie als Grundregeln des Anstands wichtig, der das gesellschaftliche Zusammenleben erträglich macht. In all diesen Reaktionen ist immer auch Mose gegenwärtig als der, der die Zehn Gebote vermittelt hat.

Was in der Regel nicht bekannt ist oder nicht vermittelt wird, ist der ursprüngliche Ort der Zehn Gebote. Kirchliche Unterweisung hat ihren Teil dazu beigetragen, wenn in der Vorstellung der Zehn Gebote nur vermittelt wird: „Ich bin der Herr, dein Gott. Erstens: Du sollst ..." Dadurch entsteht eine düstere Atmosphäre um das Zehngebot, und es wird in seinem Anliegen verdunkelt, wenn die Grundlage halbiert wird. Entscheidend ist nämlich, von wem die Gebote kommen. Es ist der Gott, der sich zugesagt hat als „Ich werde da sein, als der ich da sein werde"

71

(3,14), und genau das hat der lebendige Gott JHWH im Prozess der Befreiung und auf dem weiten Wüstenweg in das Gelobte Land erwiesen. „Der lebendige Gott JHWH zog vor ihnen her, bei Tag in einer Wolkensäule, um ihnen den Weg zu zeigen, bei Nacht in einer Feuersäule, um ihnen zu leuchten. So konnten sie Tag und Nacht unterwegs sein" (13,21). Auf Schritt und Tritt, selbst noch in Gegenerfahrungen hat dieser Gott die rettende Treue für Israel erwiesen. Entsprechend wird an die Selbstvorstellung Gottes das Erkennungszeichen angefügt: „... der ich dich herausgeführt habe aus dem Land Ägypten, aus dem Haus der Sklaverei" (20,2; Deuteronomium 5,6). Innerhalb einer Befreiungsgeschichte also sind die Gebote überliefert, innerhalb eines festen Bundes zwischen Gott und Mensch. Die Bedeutung der Zehn Gebote lässt sich erst verstehen, wenn diese Geschichte des lebendigen Gottes mit seinem Volk bedacht und erinnert wird.

Dann erweisen die Gebote sich nicht als Strafgesetze, sondern als Kurzfassung der Gegenliebe des Volkes Israel. Nimmt man sie wie eine Spiegelschrift, lässt sich entziffern, worauf die Zehn Gebote Antwort sind. Wer sich befreien lässt und die Befreiung annimmt, der soll auch selber befreien im Sinne der Weisungen. Denn wem aufgegangen ist, wer der lebendige Gott ist und was er getan hat, der wird etwa auf keinen Fall andere Götter neben dem lebendigen Gott haben, der wird auf jeden Fall den alten Eltern Lebensraum verschaffen, der wird auf keinen Fall töten ... Er wird den lebendigen Gott JHWH in seiner Einzigartigkeit und Unverwechselbarkeit zum Fundament seines Lebens machen und mit der ganzen Phantasie danach suchen, dass die Befreiung von Unterdrückung und Entwürdigung als Tat Gottes allen zuteil wird.

Im biblischen Zusammenhang kommt den Zehn Geboten die Aufgabe zu, auf dem Weg in das verheißene Land dem Volk Israel die gewonnene Freiheit zu bewahren, ja der Freiheit eine Form zu geben und sie zu bewähren in den unzähligen Konflikten des Weges, damit sie auf dem weiteren Weg nicht versandet. Es geht um die Verwirklichung einer Gesellschaft, die aus dieser Befreiung lebt, es geht um das Werden eines Volkes, in dessen Mitte der befreiende Gott selbst Wohnung nehmen will (Ex 25,8; 29,43–46; 40,33–38). Wer von den Zehn Geboten spricht, muss

also zunächst vom Evangelium Gottes, von der eindrücklich ge-
schehenen Befreiung erzählen. Wenn im Geist der Bibel erzählt
wird, bringt sich aus der Gabe der Freiheit schon wie von selbst
die daraus erwachsende Aufgabe zu Gehör. Hieraus erwächst der
einzig richtige Weg, der in die Freiheit der Kinder Gottes führt.

Gott in der Mitte seines Volkes ist die bleibende Erinnerung
an die Vorgabe des unerwartet gewonnenen Lebens. Die Zehn
Gebote dienen dieser Erinnerung. In der Gesamtkomposition der
ersten fünf Bücher des Mose, des Pentateuch, wird das Zehngebot
als Kern der gesamten Heiligen Schrift gesehen und vorgestellt.
Es ist etwas ganz Besonderes. Der Grund dieser Besonderheit
liegt darin, dass nach dem Spannungsbogen der beiden Dekalog-
fassungen (vgl. Ex 20,1; Dtn 5,22) der lebendige Gott selbst es
ist, der die Zehn Gebote nicht nur gesprochen, sondern auch auf-
geschrieben hat. Aus dieser Quelle kennt und verkündigt Mose
sie. Er ist der, der so in die Nähe Gottes kommen darf, dass er die
Unmittelbarkeit Gottes geradezu ausstrahlt in seinem Reden und
Tun. Die Zehn Gebote sind nach dem biblischen Verständnis das
von Gott selbst unmittelbar geschriebene Wort Gottes. Kein
anderes geschriebenes Wort von ihm gibt es auf der Erde. Deswegen hat der Dekalog diese Würde – als Heilige Schrift, weil als
Schrift des Heiligen. Er ermöglicht eine bleibende Unmittelbarkeit zum lebendigen Gott und zum Geschehen der Befreiung, er
eröffnet im Lesen und Hören die Begegnung und Nähe zwischen
Gott und Mensch. In der herausgehobenen Stellung, die die Bibel
selbst betont, verdichtet sich sowohl die Freude über das Wunder
der Befreiung aus erniedrigender Sklaverei als auch der stau-
nende Dank für die Gabe der Wegweisung aus Gottes Mitsein
auf dem Weg.

Die Wegweisungen sind so zusammengefügt, dass sie an
den zehn Fingern abgezählt und erinnert werden können – als ob
die Erinnerung an Gottes geschriebenes Wort jedem Menschen
möglich sein soll. Im genauen Hören vermittelt sich die Grundli-
nie der Gebote. Einmal wird offen gelegt, dass da, wo in Aner-
kenntnis des Garanten von Freiheit und Leben des einen, sich frei
und ungeschuldet mitteilenden Gottes An-Gebot der in allem tragenden Beziehung zu ihm angenommen wird, die menschliche
Freiheit und Befreiung eine auf ihn hin transparente Gestalt fin-

det. Diese Freiheit wird zum Zeugnis für den unverwechselbaren einzigen Gott. Sodann, unlöslich damit verbunden, soll die Erinnerung an die geschenkte Freiheit das Volk Gottes und die Menschen dahin führen, selbst mit der ganzen Lebendigkeit Leben zu erhalten und Freiheit weiter zu schenken und alles zu meiden, was anderen Lebensraum und Leben nimmt.

Die Tonart des Dekalogs ist das persönliche Ansprechen, das Du des Gegenübers. Dabei ist der offene, nüchterne Blick auf die Verhältnisse, wie sie sind, von größtem Belang, im Äußeren und im Inneren, im Großen und im Kleinen. Weil öffentlich-sichtbare und heimliche Verhaltensbewegungen angeschaut werden, geht es im Dekalog um eine Grundeinstellung des Volkes Gottes zum persönlichen und gemeinschaftlichen Leben. Nicht voneinander zu trennen sind seitdem die Anerkennung Gottes, der Glaube an ihn, und die Anerkennung des Menschen, die Achtung vor seiner gottgeschenkten Existenz.

Diese „Heilige Schrift" als Schrift des Heiligen ist etwas ganz Besonderes, das im Lesen und Hören immerzu gegenwärtig wird. Mose erinnert mit seiner ganzen Existenz daran.

Rut –
Wie Gott Brot gibt

Kennen Sie Rut? Nicht irgendeine Frau, die diesen Namen trägt, sondern die Rut, die dem Buch des Alten Testamentes den Namen gegeben hat. Das Bild einer Frau, die zeigt, was das Leben an Überraschungen bereithalten kann. Wer die vier Kapitel des Büchleins liest, wird bald gefangen sein von der knapp und feinsinnig erzählten Geschichte, wird für sie eingenommen sein. Der Name Rut wird gedeutet als „Erquickung" oder vor allem als „Gefährtin". Schon das kann Anreiz sein, Rut kennen zu lernen. Das Geschehen der Ruterzählung spielt zur Zeit der Gerstenernte. Deshalb wird das Buch im jüdischen Gottesdienst an einem der drei Hauptfeste gelesen, am Wochenfest, das ursprünglich ein Erntefest war. Da wird der gläubige Jude mit Rut bekannt gemacht. Ihm wird gezeigt, wie Gott Brot und damit Leben gibt. Möglicherweise ist diese Frage für viele heute entrückt. Denn bei uns scheint es selbstverständlich, dass alles da ist: Brot und alles an Lebensnotwendigkeiten, was sich denken lässt. In unseren Kalendern steht im Herbst für einen bestimmten Sonntag: Erntedankfest. Kann man es feiern, wenn alles da ist, wenn die Produktion läuft? – Doch. Davon bin ich überzeugt. Deshalb können wir uns von Rut an die Hand nehmen lassen. Sie zeigt, was sich überraschend zwischen den Zeilen des alltäglichen Lebens lesen lässt.

Der Name Rut bedeutet „Gefährtin" oder „Erquickung". Und doch beginnt die Erzählung des Buches Rut trostlos. Vor mehr als 3000 Jahren – so lange ist es jetzt her nach der Vorstellung des Erzählers – kommt eine Hungersnot über Israel. Ausgerechnet auch über die kleine Stadt Betlehem in Juda. Betlehem heißt „Haus des Brotes". Wie soll man zu Brot kommen in einer Hungersnot, selbst wenn man im „Haus des Brotes" wohnt? Man schaut, wo es etwas zu essen gibt, selbst wenn man dafür die Heimat verlassen muss. Jenseits des Jordan, in Moab, gibt es damals zu essen, da ist Grünland.

Elimelech und seine Frau Noomi ziehen mit ihren beiden Söhnen dort hin. So retten sie ihr Leben und werden im fremden Land ansässig. Eines Tages stirbt Elimelech. Die Söhne heiraten bald Mädchen aus Moab. Doch auch die Söhne sterben kurz darauf. Was sich als Ausweg zeigen sollte, scheint am Ende für die Familie ein verheerender Irrweg. Noomi steht allein da mit ihren kinderlosen Schwiegertöchtern. Ihre Not ist jetzt noch weitaus abgründiger als zu Beginn.

Noomi möchte zurück nach Betlehem. Sie hat gehört, dass Gott dort wieder Brot gibt – und damit Leben. Mit ihr gehen ihre Schwiegertöchter. Auf halbem Wege aber drängt sie die beiden umzukehren. So war das ja damals – eine kinderlose Witwe kehrt in ihre Geburtsfamilie zurück, wenn nicht ein Verwandter ihres verstorbenen Mannes sie zur Frau nimmt und ihr zu Kindern verhilft. Mit Segenswünschen spart Noomi nicht: für einen Neuanfang, für ein gelingendes Leben ihrer Schwiegertöchter. Doch die Witwen ihrer Söhne bleiben bei ihr. Da muss sie deutlich werden und ihnen sagen, dass sie bei ihr keine Zukunftschance haben, sondern mit ihr nur auf einem Todesweg gehen. Da erst entscheiden sich die beiden Frauen endgültig. Die eine Schwiegertochter verabschiedet sich und geht in ihre Familie zurück; die andere, Rut, will unbedingt bei ihrer Schwiegermutter Noomi bleiben. Sie lässt sich durch nichts abschrecken und sagt: „Wohin du gehst, dahin gehe auch ich, und wo du bleibst, da bleibe auch ich" (1,16). So geht sie mit Noomi.

Für Rut ist die Heimat Noomis völliges Neuland. Gemeinsam kommen sie in Betlehem an, mit leeren Händen. Noomi deutet vor den alten Bekannten ihre Heimkehr als Inbegriff von Leid und Trostlosigkeit. Sie macht sich nichts vor.

Der Weg nach Betlehem fällt in den Beginn der Gerstenernte. Diese Zeitangabe „Gerstenernte" ist in der Erzählung ein programmatisches Wort. Nicht ein schwergewichtiges Theologenwort gibt den Rahmen für ein weiteres Geschehen ab, sondern ein Wort des Alltags. Und in diesem Alltag wendet sich alles zum Guten. Das fängt so an: Rut ergreift die Initiative. Für sie ist ja alles anders in diesem Neuland. Sie nutzt das in Israel gültige

Armenrecht und sammelt aus den gerade abgeernteten Getreide-
feldern der reichen Bauern Ähren, um zum allernötigsten Brot für
Noomi und sich selbst zu kommen. Dabei lernt sie den Bauern
Boas kennen. Ruts Eintreten für Noomi hat sich herumgespro-
chen, und so ist er ihr wohlgesonnen und behandelt sie freundlich. Er verhilft ihr zu einer ansehnlichen Tagesernte, die Brot
für mehr als eine Woche bedeutet. Jetzt erwachen auch in der
Schwiegermutter Noomi die Lebensgeister. Sie kommt auf die
rettende Idee: Ist da nicht in Israel ein Gesetz, demzufolge die
Brüder oder Verwandten eines Verstorbenen sich dessen kinder-
loser Witwe anzunehmen und sie zur Frau zu nehmen haben,
um stellvertretend dem Verstorbenen Nachkommenschaft zu erwecken?

Und weiter: Ist der begüterte Boas nicht ein Verwandter des
verstorbenen Elimelech? Ist nicht die Familie ihres Mannes demnach geradezu verpflichtet, ihrer Schwiegertochter Nachkommen
zu schaffen? Wäre Boas nicht eine gute Partie für Rut?

Noomi spinnt die Fäden und spinnt sie fein. Sie schickt Rut
auf die Tenne zu Boas, der beim Ertrag seiner Ernte schläft. Sie
soll sich zu seinen Füßen niederlegen und sich mit seiner Decke
zudecken, um sich ganz in seinen Schutz zu begeben. So kommt
es auch. Boas, rechtschaffen wie er ist, nutzt diese verfängliche
Situation nicht aus. Und jetzt ist er selbst am Zuge. Weil es noch
jemanden gibt, der mit Rut näher verwandt ist als er selbst, und
weil auch Grundbesitz noch eine Rolle spielt, muss er geschickt
verhandeln, um die komplizierte Rechtslage zu lösen und Rut
heiraten zu können. Das verfolgt er zielstrebig, bis er öffentlich
erklären kann: „Rut, die Moabiterin, habe ich mir zur Frau er-
worben, um den Namen ihres verstorbenen Mannes auf seinem
Erbe wieder erstehen zu lassen, damit sein Name unter seinen
Verwandten und innerhalb der Mauern seiner Stadt nicht er-
lischt. Ihr seid heute Zeugen" (4,10). Und die Segenswünsche der
Umstehenden nehmen kein Ende. Gott selbst, so sagt das Buch,
schenkt der Rut Schwangerschaft – „und sie gebar einen Sohn"
(4,13). Damit erfüllt sich für die ursprünglich rechtlose und kinderlose ausländische Witwe Rut, was die Erzählung Noomi in
den Mund legt: Gott ist da als der, der seine Gnade nicht den Lebenden und nicht den Toten entzieht (2,20). Noomi selbst wird

wegen dieser sichtbaren Wendung auch ihres eigenen Geschickes beglückwünscht.

Als Rut sich entschied, mit ihrer Schwiegermutter Noomi über den Jordan nach Israel zu gehen, betrat sie Neuland. Was ist das Besondere an diesem Neuland? Zunächst, dass alle Beteiligten in ihren Sorgen nicht irgendwelche Opfer darbringen, sondern ihre Entscheidungen alltäglich, profan und mit einem Spürsinn treffen, wie das Leben sich verbessern lässt. Und dann: Die Erzählung lässt keinen Zweifel daran, dass Gott zwischen den Zeilen solcher Entscheidungen sehr wohl am Werk ist, dass er Leben gibt und erhält. Doch der Gott Israels greift jetzt nicht unmittelbar ein wie in den großen Geschichten vom Handeln Gottes an seinem Volk – so bei der Herausführung aus Ägypten. Es fügt sich alles zum Guten, weil dieser Gott das Leben Ruts, Noomis und Boas' in einer Tiefe leitet und fügt, die sich unserem unmittelbaren Verständnis entzieht.

In dem Neuland, das Rut betritt, geht es um ein Zusammenspiel menschlicher und göttlicher Kräfte. Rut entscheidet sich für Noomi, sie ergreift die Initiative, Ähren zu lesen, um zu Brot zu kommen. Boas ist Rut freundlich gesonnen und stärkt mit Geschenken ihren Lebensmut. Noomi wiederum hat eine zündende Idee. Boas geht auf diese Idee ein und heiratet Rut. Diese lässt geschehen, was ihr beglückend und überraschend entgegenkommt. Wo Menschen aufleben dürfen aufgrund gelungener Einfälle und menschlicher Güte, da findet das Leben Zug um Zug zum Glauben. Da geht Noomi, Boas und Rut im Rhythmus des Geschehens auf: Gott erscheint uns Menschen so diskret und entschieden, dass er unsere besten Kräfte, unsere liebenswertesten Möglichkeiten zu unerwartetem Glück, zu Überraschungen, eben zu neuem Leben hinführt. Der Höhepunkt ist da, wo die Beteiligten dessen inne werden: Gott zeigt sich unerschöpflich – so wie wir selbst uns in unseren besten Zeiten wünschen –, einfallsreich, entgegenkommend, aufmerksam, schöpferisch, leidenschaftlich in das Leben verliebt.

Das nennt das Buch Rut in immer neuen Umschreibungen Treue, Liebe, Güte, Gunst, Huld. Gott zeigt sich hier von dieser Seite. An Rut lässt sich ablesen, was menschliche Treue ist. Sie erleichtert Noomi die Einsamkeit, Mutlosigkeit und Müdigkeit, und zwar auf Dauer. Doch geschieht das nicht mit Krampf, wenngleich Anstrengung damit verbunden ist. Rut schenkt Freude, doch sie empfängt auch Freude, nimmt sie an. Sie liebt, sie hilft Noomi, sich als liebenswert anzunehmen. Dazu geht sie zur Ährenlese, eröffnet ihr danach, was sie erlebt hat, und teilt mit ihr die Geschenke des Boas. Rut setzt geradezu Noomis Lebensmut wieder frei; sie zeigt sich selbst allerdings auch liebenswert: Bevor sie zu Boas geht, wäscht und salbt sie sich, kleidet sich in ihr bestes Gewand. Treue hat mit Geben und Empfangen zu tun. Die wachsende Aufmerksamkeit, die dem Leben eines anderen Menschen das Beste entgegen bringen will, lebt davon, sich selbst nicht aufzugeben, sich selbst gut zu sein. Solcherart Treue ist bewundernswert, gerade wenn sie sich im Leid bewährt.

An Rut lässt sich ablesen, was menschliche Treue ist. Wer treu ist in der Art Ruts, ist auf einem Weg, den Gott selbst leitet und zu einem guten Ende führt. Das verheißt die Erzählung. Menschliche Güte und Treue in der Art Ruts vermitteln Gottes Güte und zeigen zugleich, dass sie in Gottes Güte und Treue gründen. Rut wird mit ihrem Tun in das Kraftfeld Gottes geführt, der vom Tod zum Leben hinüberführen will. Aber das steht zwischen den Zeilen, die uns Rut vorstellen, Zeilen, die reizen, mit Rut zu gehen – ins Neuland.

Rut wirft Licht auf das Erntedankfest. Sie könnte unseren Sinn wecken, dass und wie Gott Brot und Leben gibt. Vielleicht schimmert in dem Dank für die Gaben und Mittel, die wir haben und die uns das Leben erleichtern, auch der Dank für die Lebendigkeit von Menschen durch, die so treu sind wie Rut. Im Dank für das Leben, das uns durch Menschen geschenkt wird, kann uns auch der Impuls erreichen mitzutun, dass die menschlich-göttliche Welt sich entwickelt. Wie gesagt, Rut ist dabei eine „erquickende Gefährtin", weil sie ganz ursprünglich zeigt, dass nichts im Leben selbstverständlich ist.

Das neue Leben, das Rut geschenkt wird, ihr Kind, wird der Großvater Davids, des ersten Königs Israels. David ist der Stammvater Jesu, der Gottes einzigartiges Geschenk an uns, sein Volk, ist, damit alle Brot und Leben finden. Auch er braucht

Gefährten und Gefährtinnen, Menschen wie Rut, Nachfahren, Gefolgsleute und „Kum-Pane", das sind solche, die vom selben Brot essen und davon Leben erhoffen und gewinnen.

David –
Beziehungsreicher König von Israel

1 David, der Erwählte

Königsgeschichten ziehen Aufmerksamkeit auf sich. Heute gehören Könige und Königinnen zumeist in die Sonderwelt der Stars. Wenn sich bei festlichen Anlässen ihr Prunk entfaltet, schaut man auf sie. Auch im menschlichen Scheitern ist ihnen die Aufmerksamkeit sicher. Fast scheint es, als würden sie auf eine Bühne gestellt, auf der man sie geradezu in einem exotischen Schauspiel wie aus einer fremden Welt erlebt.

Königsgeschichten ziehen Aufmerksamkeit auf sich. Im alten Israel spielen Könige eine hervorragende Rolle. An ihnen entscheidet sich das Schicksal des Volkes. Wenn ein König Gerechtigkeit, Regierungskunst und Frömmigkeit in sich vereinigt, kann man damals überzeugt sein, dass es allen gut geht. Dann kann man darauf bauen, dass es ihm in seiner Leitungsaufgabe darum geht, die Lebensmöglichkeiten seines ihm anvertrauten Volkes zu mehren. An ihm liest man damals ab, dass Gott selbst ihn erwählt hat. Deshalb nimmt der König auch den Kampf gegen alle Mächte auf, die den Frieden und entsprechend die Gottesherrschaft gefährden. Seine besondere Stellung wird daran deutlich, dass er stellvertretend für den lebendigen Gott vor dem Volk steht und umgekehrt stellvertretend für das Volk vor dem lebendigen Gott. Alles Menschliche und Allzumenschliche im Leben des Königs ist deshalb von größter Bedeutung für das Volk. – In Königsgeschichten aus dem Alten Testament lässt sich von unterschiedlichen Ausgangspunkten hineinhören, um von dort eine Verbindung zu uns selbst zu suchen.

Inbegriff des Königs im Alten Testament ist David. Dieser Name ist in der Bibel nur diesem einen Mann vorbehalten. Es gibt keinen zweiten Träger dieses Namens. Zudem: In der gesamten Bibel des Alten und Neuen Testaments wird kein Name so oft genannt wie der seine (889-mal). Über keine Person ist im Alten Testament so viel geschrieben. Das unterstreicht seine Wichtigkeit. Die wahrscheinliche Bedeutung seines Namens spricht Bände: David – „Liebling". Er ist geliebt von Gott und geliebt vom Volk (1 Samuel 16,21; 18,1.3; 18,28; 18,22; 18,16; 20,17). Dazu passt, dass er als schön und ansehnlich bezeichnet wird (1 Sam 16,12.18; 17,15.42b).

Vor etwa dreitausend Jahren hat David gelebt. Mit ihm begann ein Herrschergeschlecht, von dem noch lange die Rede sein würde. Damals war der König noch keine feste Institution. Es gab noch keine langen Erfahrungen mit Königen. Propheten wählten damals Herrscher und Leitfiguren aus, die vielleicht nach unseren Begriffen eher Häuptlinge waren. Mit ihnen geht das Gottesvolk Israel seinen Weg. Mit David wird das anders. Er steht im Alten Testament nicht nur für den Inbegriff des Königs, sondern auch für den Inbegriff von Erwählung und Berufung durch den lebendigen Gott, ja für den Glauben Israels an den lebendigen Gott, der mitten unter den Menschen wirkt.

Das zeigt schon Davids Erwählungsgeschichte (1 Sam 16,1–13). Vor die langen Erzählungen von seinem Aufstieg, seiner Regierungszeit und der Thronfolge ist sie als eine Art Vorzeichen gesetzt. Da kommt der Prophet Samuel nach Betlehem in das Haus des kinderreichen Isai. Im Auftrag des lebendigen Gottes, dem er unbedingt gehorsam ist, soll Samuel hier aus der Reihe der Söhne Isais einen Nachfolger für den wegen seines Ungehorsams von Gott verstoßenen König Saul salben. Samuel legt bei den Söhnen Isais die üblichen Auswahlkriterien an: Alter, Aussehen, stattliche Gestalt, Position. Entsprechend vermutet er den gesuchten König Israels unter den sieben „großen" Söhnen Isais, die beim Vater sind und auf den Propheten warten. Knisternde Aufregung bei diesem hohen Besuch und dieser Aussicht. Doch bei keinem schlägt Samuels Herz positiv aus. Bei keinem der Sieben bekommt er die innere Zustimmung des lebendigen Gottes. Wie verunsichert mag Samuel gewesen sein, als all seine üblichen Kriterien durcheinandergeraten! Erst als der kleine, kluge Frechdachs David auf Samuels Drängen von seiner Hirtenjungentätigkeit geholt wird, erst da zündet es im Herzen des Propheten. Er weiß jetzt in großer Klarheit, wen der lebendige Gott zum Hirten über das Volk Israel erwählt hat. Und er salbt ihn. Zur Deutung dieser ungewöhnlichen Wahl heißt es: „Der HERR sieht nämlich nicht auf das, worauf der Mensch sieht. Der Mensch sieht, was vor den Augen ist, der HERR aber sieht das Herz (16,7)." Was für ein neues Kriterium! Es ist völlig überraschend. Es ist ganz anders als gewöhnlich. Es geht um das Herz, um das berührbare Herz. Wer erwählt wird, wird ganz erwählt. Er wird ganz genommen vom lebendigen Gott – mit Hell und Dunkel, mit leuchtenden Möglichkeiten und tiefen Abgründen. Zugleich soll der Erwählte selbst alles zusammenfügen: das Beglückende und Bedrückende, das, was spürbar vom lebendigen Gott kommt, und das, was nicht dazu zu gehören scheint; alles, was im Leben geschieht, soll er zusammenhalten mit dem, was als Botschaft von Gott kommt. Nur ein berührbares Herz kann das. David hat es. Deshalb wählt ihn der Prophet Samuel unter allen Brüdern aus. Auch der altgediente Prophet Samuel muss lernen, wie anders die Kriterien Gottes sind.

David selbst ist nicht der Anfang. Er ist ein Sprössling aus Isais Familie in Betlehem. Daran soll er sich erinnern bei allem, was folgen wird. Als ein neuer Anfang steht die Erwählung da. Sie ist keine geschützte Sonderstellung, kein Privileg. Sie ist Herausforderung, mitten im Leben zu lernen und zu tun, was Sache des lebendigen Gottes ist. Er ist so frei, Menschen zu wählen zur Mitarbeit an seinem Projekt der menschlich-göttlichen Welt. Diese Wahl bedeutet erfülltes Leben – unter der einzigen Bedingung, dass man es annimmt. Damit ist allerdings immer eine Umkehrung der normalen Blickrichtung, ein Perspektivenwechsel gegeben.

Gibt es das nicht auch in unserem Leben? Das im Herzen verborgene, unwiderrufliche, nicht machbare Tiefenwissen, mit dem ganzen Leben gewollt und erwünscht, ja erwählt zu sein? Von daher die guten Möglichkeiten sinnvoll einzusetzen und sie mit den eigenen Grenzen zusammenzuhalten – im Vertrauen auf das grundlegende Ja? Sind da nicht viele Menschen heimliche Segensträger, Hoffnungsträger, die dem lebendigen Gott und seiner Wahl trauen? Das für sich zu entdecken, dafür braucht es gewiss länger als eine Lesezeit oder einen einzigen Tag.

2 David und Goliat

David und Goliat – nicht selten gibt dieses Paar noch heute Schlagzeilen ab. So im März 1996, als das Riesenreich China in Manövern mit scharfen Waffen vor der Küste des Kleinstaates Taiwan deutlich macht, dass dem Säbelrasseln durchaus ein entscheidender Schlag folgen kann. Konflikte zwischen so genannten Starken und Schwachen sind allenthalben da. Ja, die Geschichte der Menschen ist durchzogen von Zusammenstößen waffenstarrender und angsterstarrter Parteien. Wie gehen sie aus? Gibt es regelmäßig nur Sieg oder Niederlage? Das Gottesvolk Israel hat sich oft in bedrohlichen Kämpfen wieder gefunden und nachher so erlebt: verhöhnt, bedroht, geschlagen, zu Grunde gerichtet, wie leblos weggeworfen und liegen gelassen. Und doch hat es erfahrungsgestützte Geschichten erzählt – oft Gegengeschichten, die Mut machen können, die Wege zeigen, wie vielleicht Konflikte gelöst werden können. Die Erzählung von David und Goliat gehört in diesen Zusammenhang (1 Sam 17).

Schon der Anfang der Erzählung weckt Aufmerksamkeit: Es ist Krieg! Die Positionen sind eingenommen, die Parteien stehen sich gegenüber. Hier Israel, also König Saul und die Männer Israels, da die Philister (17,1–3). Ein Ausweg zeigt sich nicht. Man versperrt sich gegenseitig den Weg.

Diese Ausgangslage wird aufgebrochen, indem ein Vorkämpfer heraustritt und einen Einzelkampf zur Entscheidung fordert. Dieser Vorkämpfer heißt Goliat. Er ist von erschreckender Größe und Ausrüstung. Seine Aufmachung ist abschreckend, er ist so gut geschützt wie nur eben möglich. Doch ist er nicht nur von Gestalt überlegen. Auch die Macht seines Wortes zeigt Wirkung. Er demoralisiert die Männer Israels, indem er fragt, warum sie überhaupt zum Kampf antreten. Er nimmt ihnen ihre Ehre als Israeliten, indem er sie als „Knechte Sauls" hinstellt. Tiefer kann die Geringschätzung eines Israeliten kaum ansetzen. Denn nicht nur die Soldaten, auch Saul und der LEBENDIGE GOTT ISRAELS werden darin verhöhnt. Für einen Gegner im geforderten Zweikampf scheint alles aussichtslos. Ist Israel schon verloren? Alles weist darauf hin. Denn niemand ist da, der Goliat

Antwort geben kann oder ihm an Gestalt und Kraft gleich-
kommt. Unbändiges Erschrecken und Furcht sind entsprechend
die einzige Reaktion Israels (17,4–11).

Und doch – es gibt einen Neuansatz: Ein Neuer wird nämlich eingeführt, einer von außen, einer, der gar nicht dazuzuge-
hören scheint: David, der „Kleine" aus der Sippe Isais. Und genau die Tatsache, dass ein Unbedarfter kommt, lässt aufhorchen
(17,12–15).

David gerät unversehens in die Situation, die noch einmal
in aller wünschenswerten Deutlichkeit geschildert wird: Israel
wird mürbe gemacht. Jeden Tag ziehen die Kämpfer aus, um sich
geradezu einer Tortur zu unterziehen: Morgens und abends stellen sie sich auf, um sich von den Reden Goliats ihren Kampfeswillen brechen zu lassen. Vierzig Tage lang.

Ist das Maß noch nicht voll? Zeigen die erfüllten vierzig
Tage eine Wende an? David, der losgeschickt war, um seine Brüder und den Anführer einer Heeresgruppe mit Lebensmitteln zu
versorgen, trifft in diese ausweglose Situation; er sieht, wie in
der Verhöhnung den Landsleuten von innen her das Motiv, die
Basis ihres Kampfeswillen unmerklich genommen wird, und wie
sie sich als immer noch mehr entwertete Opfer geradezu anbie-
ten und aus diesem Teufelskreis nicht herauskommen. Sie richten sich nicht nur ein in diese Misere, sie vertiefen sie selber
noch.

David reagiert unverbraucht. Er ist empört und fragt: „Wer
ist denn dieser unbeschnittene Philister, dass er die Schlachtreihen
des lebendigen Gottes verhöhnen darf" (17,26)? In seiner Entrüstung ist er nicht bereit, sich der Verhöhnung zu ergeben und
seine Lebensgrundlage, seinen Glauben an den lebendigen Gott
zerrütten zu lassen. Er geht sogar mutig daran, nach dem Lohn
für den zu fragen, der „die Schande von Israel wegnimmt" und
Goliat tötet. Doch wird er abgekanzelt von seinen Brüdern, die
ihn für unzuverlässig halten und ihrerseits an David handeln wie
Goliat an ihnen selbst. Darin zeigen sie noch einmal, wie sie die
Verhöhnung durch Goliat geradezu wie eine naturgegebene Katastrophe hinnehmen. So wird David geprüft, welche Ressourcen
er für den Kampf hat. Es ist wie eine Art Vorspiel für den größeren Kampf (17,16–30).

David seinerseits braucht keine besonderen Ambitionen zu entwickeln. Der deprimierte König Saul hört von Davids Entrüstung und unbekümmertem Mut und lässt ihn kommen. Immerhin lacht er ihn nicht aus. Siegesgewiss empfiehlt sich David auf doppelte Art: Er verweist auf seine Kämpfe mit Löwen und Bären als Hirte, also auf seine Kämpfe mit Chaosmächten, und er sieht sich als Werkzeug göttlicher Führung gegen die gottfeindliche Macht der Philister, die sich in Goliat personifiziert. Saul ist beeindruckt und lässt den Kampf zu, ja er segnet sogar David mit dem Wort: „Der Herr sei mit dir" (17,37). Doch dann brechen seine Angst und Entmutigung durch: Er legt David seine eigene Rüstung an – eben die, mit der er selbst nichts ausrichten kann. Er überformt David mit seinen schon längst erschöpften Mitteln. David hingegen erkennt, wie die Rüstung ihn einengt und unbeweglich macht. So ist er unbekümmert genug und tut das, was er tun muss, um bei sich selbst bleiben zu können: Er legt die starre Rüstung ab und wird zu ihrem Gegenbild: ein Ungerüsteter, ein Beweglicher (17,31–40).

David will im bevorstehenden Kampf nicht Opfer sein, und doch sieht es so aus, als ginge er ins sichere Verderben. Gibt es andererseits eine Lösung nur dort, wo jemand sich mit der scheinbar festliegenden Opferrolle nicht abfindet? Und welche Mittel zum Kampf braucht jemand dann?

Der Zweikampf (17,41–54) steht bevor: hier der schwer bewaffnete Riese, da der scheinbar unbekümmerte Hirtenjunge. Hier Goliat, der sich nach allen Regeln der Kunst als „Herr über Leben und Tod" gibt, da David, der aus dem Zugzwang von Sieg und Niederlage ausgestiegen ist. In ihren Reden prallen die beiden zunächst aufeinander, und so zeigen sich ihre gegensätzlichen Lebensprinzipien. Goliat hat sich identifiziert mit dem Tod, dem „unzerstörbaren Zerstörer". Deshalb erscheint er nur als sieggewohnter Kampfmensch, ausgerüstet mit allen erdenklichen Waffen.

David ist aus dem System des Kampfes der so genannten Helden ausgestiegen, auf doppelte Weise: Als er die Rüstung abgelegt hat, sucht er glatte Kieselsteine, die zu handhaben er als Hirte gewöhnt ist. Er vertraut auf das, was ihm eigen ist. Das sucht und findet er im Bach, im fließenden Element (17,40). Aus seiner Erfahrung bedrohlichen Eingezwängt-Seins in herkömmliche Rüstung reaktiviert er, was er ist und kann. Und dann: Er steigt noch einmal schöpferisch aus dem System der gegenseitigen Bedrohung mit gleichen Mitteln aus, indem er „im Namen des Herrn der Heere" (17,45) auftritt. Er nimmt eine andere Verbindung auf, zu der Goliat keinen Zugang hat: zum Gott Israels, der machtvoll da ist. Ihm vertraut er sich an, dem Größeren. So hofft er, dass sein Leben zum Blühen kommt. Auch seinen eigenen Landsleuten ist dieser Lebensgrund abhanden gekommen. Und so ist ihre Frömmigkeit lediglich ein eingebautes Element im Kampf gegen die Philister, nicht aber der tragende Grund. David geht noch weiter. Er kündigt Goliat unmissverständlich an, dieser werde durch das umkommen, auf das er sich stützt. Worin er sich unwiderruflich verhakt habe, das werde ihn umbringen (17,46 f).

Und dann kommt der Kampf selbst. Die Reden haben David die Möglichkeit eröffnet, Aug in Auge mit Goliat zu kämpfen. Indem er im gelichteten Bei-sich-Sein sein Lebensprinzip dargelegt hat, kann er Goliat demaskieren und entzaubern. Er trifft ihn an der wunden Stelle, an der Stirn – dem Bild alles Hohen und Beherrschenden nach biblischem Denken. Hatte nicht Goliat selbst diese Wunde schon geöffnet, als er selbstironisch sich als „Hund" (17,43) bezeichnet hat – eben als ein verächtliches Tier im Sinne des Verständnisses der Bibel? Indem Goliat sich mit dem Tod als dem „unzerstörbaren Zerstörer" identifiziert, hat er das Leben abgewehrt, das allein von Gott kommen kann. So hat er nur noch sich selbst als Grund, auf dem er steht. Entsprechend findet Goliat den Tod trotz seiner Waffen, mit denen er sich stark, ja unbesiegbar zu machen meinte und letztlich den Kampf nicht ernst nahm. Seine eigene Wunde hat er in der Entwertung Israels vorgeführt; jetzt wird sie an ihm selber deutlich und kommt zu ihm zurück.

David hingegen hat die Quelle seines Lebens offen gelegt, hat darin den tödlichen Mangel Goliats gesehen und erledigt den Todbringer. Er tötet die Identifikation mit dem Tod, die nur mehr machtvolles Funktionieren kennt. Die Krieger Israels lassen sich von Davids Kampf anstecken und erringen den Sieg, der nicht nur in der äußeren Vernichtung der Gegner besteht.

Davids kraftvoller Kampf lässt sie auch ihren Glauben wieder finden.

Einer alten Lesart zufolge heißt es, dass David das Schwert Goliats in das Zelt Gottes brachte, nicht in sein eigenes Zelt. Damit wird es ein Unterpfand dafür, wie das Vertrauen auf den lebendigen Gott zum Leben führt und nicht untergehen lässt angesichts noch so stark sich gebärdender Gegner.

Die Geschichte von David und Goliat ist vielfarbig. Wie eine kostbare Miniatur will sie angeschaut, in ihren unterschiedlichen Bezügen entdeckt werden. Erweckt man sie derart, zeigt sich, dass sie keine unmittelbaren Handlungsanweisungen bietet. Wohl will sie an den schöpferischen Punkt führen, wo jemand gerade angesichts einer Bedrohung zu sich selbst kommt, auf die Ressourcen an Mut, Klugheit und Gewitztsein in sich trifft, eben die Kieselsteine im Bach findet, und neu auf die lebendige Beziehung zu dem stößt, der allein Herr über Leben und Tod ist. Inmitten der vielen anderen hat David seine Beziehung zu dem lebendigen Gott gelebt, indem er sagt, dass er im Namen des Herrn den Kampf aufnimmt. Von da aus tun sich Wege auf, im Angesicht der eigenen Sterblichkeit zu leben, aber auch konkret dem Destruktiven in der Welt, den vorzeitigen bzw. unzeitigen, gewaltsamen Boten des Todes zu widerstehen.

Israel hat sich an diesen Geschichten gefreut, hat darin gehofft, sich wie David etwa dann und wann durchsetzen zu können. Solcher Art Gegengeschichten waren für das Volk im Ganzen wichtig, aber auch für Einzelne, weil sie im Horizont des Volkes sich zeigen und anstiften lassen konnten. Denn im Erzählen und Erwägen konnten sie sich vergewissern, dass der lebendige Gott die Treue hält. Von solcher Rückendeckung lebt alle Hoffnung.

Solche Geschichten halten dem Volk Gottes allerdings auch den Spiegel vor, wie schnell der Glaube an den lebendigen Gott mitten im Leben abhanden kommen kann. Die Tatsachen allein sind es dann oft, die den Ton angeben – nichts mehr, was den Augenschein überschreitet. Gerade das Unerwartete in den Geschichten zerreißt dann das einengende Netz bedrängender Umstände und lässt für einen Moment hinter die Kulissen schauen. Doch das ist nie Besitz, es nähert sich nur in der beständigen Seelenarbeit des Vertrauens.

Kann die Erzählung nicht aber auch fremd, geradezu skandalös bleiben – gerade wegen ihrer Kriegsbilder und der sich daran anschließenden Gottesvorstellung vom „Gott der Schlachtreihen Israels" (17,45)? Vielleicht braucht es solche erschreckenden Bilder im Leben, die die verborgenen Bereiche des Herzens aufstören und so zu Verhaltensweisen und Handlungsmitteln herausfordern, die der Wahrheit und der Beziehungsaufnahme Gottes zu uns nach dem biblischen Glauben entsprechen. Solche Bilder halten offen, dass der lebendige Gott immer anders kommt, als wir denken. So können sie uns auf den Weg bringen, zu erfahren, was sein Wille ist.

3   David und Jonatan

Als in einer großen Umfrage nach den tiefsten Wünschen gefragt wurde, gab es in den schon vorgegebenen Antwortmöglichkeiten auch diese: „Dass ich Freunde oder Freundinnen um mich haben kann, die ich lieben kann und die auch mich lieben." 88 % der Befragten haben das als ihren tiefsten Wunsch angekreuzt. Sich mit einem Menschen auszutauschen, nicht allein zu sein auf der Welt – dieser Wunsch lässt sich nie auslöschen. Wenn Menschen ihr ersehntes Glück beschreiben, begegnet fast immer auch das: Freunde und Freundinnen zu haben, wo es nicht nur darum geht, etwas vom anderen zu erwarten, sondern einander zu vertrauen.

Der junge David ist vom lebendigen Gott erwählt, König von Israel zu werden. Wie soll er das glauben können? Was hilft ihm, seine vorerst noch heimliche Erwählung zu leben? Für beide Fragen ist die Antwort: sein Freund Jonatan.

Als dieser David zum ersten Mal sieht, so heißt es in der Bibel (1 Sam 18,1), „schließt Jonatan David in sein Herz. Und er liebt ihn wie sein eigenes Leben." Das bedeutet für ihn vor allem, dass David der werden soll, der er ist und sein kann. Er fördert die noch weithin unausgeschöpften Möglichkeiten Davids – mit seiner ganzen lebendigen Kraft.

Auf diese Weise von einem Menschen erwählt zu sein, dazu noch vom Sohn des Königs Saul, das lässt David ahnen, dass die göttliche Erwählung nicht geradewegs vom Himmel fällt. Sie hat ihre menschlichen Anknüpfungspunkte. Wäre er für Jonatan nicht vielversprechend, wie sollte David seine göttliche Erwählung lebenslang glauben können, nämlich für den lebendigen Gott vielversprechend zu sein? Wo sich die Andersartigkeit von Menschen berührt und in Teile eines gemeinsamen Weges verwandelt, wird Freundschaft zur Lebensquelle. Wie ein roter Faden zieht sich die Freundschaft mit Jonatan durch viele Jahre, bis Davids Erwählung offenkundig und er König wird.

Jonatan – als Sohn des ersten israelitischen Königs Saul war er Kronprinz. Durch eine wichtige militärische Position war sein Ansehen gestärkt. Dass er das Zeug zum Nachfolger seines Vaters hätte, hat er mit einer neuartigen rationellen Kriegsführung gezeigt.

Seine tiefe Zuneigung zu David wird im ersten Buch Samuel so beschrieben: „Jonatan schloss mit David einen Bund, weil er ihn wie sein eigenes Leben liebte. Er zog den Mantel, den er anhatte, aus und gab ihn David, ebenso seine Rüstung, sein Schwert, seinen Bogen und seinen Gürtel" (18,3f; vgl. 20,17). Es ist wie eine Blutsverwandtschaft. Jonatan gibt David die persönlichsten Güter. Jonatans Name bedeutet: „Der Herr hat gegeben." Jonatan als der Höhergestellte ergreift die Initiative in dieser Freundschaft. So bekommt David einen Menschen, der ihm rundum Rückendeckung ist, bei dem er sprechen kann, von dem er sich verstanden weiß. Durch nichts ist Jonatan von seiner Zuneigung abzubringen – ein wahrer Freund, der David sogar darin unterstützt, König zu werden. Er hat den Blick frei und Mut zu dem, was Davids Erwählung ist.

Auf geradezu abenteuerliche Weise erweist sich das in der Folgezeit. Je mehr nämlich David im Auftrag des Königs Saul militärischen Erfolg hat und entsprechend beliebt wird, desto mehr versucht Saul, David zu beseitigen, obgleich er nur von dessen Einsatz gewinnen kann. Immer ist es Jonatan, der David Rückendeckung gibt. Ihre Freundschaft ist eingewoben in eine dramatische Geschichte von Leben und Tod.

Als Saul seine Mordpläne offenbart, ist es Jonatan, der für David bei ihm vermittelt und seine Vorzüge herausstellt (1 Sam 19,1–7). Als sich für David die Situation später wieder zuspitzt, erforscht Jonatan die Pläne Sauls und übermittelt sie David in dessen Versteck, sodass dieser sich aufgrund der Fluchthilfe Jonatans in Sicherheit bringen kann (1 Sam 20,1–21,1). Immer wieder ermutigt Jonatan David in dessen Angst. Als Saul geradezu eine Treibjagd auf David veranstaltet, heißt es in dieser bisher größten Notlage Davids: „Jonatan stärkte Davids Vertrauen auf Gott" (1 Sam 23,16b).

Manchmal sind es abgerissene, fast atemlose, hart an der Grenze des Verstehbaren klingende Sätze (1 Sam 20,13–17), in denen beide miteinander sprechen. Doch dann dieser klare Satz: „Er stärkte Davids Vertrauen auf Gott" – oder „Er stärkte seine Hand durch ein Gotteswort." Das ist die letzte Freundestat, mit der er David zugleich ermutigt, seiner Erwählung zum König zu vertrauen.

Mit keinem Menschen hat David nach dem Zeugnis der Bibel eine vertrauensvollere Beziehung gehabt als mit seinem Freund Jonatan. Das zeigt die Totenklage, die David auf Jonatan nach dessen Kriegstod dichtet. „Weh ist mir um dich, mein Bruder Jonatan. Du warst mir sehr lieb" (2 Sam 1,26). Mit ihm hat David teilen können, was er immer wieder wahrgenommen hat: Indem er sich Jonatan anvertraute, lernte er, sich selbst zu vertrauen. – Ich wünsche Ihnen lebendige Erinnerungen an Freundschaften, die tiefes Vertrauen wecken.

4 David und Saul

Vielleicht ist mancher und manchem von Ihnen das Bild des berühmten Malers Rembrandt bekannt: „David spielt vor Saul." Es ist ein dunkles Gemälde, das die Gemütsverdüsterungen des Königs Saul geradezu bedrückend ins Bild bringt. Doch geht Licht aus von David, der vor Saul auf der Leier spielt (1 Sam 16,14–23). Die Bibel erzählt, dass es Saul immer besser ums Herz wird, wenn David vor ihm spielt.

Saul geht es nicht gut. „Der Geist des Herrn war von ihm gewichen; jetzt quälte ihn ein böser Geist schrecklich" (1 Sam 16,14). Man empfiehlt ihm eine Musiktherapie. Bei der Suche nach einer entsprechenden Hilfe holt man David. Er versteht die Leier, dieses zitherähnliche Instrument mit drei Saiten wunderbar zu spielen. Musikalität zeichnete David aus. Sie behielt man in Erinnerung. Man schreibt ihm im alten Israel Totenklagen wie etwa über seinen Freund Jonatan zu, aber auch 73 Psalmen, die er gedichtet und komponiert habe. In einem späten Psalm, der nicht in der Bibel steht (Psalm 151), besingt David das Wunder seiner eigenen Erwählung: Gott habe ihn erwählt, weil er dichte, singe und musiziere zur Ehre des lebendigen Gottes. Wer sich von der Liebe des lebendigen Gottes derart berühren und läutern lasse, sei vom Herzen her fähig, König über Gottes Volk zu sein.

Als Musikant am Hof Sauls bekommt David eine Vertrauensstellung. Er wird, weil er loyal ist, zugleich Waffenträger. Doch das Vertrauensverhältnis zerbricht bald. Der böse Geist, der über Saul gekommen ist, tut seine Wirkung. Zwar war Saul der erste, der David liebte, doch ist er auch der einzige, der David seine Liebe entzieht. Die Bibel sieht den Grund des Zerwürfnisses allein bei Saul.

Sein Hass übersetzt sich in eine handfeste Verfolgung Davids: Während David vor ihm spielt, wirft Saul seinen Speer nach ihm (1 Sam 18,10 f). Doch kann David ausweichen. Seine Musik kann das Dunkle in Saul nicht mehr einschmelzen. Dann muss er vom Hofe Sauls fliehen, mehrfach. Den endgültigen Bruch zwischen Saul und David zögerte Jonatan immer wieder hinaus. Eines Tages gab es keine Rückkehr mehr für David, dem das Eigene zu gelingen scheint, während Saul vom Scheitern verfolgt wird. Als Asylant, der mal aufgenommen, mal abgewiesen wird, und als Freischarführer sucht David eine neue Existenz (1 Sam 22,1–5). Doch immer ist er verfolgt von Saul und seinem Speer, der wie ein Bild des Machtmissbrauchs und Machtverlustes von Saul erscheint (1 Sam 20,33; 26,11 f. 16. 22; 2 Sam 1,6).

Eines Tages gibt es eine überraschende Konstellation (1 Sam 24,1–23). David, getrieben von der zahlenmäßigen Überlegenheit der Leute Sauls, sitzt in der Falle, in einer Höhle bei En-Gedi am Toten Meer. Saul hat ihn eingekreist. Doch urplötzlich bietet sich ihm die Chance, mit einem Gegenschlag Saul auf einfache Weise loszuwerden. Die Situation ist geradezu komisch und meisterlich erzählt: Ausgerechnet in der Höhle, in der David sich versteckt und in der Falle sitzt, verrichtet Saul seine Notdurft. In dieser Situation wäre es für David ein Leichtes, aus seinem Versteck heraus Saul zu töten, der allein gekommen und ihm so völlig ausgeliefert ist. Wie bringt David diese Möglichkeit mit seiner Erwählung zusammen? Wie wird er handeln, zumal seine Begleiter ihm zeigen, dass solch eine Chance nicht wiederkommt? Wird sich die läuternde Kraft seiner Musik auswirken und stärker sein als alle Rachegelüste?

David handelt anders, als alle erwarten können! Zunächst hält er seine Männer vom Mord zurück und schneidet heimlich einen Zipfel von Sauls Mantel ab (vgl. 1 Sam 24,5 mit 1 Sam 15,27). Was in der Logik von Schlag und Gegenschlag nur vernünftig schiene, unterbricht er mit Berufung auf seine Verbindung zum lebendigen Gott. Dann geht David Saul, als dieser sein Geschäft verrichtet hat, ins Freie nach. Er verneigt sich in Ehrerbietung vor Saul als dem Gesalbten Gottes, und in einer Rede zeigt er auf, dass er sich loyal verhalten und Saul verschont habe. Als Beweis dient der abgeschnittene Mantelzipfel. Saul (24,21) selbst erkennt David die Eignung zum König zu. Und doch gibt es für die Beziehung der beiden einen trostlosen Ausgang: Sie gehen auseinander, es gibt kein Zueinander!

Fünfmal ist in dieser Erzählung von der „Hand" Davids die Rede, die Saul hätte töten können (24,7.11.12.13.14) und einmal von seiner Hand, in der das Königtum Bestand haben wird (24,21). Wer erwählt ist, handelt anders. Er weiß, dass der lebendige Gott die Geschichte lenkt, und wartet auf dessen Initiative. So entsteht ein Spielraum, in dem alle vorschnelle Eigenregie sich einschwingen kann in die Maßstäbe Gottes.

Im Angesicht der Beziehung von Saul und David kann die Frage entstehen, woran ich mich orientiere und wie sich mein Wartenkönnen auf den rechten Augenblick gestaltet.

5   David und Batseba

Zu dem, was uns täglich beschert wird, gehören allenthalben in unterschiedlichen Ausmaßen Skandale, im wörtlichen Sinn „Anstoß Erregendes". Unsere Gesellschaft sieht es als ihre Pflicht an, das je und je aufzuklären. Sie bedient sich dazu verschiedener staatlicher Organe. Wenn immer die Ergebnisse solcher Untersuchungen in die Öffentlichkeit kommen, zeigt sich, dass Skandale meist klein anfangen, mit Unregelmäßigkeiten, die vertuscht werden sollen. Weil das nicht immer so leicht geht, braucht man oft energischere Maßnahmen. So entwickeln sich Skandale.

In einen solchen Skandal hat sich David als König von Israel und Erwählter Gottes hineinmanövriert (2 Sam 11–12). Er ist dabei, sein Königreich zu erweitern und seinen Einflussbereich abzurunden. Dabei kann er es sich leisten, in der Hauptstadt Jerusalem zu bleiben, während sein Kriegsheer ein kleines Land, das heutige Amman, erobert. Bisher ist er in der Bibel überwiegend so geschildert, dass seine Treue, seine Loyalität, seine Achtsamkeit im Vordergrund stehen. Immer wieder kann er die Ereignisse seines wahrlich abenteuerlichen Lebens mit seiner Erwählung durch den lebendigen Gott zusammenbringen.

Doch jetzt geschieht ein Einschnitt. Schon beim Hören kündigt er sich an: „Es geschah nun zur Abendzeit" (11,2). Wer den Übergang vom Tag zur Nacht, zumal im hoch gelegenen Jerusalem, beobachtet hat, weiß, was gemeint ist: Während es dämmert und dunkler wird, merkt man kaum etwas. Plötzlich ist es Nacht. Es geht schnell, die Nacht fällt geradezu über den Tag herein.

David macht also einen Abendspaziergang auf dem Flachdach seines Palastes, von dem aus er Übersicht über die tiefer liegenden Dächer hat. Er sieht im Innenhof eines benachbarten Hauses, wie dort eine Frau badet. Sein „Sehen" hat Folgen. David lässt auskundschaften, wer die Frau ist. Es heißt: „Er sandte Boten und ließ sie nehmen" (11,4). Dann schläft er mit der Frau und schickt sie nach dem Ehebruch in ihr Haus zurück. Die Frau, Batseba, ist schwanger geworden und lässt es dem König mitteilen.

Nur Tatsachen werden erzählt, keine inneren Vorgänge. Alle Initiativen gehen von David aus. Batseba wird in nichts beschuldigt. Der Ausgangspunkt ist das „Sehen" Davids und sein „Nehmen". Beides geschieht ohne Rückbindung an seine Erwählung. Er nimmt sich, was und wie er will. Es erwächst aus dem „Sehen". Das Nehmen ist zuerst eine Sache der Augen. Was erzählt wird, ist völlig profan. Gott wird gar nicht erwähnt, erst später.

Was soll David tun? Zunächst hat er eine Idee. Er verschafft dem Mann der Batseba, dem Hetiter Urija, der gerade beim Kriegszug ist, Sonderurlaub. Wenn er bei seiner Frau ist, könnte alles verdeckt werden. Doch Urija handelt anders, als David es möchte. Er geht nicht zu seiner Frau Batseba, weil er keinen Vorteil gegenüber seinen Mitkämpfern im Krieg haben möchte. Er hält sich an die Regeln. Da hat David die Situation nicht mehr im Griff. Er hat sich verrannt und sieht keinen anderen Weg mehr, als Urija aus dem Weg zu räumen. Ein kleiner Befehl, und Urija wird nach der Rückkehr an die Front an eine Stelle beordert, wo er fast zwangsläufig den Tod finden muss. Der Ehebruch zieht den Mord nach sich. David lässt dann Batseba zu sich in sein Haus holen (11,27a).

Ist dadurch Davids Verbrechen ungeschehen gemacht? Längst ist es stockfinster im Lebensraum, in dem David seine menschlichen und amtlich-beruflichen Möglichkeiten hat scheitern lassen. Was mit Unachtsamkeit sich einfädelt, nimmt eine fatale Entwicklung und wird zu einem Knoten im vielmaschigen Netz von Nachlässigkeit, Untreue, Gleichgültigkeit, Bosheit, Eigenmächtigkeit – und Leid.

Wie ausgeblendet ist der lebendige Gott. Doch da, wo Menschen durch Menschen ausgenutzt und um ihr Leben gebracht werden, greift er entschieden ein: „Den HERRN erboste, was David getan hatte. Darum schickte er Natan zu David" (11,27b; 12,1a). Durch eine tiefsinnige Gleichniserzählung führt der Prophet Natan den König David dahin, dass er seine Tat in Beziehung bringen kann mit dem, was im Volk Gottes und unter Gottes Augen Recht sein muss. Keinen Fluchtweg mehr gibt es für David, nur noch einen einzigen Satz: „Ich habe gegen den HERRN gesündigt" (12,13).

Das ist die Zusammenfassung dessen, was Natan aufgeschlüsselt hat: Sünde ist zuallererst ein Unterschlagen der eigenen Möglichkeiten. Mit ihrer Hilfe kann der lebendige Gott als Grund und Maß menschlichen Lebens wahrgenommen und dargestellt werden. Durch seinen Freund Jonatan war David immer wieder auf diese Möglichkeiten gestoßen worden. Doch jetzt fragt ihn Natan: „Warum hast du das Wort des HERRN verachtet" (12,9a), das Wort der Erwählung? Sünde ist sodann, wie Ehebruch und Mord zeigen, eine Beschädigung menschlicher Grundrechte. Wo sie missachtet werden, ist nach biblischer Überzeugung der lebendige Gott selbst verachtet. „Du hast mich verachtet" (12,10b), lässt Gott David durch Natan ausrichten. Schließlich ist Sünde das, was das Böse am Leben erhält. Sie ist Zusammenarbeit mit dem Feind des Lebens, Kollaboration mit aller Destruktion. Gerade weil David es „heimlich" getan hat (12,12a), mit dem Rücken zum lebendigen Gott, hat es sich eingenistet in die menschliche Geschichte und wirkt weiter.

Das Ausmaß der Sünde hat Natan schonungslos offen und direkt entfaltet; daraufhin gesteht David ein: „Ich habe gegen den HERRN gesündigt." Er stellt sich dieser schmerzlichen Wahrheit seines Lebens; nur so kann er auch dieses Zurückbleiben hinter seinen Möglichkeiten mit seiner Erwählung wieder zusammenbringen. Und dann spricht Natan David die Vergebung zu (12,13). Sie zielt auf dessen Lebenswende. Dass und wie er Vertrauen wieder gefunden hat, zeigt die Bibel mit dem großen Psalm 51, der auf den Ehebruch Davids Bezug nimmt: „Erschaffe du mir, Gott, ein reines Herz, und gib mir einen neuen, beständigen Geist (51,12)!"

Einen Natan zu haben ist schwer und zugleich ein Glück.

6 David und Abschalom

Vielleicht ist Ihnen aus Bibelbildern eines in Erinnerung: Da verheddert sich ein Königssohn mit ungewöhnlich langem und dichtem Haupthaar in den Ästen einer Eiche, sodass er im Baume baumelt, während sein Maultier ohne ihn weiterrennt (2 Sam 18,9). Es ist Davids Sohn Abschalom. In seiner geistlichen Chormusik hat sich Heinrich Schütz der ergreifenden Totenklage Davids um diesen Sohn gewidmet: „Fili mi, Absalon."

Was ist von Abschalom zu erzählen, zumal im Blick auf seinen Vater David (2 Sam 13,1–19,9a)? Zunächst – Abschalom wird auffällig an der Stelle näher eingeführt (13,1), an der gerade die Erzählung von Davids Ehebruch mit Batseba und dem Mord an deren Mann Urija beendet wird. Im Zusammenhang der Aufdeckung dieser Taten hat der Prophet Natan David vorausgesagt: „Darum soll jetzt das Schwert auf ewig nicht mehr von deinem Haus weichen" (12,10). Im Gewebe der ganzen Davidererzählungen wird Abschalom nicht ausdrücklich mit diesem Fluchwort in

Verbindung gebracht. Und doch weist seine Geschichte auf eine Entwicklung von Unordnung und Gegenordnung in Davids Leben hin. Dabei ist Abschalom Davids schönster Sohn. Von ihm heißt es: „In ganz Israel gab es keinen schöneren und lobenswerteren Mann als Abschalom. Vom Scheitel bis zur Sohle war kein Makel an ihm. Und wenn er sein Haar schneiden ließ – das geschah von Zeit zu Zeit, weil es so schwer wurde, dass er es schneiden lassen musste – und man wog sein Haar, dann wog es 200 Schekel nach königlichem Gewicht" (14,25 f).

Abschalom steht zunächst nur am Anfang einer Geschichte, die Tamar vorstellt, die schöne Schwester Abschaloms. In sie verliebt sich ein anderer Bruder, ein Halbbruder, Amnon, Davids Erstgeborener. Vor Leidenschaft nach ihr krank, bringt er es durch Verstellung und Tricks dahin, dass Tamar ihn pflegen muss, auf Anordnung Davids. Geradezu atemlos wird erzählt, wie Amnon in seinem Haus die ihn pflegende Tamar vergewaltigt – und dann aus dem Haus jagt. Abschalom kommt dann dahinter, was geschehen ist, und nimmt seine so geächtete Schwester bei sich auf (13,20).

Schweigen verordnet Abschalom seiner Schwester, und auch er selbst redet kein Wort mit dem Halbbruder (13,22). Was wächst aus solch undurchschaubarem Schweigen? Nach Jahren schließlich führt sein Hass gegen Amnon bei einer geplanten Gelegenheit zur Vergeltung. Abschalom lässt den Halbbruder, der als ältester Sohn Davids zugleich Thronfolger ist, bei einem Fest umbringen (13,29). – In all den Geschichten von Unrecht und Mord lebt zwar immer wieder ein eigenartiges Motiv der Verharmlosung auf, in dem den jeweils am meisten Betroffenen gesagt wird, sie sollen sich „die Sache nicht so zu Herzen gehen lassen" (11,25; 13,20. 33), doch Abschalom lässt sich die Sache sehr zu Herzen gehen, freilich mit dunklem Ergebnis, nicht nach den Grundregeln, die im Volk des lebendigen Gottes gelten sollen: Er schweigt, er plant, er redet allein durch sein Handeln. Nach dem Mord am Bruder geht er gezielt gegen den Vater vor. Als ob er auch bei David die Schuld sieht – in seinen eigenen Verbrechen, in der Inkonsequenz gegen den vergewaltigenden Bruder. Abschalom will nicht vergessen.

Das ändert sich auch nicht durch die Begnadigung, die

David nach der Flucht Abschaloms ausspricht. Vielleicht hat sich Abschaloms Blick für viele soziale Veränderungen und Unzufriedenheiten mit der Verwaltung im Volk geschärft. Jedenfalls vertritt er öffentlich die Volksinteressen bei Rechtsstreitigkeiten hinter dem Rücken des Vaters. Er verheißt, alte Rechte der Stammesgenossen zu beleben, die im zentralistisch orientierten Königtum verloren gegangen sind. Dabei geht er taktisch klug vor. Z. B. empfängt Abschalom Stammesgenossen mit dem Bruderkuss, der unter Gleichgestellten geläufig ist. Er fängt sie geradezu beim Gestus der Unterwerfung auf. Er stellt so in Aussicht, Anführer der freien Israeliten zu sein. Die Bibel kommentiert es so: „Er stahl den Männern von Israel das Herz" (15,6).

Damit bereitet er eine Verschwörung gegen seinen Vater David vor, die so bedrohlich wird, dass dieser Jerusalem verlassen muss. Bis hin zur öffentlichen Inbesitznahme von Davids Harem (16,20–23) geht Abschaloms Staatsstreich, um deutlich zu machen, dass er jetzt der König ist.

Doch Gelingen liegt nicht über dem zunächst resoluten Vorgehen. Es gibt Intrigen, die Abschalom in die Irre führen (17, 1–14). In der Entscheidungsschlacht zwischen Abschalom und David wird Abschalom getötet: eben in der ausweglosen Situation, als er sich mit seinem „Kopf" (18,9) im Geäst einer gewaltigen Eiche verfangen hat, hängend zwischen Himmel und Erde.

Und David? Vor der Entscheidungsschlacht hat er öffentlich gemahnt, seinen Sohn, den „unzurechnungsfähigen" (18,29. 32) Verschwörer Abschalom, in jedem Fall zu schonen (18,5). Bei der Nachricht von dessen Tod bricht David innerlich zusammen. In lautem Schreien gibt er seinem Schmerz Ausdruck: „Mein Sohn, Abschalom! Abschalom, mein Sohn, mein Sohn" (19,5)! Verstanden wird David von niemandem in diesem Schmerz. Verflucht hat David seinen Sohn nie, ihn nie aus dem Lebenskreis gestoßen. Ob David im Wort Natans über ihn selbst zutiefst seine eigene Gebrochenheit und Zerrissenheit erfahren hat, die ihn jetzt hindert, mit der unumstößlichen Sicherheit aufzutreten, die zu wissen vorgibt, was nach dem Gesetz Gottes zu leben heißt? Vielleicht bleibt ihm nur die Gewissheit, in dieser tragischen Beziehung zu seinem Sohn Abschalom vor dem zu stehen, der allein sein Leben unterfangen kann: der lebendige Gott!

7   David und Salomo

Wer hat nicht Pläne für sein Leben? Und wer versucht nicht, diese Pläne in die Tat umzusetzen? Pläne für Beruf, für Ehe und Familie, für die Ausbildung von Kindern, für Versicherungsabschlüsse? Oder auch für einen Hausbau? Wer im Rückblick entdeckt, was familiär und finanziell bisher gut gegangen ist, der wird auch vorausschauen und mit Unternehmungslust und Zuversicht an ein solches Projekt herangehen: Hausbau!

König David hat es zu etwas gebracht. Ein ansehnliches Königreich ist sein Herrschaftsbereich. Und er hat eine gesicherte Residenz. Er kann sich sehen lassen. Doch er plant weiter. David sieht, dass er in einem festgefügten, vornehmen Zedernhaus wohnt, während das Heiligtum Israels mit der Bundeslade in einem Nomadenzelt untergebracht ist, einem Symbol für die Nichtsesshaftigkeit des Volkes Gottes und für Gottes Gegenwart und Treue auf allen Wegen. Dieser Kontrast bringt ihn zu dem Plan, einen Tempel für den lebendigen Gott zu bauen. Alle Herrscher im Orient tun das. Wenn schon dieser Gott selbst von der Stadt Jerusalem Besitz ergriffen hat, warum sollte David ihn nicht dauerhaft in der Stadt haben? Der lebendige Gott soll zur Ruhe kommen wie der König und sein Reich. Das ist das Anliegen Davids. Zugleich aber hätte dies eigene Vorteile: Wer den Tempel des lebendigen Gottes bei sich hat und in dessen Nähe regiert, ist der fraglose Mittelpunkt von allem. David ist fromm und weitsichtig. So macht er ein ernsthaftes, hochherziges Angebot (2 Sam 7,2). Mit dem Propheten Natan bespricht er sich und bekommt dessen Zustimmung.

Allerdings nur für kurze Zeit. Denn Natan wird von einem Gotteswort überrascht, das er David mitteilen muss. Es lautet anders als die erste Auskunft. Zunächst wird Davids Angebot befragt, ja durchkreuzt: „Du willst mir ein Haus bauen, damit ich darin wohne" (7,5)? Der Gott, der auf allen Wegen des Volkes und auch des Königs mitging, weist den Plan zurück (7,5–7). Er lässt sich nicht einmauern und dingfest machen. Zu groß wäre sonst die Gefahr, dass Menschen meinen, über Gott verfügen zu können, und seinen Willen manipulieren.

Gott bricht die feste Erwartung Davids auf und ergreift erneut die Initiative, und zwar mit einer Zusage. Sie bedient sich eines Wortspiels. Auf Davids Angebot, dem Herrn ein Haus zu bauen, folgt das Versprechen: „Nun verkündet dir der Herr, dass der Herr dir ein Haus bauen wird" (7,11b). Nur, dieses Haus wird nicht aus Stein sein, sondern aus Menschen. Es geht um das unvergängliche Königtum aus der Nachkommenschaft Davids. Der lebendige Gott verbindet seine Zukunft geradezu mit der Geschichte des Hauses David. Er will beständig bei ihnen sein und unter ihnen wohnen.

Das Versprechen wird konkreter: ein leiblicher Sohn Davids wird sein Nachfolger werden. Dieser allein wird der legitime Thronerbe sein. Er wird zu dauerhafter Herrschaft kommen und auch den Tempel zu bauen haben (7,12–17). Salomo ist dieser Thronerbe. Er ist Kind aus der Ehe mit Batseba. Von ihm heißt es in der Skandalgeschichte um diese Ehe Davids: „Der HERR liebte Salomo" (12,24b).

Gott nimmt David beim Wort. Doch er durchkreuzt seine Pläne und verblüfft ihn unendlich. So bleibt David nur ein langes Dank- und Bittgebet (7,18–29). Wer so mit Gott zu tun bekommt wie David, wird dahin geführt, dass Gott seine ernsthaften Angebote annimmt. Doch führt er sie durch eine Wandlung, sodass wir am Ende neu entdecken, wie sehr wir ihm verdankt sind. Gerade David, der Erwählte, stößt mit all seinen Erfolgen darauf. Eine neue Gestalt schält sich aus seinem ersten Plan heraus aufgrund von Gottes Initiative.

Hat sich das Versprechen Gottes an David bewahrheitet? Ist die Erwählung Davids und seiner Dynastie durch alle Jahrhunderte erkennbar? Von den Menschen aus nicht. Man kann geradezu schockiert werden, wenn man in die Geschichte schaut. Die Bibel hält die Abwege der Nachkommen Davids mit großer Genauigkeit fest. Streit, Spaltungen, eigenmächtige Pläne sind an der Tagesordnung. Dass Gott das Haus baut und was Gott und David verbunden hat, wird bald vergessen: Davids Nachfolger gehen eigene Wege und beanspruchen zugleich, Söhne Davids zu sein, denen der lebendige Gott seinen Beistand und Bestand verheißen hat. Die Erwählung missverstehen sie. Falsche Sicherheit ist hier an Stelle von Gewissheit getreten, die von einer vertrauensvollen Beziehung und engagierten Praxis im Sinne Gottes lebt.

So gerät Israel über lange Zeit in eine kümmerliche Existenz. Das babylonische Exil gibt davon Zeugnis.

Gottes Versprechen von damals gilt jedoch noch immer: Ein Nachkomme Davids wird an die Herrschaft kommen, und mit ihm wird dauernder Friede verbunden sein! Das Neue Testament legt großen Wert darauf, dass Jesus von Nazaret aus Davids Haus stammt, ein Nachkomme Davids ist. In ihm baut der lebendige Gott sich ein Haus – ein Gotteshaus in Gestalt eines Menschen. Ja, er baut ein Haus aus lebendigen Steinen, aus Menschen, die ihm ein ernsthaftes Angebot machen und in Offenheit suchen, wie und dass sich seine Lebensordnung für alle verwirklicht. Er baut ein Haus aus Menschen, die sich verblüffen lassen von seinen oft so anderen Kriterien und lebensschaffenden Zusagen. Mal mehr, mal weniger war David solch ein Mensch.

Die Geschichten, die von ihm erzählt werden, sind wie ein Netz unter dem Hochseil, auf dem jede und jeder mit den ganz eigenen Möglichkeiten der Balance und den ganz eigenen Gefährdungen des Absturzes gehen muss auf seinem/ihrem Lebensweg. Doch ein Netz unter sich zu wissen kann wie eine Schritthilfe sein, wie eine Findehilfe im Auspendeln der Gewichte. Vor allem gibt es die Gewähr, dass der Weg nicht in den endgültigen Abgrund führen muss. Wo sich die Gewichte im eigenen Leben zwischen Himmel und Erde gefährlich verlagern, kann der Versuch, die eigene Geschichte mit der Davids zusammenzusehen, zu neuer Orientierung und Aufgerichtetheit helfen und der eigenen Erwählung vergewissern.

Elija –
Was ist ein Prophet?

1 Elija – Mein Gott ist JHWH, der lebendige Gott

Aus Illustrierten kennen Sie vielleicht Suchbilder. Sie enthalten eine deutliche Figur, die man jedoch meist nicht sofort erkennt. Solche Suchbilder heißen auch Vexierbilder. Unterschiedliche Seiten kommen darin zum Vorschein. Was zunächst formlos wirkt, will Gestalt annehmen. Oft dauert es lange, bis sich der Blick auf einen Zug einstellt und sich nach und nach eine Figur herauslöst, die sich zu erkennen gibt. So geht es mir mit Elija, dem großen Propheten des Alten Testaments. Möglicherweise kennen Sie die eine oder andere Erzählung von ihm. Wenn ich sie (1 Könige 17,1–19,18; 21; 2 Könige 1) lese, dann ist mir Elija wie ein Vexierbild.

Elija – ich sehe einen Mann, der mal als machtvoller Wundertäter auftritt und etwa einer armen Witwe ihren Reichtum entdecken hilft – „der Mehltopf wurde nicht leer und der Ölkrug versiegte nicht, wie JHWH durch Elija versprochen hatte" (17,16), so heißt es. Ich sehe mal einen Mann, der kompromisslos seinen Gott, den lebendigen Gott JHWH verehrt und sich dadurch gegen sein eigenes Volk stellt, das zu anderen Göttern übergewechselt ist (18,21–39). In dem Vexierbild sehe ich auch den Propheten seines Gottes, der sich gegen den König stellt und dessen Grundeinstellung zum Gott Israels mit einem Gerichtswort einfordert (1,2. 5–8). Ich sehe ebenso den Gottesmann, der erweist, dass Gottes Wort sich durchsetzt und als wahr bestätigt (2 Kön 1,9–17). Ich sehe mal einen Mann, der die Lebensordnung Israels neu verkündigt. Das tut er, indem er Vorgänge in seinem Volk – wie den heimtückischen Justizmord an Nabot – nicht nur veröffentlicht, sondern auch durchleuchtet und die Folgen drastisch vor Augen stellt (1 Kön 21). Ich frage mich: Wie kann jemand mit so vielen Belastungen leben? Und ich sehe auch einen Mann, der sich in seinem Prophetenamt als gescheitert betrachtet und alles satt hat: Gott und sich selbst – und der sich in der Wüste unter einen Ginsterstrauch legt und sterben möchte (19, 4–6). Schließlich sehe ich auch einen Mann, der Mose ähnelt (19,9–14; 2 Kön 1,9), der zum Gottesberg Horeb wallfahrtet, um sich selbst neu senden zu lassen und um jene, die noch dem lebendigen Gott JHWH trauen, als Gemeinde der Getreuen neu zu gründen und zu ordnen.

Viele Züge – ein viel deutbares Bild, ein Suchbild. Sie fragen vielleicht: Wer ist Elija, der große Prophet, denn wirklich? Die entscheidende Auskunft gibt sein Name selbst: Elija, das heißt: „Mein Gott ist der lebendige Gott JHWH." Das ist nicht nur sein Name, das ist sein Lebensprogramm. In allen Erzählungen lässt sich erleben, dass bei Elija die Vorstellungen und die Geschehnisse sich auf seinen Gott ausrichten – wie Eisenspäne auf einen Magnetkern, nicht auf Anhieb, sondern nach und nach. „Mein Gott ist der lebendige Gott" – dieser Name will aufdecken, wie das Leben durch falsche Götter und durch Gleichgültigkeit überformt wird. Der Name will hinführen zur Mitte, zu dem, den er bezeichnet: zum lebendigen Gott.

Gerade diese vielschichtige Gestalt des Elija ist in zahllosen Generationen wichtig geworden. Mit ihr hat man jeweils die eigene Gegenwart zu erkennen versucht. Dabei ist mal dieser, mal jener Zug stärker aufgenommen worden, je nach dem eigenen Standort. Im Neuen Testament lebt Elija weiter. Er wird als Wegbereiter des Messias gesehen und in Johannes dem Täufer wieder erkannt. Gerade er macht deutlich: Wichtiger noch als die Frage „Wer ist Elija?" ist die andere: „Was tut Gott durch Elija?" – und durch Menschen wie Elija und Johannes den Täufer unter uns heute?

2   Elija – der Prophet

Wenn es eine Gestalt des Alten Testaments gibt, die im Judentum und im Christentum weiterlebt und an die immer wieder erinnert wird, dann ist es Elija. Er ist in der Bibel der Prophet schlechthin und steht neben Mose als dem Vertreter des Gesetzes. Die letzten Verse des Alten Testaments beim Propheten Maleachi (3,22–24) blicken auf diese beiden. Da heißt es: „Denkt an das Gesetz meines Knechtes Mose; am Horeb habe ich ihm Satzung und Recht übergeben, die für ganz Israel gelten ... Bevor aber der Tag des Herrn kommt ... seht, da sende ich zu euch den Propheten Elija ... Er wird das Herz der Väter wieder den Söhnen zuwenden und das Herz der Söhne ihren Vätern, damit ich nicht kommen und das Land dem Untergang weihen muss" – ein Wort wie ein Vermächtnis. Es heißt nicht: „Das ist bei uns so, hier in Israel." Es heißt: „Dahin wird es kommen. Noch sieht es anders aus." Doch damit es dahin kommt, braucht es die Propheten. Elija arbeitet darauf hin, dass das angesagte Heil anbrechen kann.

Was ist ein Prophet? Was tut er? Was ist das Besondere an ihm? Ist er vielleicht ein Mann, der die Zukunft voraussagt? Eine Art Wahrsager? Da ist sicher etwas Wahres dran. Ein Prophet ist in der Bibel ein Mensch, der offen heraus vor aller Augen spricht. Er begründet aus der Gegenwart, was sich in ihr an Zukunft anbahnt. Besonders in Krisenzeiten treten diese Propheten auf. Sie stellen eine Diagnose der Zeit und entwickeln daraus ihre Prognosen, ihre Vorausschau. Damit wollen sie zu einem neuen Handeln anstiften. Propheten kämpfen für die ureigenen Belange des Menschen und der Schöpfung, die im Tiefsten Heil suchen und sich darin dem Schnittpunkt menschlicher und göttlicher Heilsabsicht nahe fühlen. Sie kämpfen im Namen des lebendigen Gottes. Auf ihn hin befragen und durchleuchten sie alle Lebensbereiche. Nur so sehen sie für Mensch und Schöpfung die entscheidende Lebenschance.

Womit nun setzt sich Elija auseinander? Er kämpft für seinen Namen: „Mein Gott ist JHWH." Und er kämpft dabei mit dem Volk Israel, das in der Mehrzahl sagt: „Nichts gegen unseren Gott – aber er allein?" Es möchte JHWH nicht verlassen, aber andere Götter sind auch nicht zu verachten. So bekommt jeder der Götter seinen Bereich zugewiesen. Der Gott Israels soll schon gelten, aber in Lebensbereichen wie Krankheit, Politik und Festgestaltung blendet man ihn aus. Lebenspraktisch zählt, was sich im Moment stark und verlockend zeigt, dies und jenes, heute dies, morgen jenes.

Elija will sein Volk aus einer tief eingewurzelten Unaufmerksamkeit gegenüber Gott herausholen. Nicht „sowohl als auch", sondern „entweder oder", klare Unterscheidung und daraus folgende Entscheidung und Entschiedenheit – das ist es, wozu Elija hinführen möchte. Das Bekenntnis soll mit dem Leben übereinstimmen. Darin bahnt sich zukünftiges Heil an.

Vielleicht versuchen Sie, das umzusetzen, was Elija, der Prophet, wollte. Darin könnten Sie Ihr eigener Prophet sein. Schauen Sie am Abend auf das, was war: auf die freudigen Begebenheiten und auch auf den Ärger. Alles gehört zum Tag und hat seinen Platz darin. Doch kann manches ein Übergewicht bekommen und den Blick verstellen. Dann könnte eine kleine Übung helfen. Ich schaue den Ärger, der zum Götzen werden kann, an und sage: „Du bist da, aber du bist nicht mein Gott. Du sollst nicht mein Herr sein." Und ebenso mit der Freude. So könnte sich die Einstellung zum eigenen Leben, zu den Menschen und auch zu Gott immer wieder neu klären. Und es könnte die Erinnerung lebendig werden an den Propheten Elija: „Mein Gott ist der lebendige Gott JHWH – der Gott, der da ist."

3   Elija – Herausforderung zur Entscheidung

Die Propheten des Alten Testaments und ihnen voran Elija sind der Überzeugung: Die Welt gehört Gott. Er trägt die Welt und die Geschichte. Dass Gott wahrgenommen wird, dafür kämpfen die Propheten. Wo sie um ihres Gottes willen auftreten, finden sie sich jedoch bald in der Opposition: Wo Gott aus den gesellschaftlichen und privaten Verhältnissen ausgeklammert wird – zugunsten von bloßem Nützlichkeitsdenken, bequemer Anpassung an die herrschenden Verhältnisse, an Eigennutz – da widersetzen sie sich öffentlich. Denn wo immer man den wahren Gott ausblendet, da wird der Menschenwürde und dem Leben der Todesstoß versetzt – zu allen Zeiten.

Das erste Kapitel im zweiten Buch der Könige (1,2. 5–8) erzählt von einer Konfrontation zwischen König Ahasja und dem Propheten Elija. Holzschnittartig werden die beiden einander entgegengestellt. Der König stürzt durch das Gitter seines Obergemachs und verletzt sich schwer. Er sendet Boten an den Gott von Ekron, an Baal-Sebub. Sie sollen ein Orakel einholen, ob der König wieder gesund wird. Die Boten kehren von diesem Weg ungewöhnlich schnell zurück. Den Grund dafür sagen sie dem König in einem Gespräch. Ihnen sei ein Mann entgegengekommen, der ihnen aufgetragen habe, ihm, dem König, zu sagen: „So spricht der lebendige Gott JHWH: Gibt es denn keinen Gott in Israel, sodass du Boten aussenden musst, die den Baal-Sebub, den Gott von Ekron, befragen sollen? Darum: Du wirst von dem Lager, auf das du dich gelegt hast, nicht mehr aufstehen; denn du musst sterben" (1,6). Der König fragt nach den Kennzeichen des Mannes, der so gesprochen hat. Die Boten beschreiben ihn als Mann mit einem Mantel aus Ziegenhaaren und einem ledernen Gurt um die Hüften. Daran erkennt der König den Propheten Elija.

Diese Erzählung will den Unfall und das Handeln des Königs deuten. Der Name „Ahasja" heißt: „Der lebendige Gott JHWH hat bei der Hand ergriffen!" Das steht im Widerspruch zu dem Unfall, aber auch zum weiteren Handeln des Ahasja. Er sucht nicht die Hand dieses einzigen Gottes, er wendet sich vielmehr an Baal-Sebub. Dieser Name ist eine Verballhornung und heißt soviel wie „Herr der Fliegen". Bei ihm will der König nur eine Weissagung einholen, er erwartet nicht einmal ein Heilmittel. Vielfach zeigt er, dass er den Gott Israels nicht für zuständig hält – für sich selbst nicht und auch nicht für Israel.

Elija tritt souverän und entschieden auf. Er übermittelt gezielt ein Wort vom „Gott in Israel". So zeigt er, dass da, wo Bekenntnis und Leben auseinander klaffen, eine Wunde entsteht, durch die man sich den Tod holen kann. Umgekehrt heißt dies, dass der Gott Israels unbedingt zuständig ist für alle Lebensbereiche. Und man kann unbedingt darauf bauen, wenn man sich an ihn wendet, dass er dann auch wirksam „bei der Hand ergreift", wie der Name Ahasja sagt.

Diese Erzählung will in die Einsicht verwickeln, dass der Glaube gefährdet ist, wo Teilbereiche des Lebens Gott vorenthalten bleiben, wo ihm nicht das Ganze anvertraut wird. Die damit verbundene Herausforderung zur Entscheidung gilt zu allen Zeiten. Sie fragt nach dem Vertrauen, das Leben ganz auf den wahren Gott einzustellen, in der Stärke und in der Schwäche. – Es ist hilfreich, sich zu erinnern, dass Elija und immer neue Generationen hinter ihm her sich auf diesen Weg eingelassen haben, nach und nach.

4   Elija – am Ende der Kräfte

Vielleicht fragen Sie sich: Hat Elija in seiner prophetischen Sendung Erfolg gehabt? Wie ergeht es ihm, der den Glauben in Israel immer wieder zu reinigen versucht und dabei zum Außenseiter wird?

Vor mir sehe ich ein Bild des Künstlers Ernst Alt, das den biblischen Bericht (1 Kön 19,4–6) aufnimmt: Da liegt einer flach hingestreckt, wie ein gefällter Baum, erschöpft, als sei er schon Teil der Erde, aus der er genommen ist. Ausgelaugt wirkt er, am Rand der menschlichen Möglichkeit. Etwas oberhalb von ihm ein Ginsterstrauch, fast schon so, als wüchse er bald über den Mann am Boden. – So krass erzählt die Bibel. Vor dieser Szene (19,4–6) ist Elija gegen die Königin Isebel aufgestanden. Sie betet Baal an, den Gott politischer und militärischer Macht, den Gott sexueller Potenz. Elija hingegen kann beeindruckend zeigen: Nur *ein* Gott ist verlässlich, JHWH, der sein Volk aus Ägypten geführt und durch die Wüste geleitet hat. So steht Gott gegen die Götter, der lebendige Gott JHWH gegen die Götter Isebels. Deswegen wird Elija von Isebel verfolgt.

Und jetzt ist er am Ende. Er flieht ins Ausland, nach Juda, und dort noch in den äußersten Süden. Er lässt alles hinter sich, zuletzt seinen Diener, und geht allein in die Wüste. Da kündigt er seinen Dienst auf und möchte sterben. Sein letztes Wort: „Nun ist es genug, Herr. Nimm mein Leben; denn ich bin nicht besser als meine Väter" (19,4b). Kein Echo auf dieses Du-Wort, dann der Abbruch jeder Beziehung. So ist die Wüste: lebensfeindlich, alles verschluckend, schweigend, der Ort des Todes.

Doch die Wüste hat auch ein anderes Gesicht. Israel kann davon erzählen, dass der Weg in die Wüste auch Rückkehr zum Ursprung des Lebens und Glaubens werden kann. Ein zweites Bild schiebt sich in das erste: ein Brot und ein Krug neben dem

Erschöpften. Wird Elija Hunger und Durst nach Neuem haben? Oder bleibt er beim Überdruss? Bei der reglosen Resignation? Elija lässt sich von einem Engel anrühren. Wie zerschlagen muss er sein, dass er sich anrühren lässt, dass er isst und trinkt – und sich wieder hinlegt, wie ein Säugling: schlafen und essen – noch keine Verbindung, nur wieder zurückfallen in das Am-Boden-Liegen.

„Steh auf und iss!" Elija tut es. Er braucht dieses Wort noch öfter und wird es noch mehrmals hören. Denn Leben und Glauben hängen nicht nur vom guten Willen ab. Gotteserfahrung ist nicht allein Sache unserer Entscheidung. Sie wird häufig erst offenbar am Ende eines langen Weges, wo der Mensch ans Ende gekommen ist. Doch dann, wie bei Elija, ist Gott da, mitten in der Verzweiflung. Gott ist da, nahrhaft und stärkend, mit Brot und Wasser. Gott ist da, eine Stimme, die zum Aufstehen und Essen lockt, zu neuem Lebensmut, zu neuer Hoffnung. Unnachgiebig gut ist für Elija hier dieser Gott. Er ist da in der Stärke und in der Schwäche. Er ist der Mächtige, doch lenkt er behutsam. Mit der Fingerspitze eines Engels rührt er Elija an, kaum spürbar, leise, und doch klar und bestimmt. Die Stimme spricht nicht oft. Doch wenn, dann liegt der Weg offen. Gott wird Elija den „gegebenen Weg" zeigen. Elija braucht ihn nicht selber zu bahnen, wohl aber muss er ihn einschlagen wollen.

Im Auf und Ab des Lebens darf diese Zuversicht gelten, die beim Propheten Jesaja (30,21) so gefasst wird: „Deine Ohren werden das Wort hinter dir her hören: Hier ist der Weg. Den geh!" Die Fingerspitze eines Engels und solche Stimme, welch eine Ermutigung wäre das!

5 Elija – Mein Gott ist nah und fassungslos

Wie geht das, aus einer Erschöpfung wieder aufzustehen, aus Müdigkeit und Enttäuschung wieder aufzuwachen? Das ist die Frage für Elija, nachdem seine hohen Erwartungen zerbrochen sind. Er wollte den König Israels und das Volk dahinführen, dass die Allmacht des Gottes Israels für sie eindeutig und greifbar wird. Darin ist er gescheitert. Je größer die Selbsterwartungen, umso größer die Resignation im Scheitern – Elija in der Wüste.

Da hört er eine Stimme: „Steh auf und iss!" Die Bibel sagt: Es ist der Bote Gottes, der ihn mit der Fingerspitze anrührt und ihm Brot und einen Krug Wasser hingestellt hat – kräftigende und unaufdringliche Hilfe, kein Wort des Vorwurfs oder der theologischen Belehrung. Niemand ist da, der ihn zwingt, Brot und Krug zu nehmen. Elija steht auf. Er nimmt den Krug und das Brot. Legt sich wieder hin. Der andere kommt wieder. Wieder bringt er einen Krug Wasser und Brot. Wieder tippt er Elija an: „Steh auf und iss!" Und dann die Überraschung: Elija geht – anders, als er kam. Er wird nicht zurückgeschickt in den prophetischen Kampf, sondern er wandert noch weiter in die Wüste hinein. 40 Tage und 40 Nächte – das Maß seiner Vereinsamung und seiner Gottsuche ist voll. Eine Wallfahrt – als Bild für die Lernprozesse im Glauben.

Wann haben wir unsere Wege, auch unsere Um- und Abwege, so abgeschritten, dass alle Wege Gottes mit uns als Geheimnis uns aufgehen können? Elija erreicht mitten in der Wüste den Gottesberg. Da offenbart sich der LEBENDIGE GOTT: Er zieht vorüber. Man kann ihn nicht dingfest machen, man kann ihn nicht zähmen und nicht herbeizwingen. Kein Bild kann ihn fassen, denn er ist und er macht fassungslos. So kommt er zu Elija. Die Bibel beschreibt es so (1 Kön 19,11–13):

„Da – der lebendige Gott ging vorüber.
Ein starker Sturm vor ihm – er war nicht im Sturm.
Nach dem Sturm: Erdbeben – er war nicht im Erdbeben.
Nach dem Erdbeben: Feuer – er war nicht im Feuer.
Nach dem Feuer: eine Stimme zarter Stille.
Und es geschah:
Kaum hatte Elija sie gehört,
verhüllte er sein Gesicht mit einem Mantel."

Der LEBENDIGE greift nicht mit Sturm, nicht mit Erdbeben und Feuer ein. Er zwingt nicht. Er ist da – als eine Stimme zarter Stille. Gerade diese paradoxe Formulierung weist auf das unaussprechliche Geheimnis hin. Dem Elija, der am Ende seiner Kraft ist und sich in der Wüste seiner Verzweiflung von seinem Auftrag und seinem Auftraggeber lossagt, diesem Elija zeigt sich Gott als der, der in des Menschen Situation mitten drin ist. Gott zeigt sich so, wie es die Verfassung des Elija in dieser Situation einzig zu ertragen vermag: als Stimme einer zarten, ganz besonders feinen Stille – als fast nichts, leicht zu übersehen und leicht zu überhören.

Elija ist feinfühlig geworden – bis zum Äußersten. Ein schmerzlicher Lernprozess, den Gott Elija und sich selbst zumutet. Nicht die großartigen Gottesbilder, die wir uns ausmalen, sind entscheidend und führen auf dem Weg weiter. Vielmehr die Entdeckung dieses unscheinbaren und doch nahen Gottes – im geheimen Zwiegespräch.

6 Elija – Der neue Auftrag

Begegnung mit Gott lässt immer Unerwartetes auf uns zukommen. Elija, der Prophet, erfährt dies am eigenen Leib und Leben. Nach seiner Wüstenwanderung kommt er zum Gottesberg Horeb. Da wird er sogleich angesprochen: „Elija, was hast du hier zu suchen" (1 Kön 19,9b)? Kein Willkommen, vielmehr eine vorwurfsvolle Frage. Elija listet in seiner Antwort alle Elemente einer drohenden Katastrophe auf: Israel hat seinen Gott verlassen; es hat die Gottespropheten umgebracht; auch er selbst ist tödlich gefährdet. Sein Eifer für den lebendigen Gott ist erfolglos geblieben. Elija will seinen Gott JHWH alarmieren: Wenn du nicht eingreifst, ist Israel für den wahren Glauben verloren (1 Kön 19,10). Gott geht auf den Alarmruf ein, freilich anders als Elija es sich vorstellt. Kein mächtiges Auftreten in Sturm, Erdbeben oder Feuer. Vielmehr die „Stimme einer zarten Stille". Wo Elija bisher nicht gesucht hat, wird er seines Gottes gewahr: im Leisen, im kaum Wahrnehmbaren, im scheinbar Unscheinbaren. Gott ist anders. Dieser Andersartigkeit muss Elija sich aussetzen, will er etwas vernehmen. Diese Andersartigkeit wird den Elija verändern. Doch noch begreift er nicht. Denn als Gott erneut die Frage stellt: „Elija, was hast du hier zu suchen?" (19,13), wiederholt der Prophet seinen Alarmruf, in dem seine Not und die des Volkes verborgen liegt.

Kommt Elija nicht los von seinen alten Bildern? Gott geht erneut auf ihn ein und hilft seinerseits seinem Boten beim Abschied von den Bildern eines Gottes mit Pauken und Trompeten. Denn er gibt ihm in aller Deutlichkeit einen neuen Auftrag. Elija soll aus der Wüste umkehren – in seinen alten Arbeitsbereich zurück. Er soll sein Amt wieder aufnehmen und entscheidende Umwälzungen in Gang setzen, indem er im Auftrag Gottes zwei Könige salbt, die auf anderen Wegen als Elija Gottes Willen durchsetzen. Er soll Elischa als seinen Nachfolger zum Propheten salben. Darin liegt vor allem die Zusage: Gott wird weiterhin und mit einer Vielzahl von Möglichkeiten um sein Volk und die Menschen werben. Er verheißt eine neue Gemeinde, die sich allein im Bekenntnis zum lebendigen Gott JHWH zusammenfindet. Das ist ein Trost für Elija, zugleich aber auch eine deutliche Korrektur seines Alarmrufes.

Wozu der Prophet Elija da ist, das erfährt er in der Begegnung mit dem Gott Israels: Er wird nicht nur bestätigt, sondern vor allem herausgeführt aus festgefahrenen Erwartungen und einengender Not. Vielleicht ist der erste Ansatzpunkt manchmal auch die Frage: „Was hast du hier zu suchen?" – Welchen Menschen, dem ich vertrauen kann, habe ich, der mich so fragt und fragen darf: Warum bist du hier? Was willst du hier? Was hast du hier verloren?

Elija lernt, dass Gott das Wort hat und dass das Hören dieses Wortes nicht folgenlos bleibt. Zuallererst bringt es in einen Dialog, aus dem nach und nach ein Auftrag erwächst, den Elija ermutigt aufnimmt, der Umwälzungen anbahnt. Elija ist wie ein Sekundenanzeiger, an dem sich auch kleine Veränderungen im Leben mit Gott und den Menschen ablesen lassen. Wer dafür aufmerksam wird, wird zu einer Fülle von Entdeckungen gelangen, die unter der Oberfläche des Lebens liegen.

Elija hat eine Fernwirkung ohnegleichen. Da, wo Umbrüche sich andeuten und Menschen vom Dunkel erfasst werden, haben viele auf *ihn* geschaut und mit ihm ge-horcht. Deswegen hat man von ihm gesagt: „Er gleicht einem Vogel, der vor dem Morgen singt" (J. Wellhausen). Noch im Dunkel sieht er das Licht dessen, der sein Gott ist: der lebendige Gott Israels und Jesu Christi.

Tobit –
Wie der lebendige Gott
seine Güte erweist

1 „Ich bin Rafael" (Tobit 12,15)

„Du bist ein Engel!" Wer hat das nicht schon zu einem Menschen gesagt oder gar selbst zu hören bekommen? Freudig und staunend klingt dieser Satz im Munde dessen, der ihn spricht. Im Hintergrund solch eines Wortes stehen wohl Überraschungen: In kritischen Situationen löst sich etwas – wie von langer Hand vorbereitet; unter großem Druck scheint es manchmal, als ob einem regelrecht zugearbeitet wird, unverhofft fügt sich eins zum anderen; gelegentlich hilft der so genannte „Zufall" – und es kommt nicht zum befürchteten Engpass. Mitunter ist es die Begegnung mit einem Menschen, die jemandem eine Brücke baut, sich einem anderen anvertrauen zu können, ein Hinweis, dem jemand nachgeht, eine Überzeugung, die jemanden nachhaltig beeindruckt.

Ähnliches begegnet Tobias. Diesen Namen haben seit etlichen Jahren Eltern oft für ihr Kind gewählt. Seine Herkunft ist vielen nur ungefähr bekannt. Er stammt aus dem Alten Testament, aus einem Roman, den man in einer halben Stunde lesen kann. Er heißt: „Tobit". Das ist von der Wortwurzel her derselbe Name wie Tobias. Nur ist in der Erzählung der eine der Name des Vaters und Tobias der Name des Sohnes. Manchen wird aus diesem Buch eher der Erzengel Rafael bekannt sein, der mit dem jungen Tobias einen weiten Weg zurücklegt. Aus diesem biblischen Buch lassen sich erzählerisch einige Eindrücke kurz weitergeben.

„Du bist ein Engel!" – Diese Überraschung erlebt Tobias. Im Auftrag seines alten und gerade unglücklich erblindeten Vaters Tobit tritt er eine große Reise an, um Geld aus einer fernen Stadt zu holen. Während der Reise gerät er in vielfache Gefahr. Leicht hätte er umkommen können, als er ahnungslos an einen

Fluss geht und ein Fisch ihn angreift oder als er sein Leben aufs Spiel setzt wegen einer Frau. Doch jedes Mal bekommt Tobias lebensentscheidende Hinweise durch seinen Reisebegleiter. Dieser hat sich mit dem Namen Asarja vorgestellt. Doch nach der glücklich verlaufenen Reise gibt er sich als Engel zu erkennen: „Ich bin Rafael" (12,15)!

Zwei Namen trägt der Engel also. Wie ist das zu verstehen? Beide Namen sind eng verwandt. Asarja heißt übersetzt: „Der lebendige Gott (JHWH), der Gott Israels, erweist sich als Helfer." Rafael heißt: „Gott erweist sich als Arzt." Mit diesen Namen stellt sich der Engel selbst vor. Der erste Name, Asarja, ist der Name für den Weg mit Tobias. Da ist der Engel als Mensch gezeichnet und als leibhaftige Person ansprechbar. Da lässt er sich in Dienst nehmen als kundiger Reisebegleiter, der in Gefahren bisher nicht geahnte Lebensmöglichkeiten eröffnet – ein Mensch, der Übersicht und Tatkraft besitzt. Der Name Rafael wird feinsinnig da eingesetzt, wo er sich als Engel vorstellt oder wo der Leser etwas erfährt, was Tobias noch nicht weiß. In allem, was Tobias erlebt, gibt es etwas, was er nicht in der Hand hat. In dem, was ihm gelingt, ist immer schon der Hinweis verborgen, dass Gott seine Hand mit im Spiel hat. Das wird ihm am Ende gezeigt.

Ich bin überzeugt: In Situationen, wo meine Kraft nicht reicht, wo ich ans Ende meiner Möglichkeiten gekommen bin und doch nicht aufgebe, wo ich vielleicht nur noch einem anderen Menschen vertraue, einfach weil er da ist, da kann ich auch spürsam werden für die Boten, die Gott schickt. Sie öffnen die Augen, geben Winke, schicken auf einen Weg, wecken neue Kräfte. Von ihnen springt ein Funke über. Das kann da geschehen sein, wo ich spontan sage oder nur denke: „Du bist ein Engel!" Solche Engel sind ein Hinweis, dass wir zuletzt doch auch wieder Gottes Anfrage und seine Ermutigung brauchen.

Es lohnt sich, aufmerksam zu sein für Engel, die uns von Gott her auf den Weg geschickt werden. Er will uns durch sie ungeahnt neue Lebensmöglichkeiten zeigen. Nehmen wir sie auf, verschaffen wir auch seinem Leben neuen Raum und neue Zeit!

113

2   „Packe den Fisch!" (Tobit 6,3)

Wie schauen Sie auf den Tag, der vor Ihnen liegt? Vielleicht freut
sich jemand auf diesen Tag. Ein anderer wünscht vielleicht, dass
er schon vorbei wäre. Mancher sieht ungefähr, was kommt, und
sagt sich: „Ich muss es packen und werde es schon packen." So
oder so wird jeder von uns jeden Tag etwas zu bewältigen haben.
Viel hängt davon ab, mit welcher Rückendeckung wir in den Tag
gehen.

In dem biblischen Buch Tobit wird im Hauptteil von einer
langen Reise des jungen Tobias erzählt. Sie wird dringend not-
wendig, nachdem sein Vater erblindet ist und seinen Beruf als
Einkäufer für den königlichen Hof nicht mehr ausüben kann.
Der Vater Tobit hat nämlich in guten Tagen bei einem weit entfernt wohnenden Glaubensgenossen eine große Geldsumme hinterlegt, die für etliche Jahre das Auskommen sichert. Die dro-
hende Verarmung lässt sich vielleicht abwenden, wenn Tobias
loszieht und das Geld abholt. So besorgt er sich einen zuverlässi-
gen Reisebegleiter für den gefährlichen Weg. Tobias selbst weiß
nicht, dass sein Reisebegleiter der Engel Rafael ist, nur der Leser
weiß es. Auf dem Weg kommt es schon bald zu einer dramatischen Szene:

„Die beiden kamen auf ihrer Reise am Abend an den Tigris.
Dort übernachteten sie. Der Jüngling stieg hinab, um sich zu wa-
schen; doch es sprang ein Fisch aus dem Fluss hoch und wollte
den Jüngling verschlingen. Der Engel aber rief ihm zu: ‚Packe den
Fisch!' Der Jüngling packte den Fisch und warf ihn hoch an das
Land. Da sagte der Engel zu ihm: ‚Schneide den Fisch auf und
nimm das Herz, die Leber und die Galle. Bewahre sie sorgfältig
auf!' – Und der Jüngling tat, wie ihm der Engel gesagt hatte. Sie
beide brieten den Fisch und aßen ihn" (Tob 6,1–5).

Das ist keine Reisebeschreibung. Das ist in einem minia-
turartigen Ausschnitt ein Lebensbild. Tobias ist an einem Tiefpunkt seines Weges angekommen, unten am Fluss. Hier droht er
von einem Fisch gefressen zu werden. Der ist Symbol einer
großen, dunklen, anonymen Macht, die aus der undurchschau-
baren Tiefe hochspringt. Sie richtet sich gegen Tobias und gegen
Rafael, der für die gesunde Rückkehr des Tobias verantwortlich

ist. Was ist da zu tun? Hier erfolgt eine kurze und bündige Anweisung Rafaels: „Packe den Fisch!" Dieses Wort kommt bei Tobias an. Er wird sofort handgreiflich. Er verkriecht sich nicht, er lässt sich nicht fressen, er geht vielmehr das Risiko des Kampfes ein. Indem er das Wort Rafaels hört und beherzigt, wachsen ihm Mut und Kraft zum Handeln zu. Und das Ergebnis: Der Fisch liegt gebändigt auf dem Trockenen und wird verspeist. Die Kräfte dieser dunklen Macht gehen positiv verwandelt in Tobias und Rafael ein.

Was ist daran wichtig? Vor allem: Tobias wachsen ungeahnte Kräfte aus dem Hören auf Rafael zu – mit dem Hören fängt alles an. Doch was hört er? Zunächst nichts Ungewöhnliches, sondern das Nächstliegende. Wer am Tiefpunkt ist, braucht jemanden, der ihm das Nächstliegende zeigt. Es gilt, die Kraft für diesen Moment zu wecken. Das löst häufig eine Kettenreaktion von Heilung aus, wie die Erzählung weiter zeigt. Der Engel Rafael entmündigt Tobias nicht. Gerade weil er die Gefahr sieht, ermuntert er ihn, die eigenen Kräfte zu entfalten. Darin leitet er Tobias an, das eigene Leben so zu lieben und zu hüten, sodass er sich im entscheidenden Augenblick nicht fressen, nicht vereinnahmen lässt. Denn was zunächst wie eine Zumutung aussieht, erweist sich als Rafaels Zutrauen zu Tobias.

Ob ich mir das für einen schwierigen Tag sagen lassen, was Gott durch Rafael dem Tobias vermitteln lässt? „Du, ich habe Zutrauen in deinen lebendigen Wunsch, den heutigen Tag zu packen. Ich traue dir zu, dass du dich heute nicht auffressen lässt – vom Ärger nicht, vom Misserfolg nicht, vom Glück nicht und nicht vom Erfolg, auch nicht von Menschen."

3   *„Sara ist von Ewigkeit her für dich bestimmt!" (Tobit 6,18)*

Von mir selbst und auch von anderen kenne ich das gut, wie weit der Weg von einer befreienden Einsicht hin zum gelebten Leben ist. Manchmal ist der Weg kurz, manchmal braucht er viele Stationen des Irrtums, des Vergessens, des Nicht-wahr-haben-Wollens. Bei dem biblischen Tobias ist der Weg von der Einsicht hin zum gelebten Leben überraschend kurz.

Gerade von zu Hause aufgebrochen, sieht er sich am Tigrisstrom einem Riesenfisch gegenüber. Sein Leben hängt davon ab, ob er sich dieses Ungeheuers erwehrt. Da er seinem Reisebegleiter, dem Engel Rafael, vertraut, folgt er seinem Wort und kann so den Fisch überwältigen. Den Kern des Fisches, die wichtigsten Organe: Herz, Leber und Galle, nimmt er mit auf den weiteren Weg. Und schon bald braucht er sie. Denn es begegnet ihm eine noch größere Herausforderung. Nachdem er sich aufgrund der Hilfestellung Rafaels gerettet hat, soll er einen anderen Menschen retten, ihm zum Engel werden. Das beginnt so: Der Engel kündigt Tobias an, dass sie im Haus eines Verwandten der Familie des Tobias übernachten werden. Dort will er die Brautwerbung übernehmen, damit Tobias die einzige Tochter des Hauses, Sara, heiratet. Nun ist es um Sara eine besondere Geschichte, die Tobias auch gleich als Einwand vorbringt: Sara ist von einem Dämon besessen, der schon sieben Männer während der Hochzeitsnacht umgebracht hat. Auf diese Weise ist sie in eine tödliche Isolation geraten. Denn welcher Mann möchte noch mit ihr zu tun haben? Kinder wird sie auch nicht bekommen. Ein größeres Unglück gibt es damals für eine Frau nicht. Deswegen kämpfen Frauen um das, was ihnen am wichtigsten und für die Existenz Israels unabdingbar ist: um die Chance, Leben weiterzugeben; um ihr Recht, Mutter zu werden. Wie sollte Gott sonst seine Verheißung erfüllen – damals bei Abraham am Anfang schon und jetzt in der bedrohlichen Situation der Diaspora? Unschuldig ist Sara in dieses Schicksal geraten. Würde sich nun Tobias ihr nähern, erginge es ihm wie den Männern vor ihm. Rafael kann Tobias umstimmen, vor allem, indem er ihm zeigt: „Sara ist von Ewigkeit her für dich bestimmt" (6,18). Zudem erinnert er ihn an das, was er gelernt hat: dass ein gläubiger Israelit nur ein Mädchen aus seinem Verwandtenkreis heiraten darf, damit das Volk gerade auch in der Diaspora erhalten bleibt. Tobias ist der einzige, der für Sara in Frage kommt. Er willigt ein und ergreift sogar die Initiative, dass der Heiratsvertrag zustande kommt. Und das Vertrauen in Rafael vertieft sich angesichts der neuen Herausforderung.

Entscheidend ist die Hochzeitsnacht. Offenbar von Kind an verschlungen worden – ist Sara selbst zu einer verschlingenden

Frau geworden und unfähig zur Begegnung. Als ob der verschlingende Fisch von der Reise wie eine Art „Vor-Prüfung" gewesen ist, eine Voraus-Herausforderung, die sich noch einmal bewahrheiten will. Da ist der Dämon. Er ist ein „Abergeist" (Fridolin Stier), der aufblühendes Leben auf jegliche Weise verhindern will. Ihm geht Tobias – inzwischen geübt, solchen Gefahren zu begegnen – entgegen. Dafür hat Rafael erneut eine goldene Brücke gebaut. Tobias verbrennt im Brautgemach Herz und Leber des Fisches, der ihn verschlingen wollte, um den Dämon zu vertreiben. Damit zeigt er Sara, dass er nicht nur „das Eine" will, sondern dass er sie als Frau ganz annimmt, dass er die lebenslange Begegnung mit ihr sucht. Die zweite Brücke, die Tobias Sara schöpferisch baut, ist das gemeinsame Gebet. Als überzeugter Israelit sucht er mit Sara zusammen den gemeinsamen Halt, von dem aus sie sich ohne dämonische Verzerrungen der Angst begegnen können.

Beide vertrauen sich Gott an, in dem sie sich in ihrer beginnenden Liebe getragen und ermutigt fühlen können. Für Tobias ist wichtig, dass sein Weg mit Sara mit der Schöpfungsordnung und der Lebensordnung des Volkes Israel übereinstimmt. Wie sehr sie sich von ihrem Glauben her einander anvertrauen, zeigt sich, wo es heißt: „Dann schliefen beide diese Nacht miteinander" (Tob 8,9).

Tobias und Sara zeigen, wie Menschen von Gott her befreiend zueinander finden können. Die verschlingende Triebwelt als scheinbar unumstößliche Schicksalsmacht wird gebannt; Sexualität wird nicht als Angst, sondern als Geschenk erlebt. Die *gesamte* Existenz ist von Gott her gut und angenommen.

Der Weg von solch befreiender Einsicht hin zum gelebten Leben ist nicht immer kurz. Doch das Buch Tobit vermittelt aus dem Zusammenspiel von Rafael, Tobias und Sara: Gott schützt die Liebenden.

4   *„Gott wird euren Weg gelingen lassen!" (Tobit 5,17)*

„Komm gesund und heil wieder!" Vermutlich schon häufig haben Sie diesen Wunsch gesagt und gehört. Er gehört z. B. in die

117

Verabschiedung vor einer größeren Fahrt. Denn der Aufbruch aus der vertrauten Heimat macht – bei allem Reiz des Neuen – immer auch etwas Angst. In der Fremde wittert man auch Feindliches und Gefahr. Da ist der Wunsch sehr verständlich: „Komm gesund und heil wieder! Pass auf dich auf! Gute Reise!"

Im biblischen Buch Tobit gibt es einen Wunsch am Beginn einer großen Reise durch fremde Länder. Deren Gefahren waren damals anders groß als heute. Um der durch Krankheit verarmten Familie des Tobit zum Lebensunterhalt zu verhelfen, soll der junge Sohn Tobias mit einem Reisebegleiter von Ninive aus ein Vermögen abholen, das in Rages in Medien hinterlegt ist. Die Wegstrecke entspricht grob etwa der von Bagdad nach Teheran. Um so erstaunlicher ist der Reisesegen des Vaters für seinen Sohn: „Gott, der im Himmel wohnt, wird euren Weg gelingen lassen, und sein Engel soll euer Reisebegleiter sein" (5,17).

Gott selbst wird hier mit dem gelungenen Abschluss der Reise in unmittelbare Beziehung gebracht; der Engel führt Schritt für Schritt Gottes Wünsche aus. Eine große Zuversicht durchzieht diesen Reisesegen und die ganze Reise. Woher kommt sie? Woher lebt diese Aussicht auf das Gelingen? Woher kommt die Gewissheit der Begleitung?

Sie kommt aus dem Namen Tobias. Das ist nicht zuerst ein Name, sondern eine lange, von Generationen bezeugte Erfahrung – Tobias oder Tobijahu in seiner hebräischen Form, das heißt: „Gott ist gut. Gott wird sich als gut erweisen. Ja, du wirst deinen Gott, der der Gott der ganzen Welt ist, als gütig erfahren." – Der Weg, den Tobias zurücklegt, ist ein einziger Kommentar dazu. Trotz aller Gefahren, Tücken und Bedrohungen des Weges kommt er zuletzt gut durch. Dass sein Weg gelingt, heißt nicht, dass alles bruchlos und unkompliziert geht, dass es keine Einbrüche gibt, wohl aber, dass sein Weg sich immer wieder zeigt und er ihn findet, ja dass er ihn manchmal geradezu unter die Füße geschoben bekommt. Dass Gott sich als gütig erweist, wird in dem anschaulich, was der Reisebegleiter Asarja tut. Er gibt sich später als Engel Rafael zu erkennen. In ihm hat Tobias es mit Gott selbst zu tun – in seinen Weisungen, Erinnerungen und Hilfen. Und nicht nur er. Was sich mit Tobias ereignet, strahlt weiter,

löst geradezu eine Kettenreaktion an heilsamen Erfahrungen mit
Gott aus.

Tobias – Gott ist gut. Das ist eine Zusage. Doch es wäre
nur die halbe Wahrheit, wenn nicht auch in den Blick käme, wie
Tobias seinen Weg geht, wie er sich vom Lebens- und Glaubens-
wissen seiner Vorfahren leiten lässt. Diese Weisheit will gehört
und gelebt sein. Dann erst zeigt sich, wie bewährt sie ist und was
einer mit ihr erbt. Dann verheißt sie einen guten Weg und bringt
die Rettung voran. Im Buch Tobit konzentriert sich diese Weisheit als Ausrüstung für die Lebensreise auf zwei Elemente: auf
das verlässlich praktizierte Erbarmen und auf den Lobpreis Gottes. Wer damit seinen Weg geht, der wird erfahren: Tobias – Gott
ist gut. Das ist Versprechen und Weisung zugleich.

Jeder Mensch hat seinen Weg zu gehen – heute und in seinem Leben. Wie gehe ich ihn? In welcher Begleitung? In welcher
Zuversicht? – Im Buch Tobit lebt zunächst ein ansteckendes Vertrauen zu den Engeln, die hier in Menschengestalt begegnen, in
umsichtigen, aufmerksamen und tatkräftigen, geduldigen Menschen. Sodann ist die Verheißung des Namens Tobias – „Gott ist
gut" – zu uns hin angewachsen. In Jesus von Nazaret, auf seinem
Weg der Liebe in allen Risiken und Bedrohungen bis hin zum
Kreuz, bis in den Tod, hat sich Gott als gut erwiesen, als Retter
voller Erbarmen. Darum sind Christen überzeugt, dass ihnen auf
dem Weg des Tobias und dem Weg Jesu eine gute Heimkehr
winkt, weil sie nichts trennen kann von der Liebe und Güte Gottes (Römer 8,39).

5   „Werde ein Mensch, der barmherzig handelt!" (Tobit 14,9)

Wann begegnen in unserer Lebenswelt die Worte „Erbarmen"
und „Barmherzigkeit"? Im Rundfunk und Fernsehen, in Zeitun-
gen und Illustrierten kommen sie wohl eher vor in Verbindung
mit dem Gegenteil – wenn es um „erbarmungslose Verhältnisse"
geht. Sonst sind sie in Gottesdiensten anzutreffen als fester Be-
standteil in Liedern und Bittrufen: „Herr, erbarme dich!" Diese
Bitte vereinigt die Sehnsucht nach Befreiung aus aller erdenklichen Not in sich. Der Ursprung des Wortes „Erbarmen" ist ent-

sprechend sehr anschaulich: „ab-armen – von Not befreien". In der hebräischen Sprache ist es noch deutlicher. Eines der Hauptworte für Erbarmen hängt ganz eng mit dem Wort „Mutterschoß" zusammen. Von daher kann es geradezu bedeuten: entbinden von Not, von Angst, von Isolation. Von Anfang an gehört das Erbarmen an die Knotenpunkte des Lebens.

Davon ist auch das biblische Buch Tobit überzeugt. Es sorgt sich um eine Welt, aus der Erbarmen und Barmherzigkeit zu verschwinden drohen. Sie erinnern sich an diese Geschichte: Tobit, ein tüchtiger Israelit, hat es zu etwas gebracht. Zwar lebt er politisch und religiös im Exil, doch auch als er am fremden Königshof Karriere macht, bleibt er dem Glauben seiner Väter treu. Das heißt für ihn vor allem: den Sohn Tobias entsprechend der Lebensordnung seines Volkes Israel erziehen, sich der Armen annehmen und sie an den eigenen Tisch laden, die toten Angehörigen und Volksgenossen begraben. Sogar einen ermordeten Verwandten begräbt er, entgegen ausdrücklichem Verbot.

Gerade dieses Begräbnis aber bringt Tobit Unglück. Denn nach der heimlichen Bestattung schläft er nicht in seinem Haus, sondern im Hof, weil er durch die Berührung mit der Leiche unrein geworden ist und nach der Ordnung seines Volkes nicht unmittelbar mit anderen Menschen Kontakt haben darf. In der Nacht lassen Vögel ihren warmen Kot in seine Augen fallen. Tobit erblindet, wird berufsunfähig, und seine Familie droht zu verarmen. Doch Tobit hält an dem fest, worauf er bisher gesetzt hat. Nach langen Wegen wird er von seiner Not geheilt. Seine Treue wird bestätigt.

Barmherzigkeit – das ist sein Kennzeichen. Am Anfang und Ende des Buches wird Tobit als jemand charakterisiert, der sein Leben lang die Barmherzigkeit praktiziert hat (1,3; 14,2). Über dieser Treue liegt das Versprechen: Gott ist gut und rettet voller Erbarmen. In seinem Testament gibt Tobit als Summe seiner Lebenserfahrung an seinen Sohn Tobias weiter: „Werde ein Mensch, der barmherzig handelt, damit es dir gut geht" (14,9)! Diesen Erbteil gilt es für einen Israeliten in allen Situationen zu bewahren.

Der Kern der Barmherzigkeit ist das Vertrauen, dass Gott gut ist – das jedoch nicht allgemein, sondern im Originalton des

Tobit: Gott ist gut zu mir und zu dir, er rettet dich und mich voller Erbarmen. – Wenn einem dies zur Erfahrung wird aus der Vorgabe des Vertrauens, dann kann man nicht anders, als anderen diese Erfahrung vorzubereiten helfen: Gott ist voll Güte. Die praktizierte Barmherzigkeit ist wie ein Gefäß, das in sich als Schatz Spuren von Gottes Güte birgt. Manchmal ist der Schatz schon da und braucht als Schutz das Gefäß; manchmal ist das Gefäß da und wartet noch auf den Inhalt.

Die Barmherzigkeit fasst nach dem Tobitroman viele anschauliche Handlungen und Haltungen zusammen. Dazu gehört z. B. auch: Tote begraben. Dies ist von hier aus in die christlichen Werke der Barmherzigkeit eingegangen. Dabei setzt das Buch Tobit darauf, dass mit der Lebenskurzformel „Barmherzigkeit" jeder erfinderisch genug ist, Neues zu entdecken und seine Erfahrungen damit zu machen. Das schlägt sich in dieser biblischen Schrift schon nieder. Viele Generationen haben ihre Funde nachgetragen. So entsteht beim Lesen manchmal auch der Eindruck des erhobenen Zeigefingers, wenn man nicht die Tiefe der Erzählung aufnimmt.

„Werde ein Mensch, der barmherzig handelt, damit es dir gut geht!" Dass wir diesem Versprechen und der Weisung trauen können, ist ausdrücklich geworden mit Jesus von Nazaret. Er hat jeden Menschen, der zu ihm kam, bedingungslos bejaht und darin gezeigt, dass Gott allein gut ist und voll Erbarmen rettet; aber auch, wo wir mithelfen können, diesen kostbaren Schatz zu entdecken.

6   „Preist Gott in Ewigkeit!" (Tobit 12,18)

Schwangere Frauen sollten regelmäßig singen. Es fördere das Wohlbefinden und die seelische Gesundheit des erwarteten Kindes. Das empfahl einmal der berühmte Geiger Yehudi Menuhin. – Was kommt da in Bewegung, wenn ich singe? Wer gerne singt, ahnt, was in dem Rat angesprochen ist: Singen ist Nahrung für die Zustimmung zum Leben. Wer seiner Stimme im Singen freien Lauf lässt, stimmt der Erfahrung zu, dass es „im Grunde" mit ihm „stimmt", so wie es jetzt ist. Nichts ist ein stärkeres Fundament für das Leben. Und weiter: Singen für den geliebten Menschen, freudiges Lob auf den erwarteten Menschen anstimmen oder darin einstimmen – davon lebt die Liebe zum geliebten Menschen.

Das haben Glaubende seit je auch in ihrer Beziehung zu Gott entdeckt und gelebt. Sie singen das Gotteslob. Lobendes Singen ist Du-Sagen zu dem, der sein „Du" zu mir gesagt hat, ist Ja-Sagen zu dem, der mir sein endgültiges Ja-Wort gegeben hat, ist die herzliche Zustimmung zu dem, der uns und der Welt zugestimmt hat. Gott loben – das ist das Fundament des Glaubens.

So sagt es jedenfalls das Buch Tobit, und zwar an entscheidender Stelle: Der alte Tobit ist gerade infolge seiner Treue im Glauben unglücklich erblindet und in Not geraten. Es bleibt ihm der Ausweg, seinen einzigen Sohn Tobias auf eine weite Reise zu schicken, um früher hinterlegtes Geld für den Lebensunterhalt abzuholen. Mit einem Reisebegleiter macht sich Tobias auf den Weg. Immer wenn er in Gefahr kommt, sich selbst und sein Leben zu verlieren, ist der Reisebegleiter zur Stelle und baut ihm Brücken, sodass alles zu einem guten Ende kommt. Selbst der erblindete Tobit wird geheilt. Als der Reisebegleiter für seine unbezahlbaren Dienste großzügig entlohnt werden soll, gibt er sich als Engel Rafael zu erkennen, der im Auftrag Gottes gehandelt hat. Bevor er entschwindet, hinterlässt er – in der ursprünglichen Fassung des Buches – eine einzige Weisung: „Lobpreist Gott in Ewigkeit" (12,18)! Tobit und Tobias tun dies ausgiebig, als ihnen aufgeht, wie Gott sie auf ihrem Weg begleitet: Sie lobpreisen ihn.

Das ganze Buch ist von den Goldfäden vieler Gebete durchwoben, die immer mit einem Lobpreis Gottes beginnen. Auch in der Not fangen die Gebete mit der Zustimmung zu dem an, der der Welt und jedem einzelnen Menschen zugestimmt hat. Indem Menschen Gott preisen, möchten sie ihn bewegen, seine Hilfe in den Leidensgeschichten der Menschen wirksam werden zu lassen. Die Gebete sind von dieser Vorgabe des Vertrauens bestimmt: dass Gott ein Gott sei, der sich voll Güte den Menschen zuwende, helfen will und kann – etwa durch Engel in Menschengestalt. Der Lobpreis Gottes ist auch dankbare Antwort auf seine erfahrene Wegbegleitung.

Nicht wenige sind heute der Überzeugung, es gebe keinen Grund mehr für den Lobpreis Gottes. Resignation und Angst breiten sich aus. Doch Leben braucht das Singen und den Lobpreis; zugleich drückt sich der Glaube darin aus. Das ist die Erfahrung jener Menschen, die das Buch Tobit in die Heilige Schrift aufgenommen haben. In ihm haben sie die Lebenskraft des singenden Lobpreises entdeckt, Freude gegen alle Freudlosigkeit, Stand gegen alle Standlosigkeit.

Was würde sich in einem Leben verändern, wenn jeder und jedem eine Erfahrung zuteil würde, die jemand so verdichtet hat:

„Menschen, die aus ganzem Herzen
und mit Freude gesungen haben,
lieben den Ort, wo sie gesungen haben,
lieben den, für den sie gesungen haben,
lieben die, mit denen zusammen sie gesungen haben.“

F. A. P. Dupanloup

Judit –
Mit Gott in tödlicher Bedrängnis überleben

1   Judit – eine „unmögliche" Geschichte

„Das ist ganz unmöglich!" Wer so auf etwas reagiert, sagt: „Das kann gar nicht wahr sein. Das geht an der Wirklichkeit vorbei." Und er mag es beiseite tun. Doch dann schiebt er beiseite, was es im Leben gibt: Situationen, in denen wir an eine Grenze kommen. Die lassen sich kaum nahe bringen, es sei denn mit Bildern, Vergleichen, mit Erzählungen. Grenzerlebnisse sind es, die uns neue Wege eröffnen und uns weiterbringen können – aber von ihnen kann man nur so erzählen, sodass andere fast zwangsläufig sagen: „Das ist ganz unmöglich, nicht zu glauben." Wer solche Erzählungen abtut, beraubt sich jedoch der Chance neuer Perspektiven.

Dichter sind es, die oft mutige und manchmal beklemmende Schritte in die Region tun, die mit Grenzerlebnissen im Leben zu tun hat und in der eine Erzählung wie ein fantastischer Traum wirkt. „Wer die höchste Unwirklichkeit erfasst, wird die höchste Wirklichkeit gestalten", sagte der Dichter Hugo von Hofmannsthal. Sich auf etwas in diesem Sinne „Unmögliches" einzulassen, kann Lebenswirklichkeit verändern und vertiefen. Dichter zeigen auf, was sein kann und was in unserer Wirklichkeit schon längst enthalten ist – und wie unser Leben vollständiger wird. Uns ist es womöglich noch verborgen und erscheint irreal. Es sind ruhende Energien, die geweckt werden wollen.

Eine solch „unmögliche" Geschichte enthält das biblische Buch Judit. Viele Mädchen und Frauen tragen diesen Namen. Auch der Name Jutta leitet sich von Judit ab. Der Zusammenhang, aus dem ursprünglich der Name kommt, ist faszinierend.

„Es war im zwölften Jahr des Nebukadnezzar, der in der großen Stadt Ninive als König der Assyrer regierte" (Judit 1,1).

So beginnt das Buch Judit. Es klingt wie der normale Anfang einer Geschichtsschreibung. Doch liegt gleich in diesem ersten Satz Sprengstoff. Nebukadnezzar war in Wirklichkeit nicht König der Assyrer, sondern der Babylonier. Er residierte auch nicht in Ninive. Was hier in den drei Namen „Nebukadnezzar, Assyrer, Ninive" verbunden wird, ist Inbegriff aller Grausamkeiten, die das Volk Israel im Laufe seiner Geschichte durch Völker und Personen erlitten und in seiner Erinnerung aufbewahrt hat. Nie gewesene machtpolitische Zusammenhänge werden hier konstruiert, um ein Grenzerlebnis zu erzählen: wie das Gottesvolk in Bedrängnis überleben kann.

Und das bahnt sich sofort an: Gegen den König Nebukadnezzar hat sich ein anderer König zu verteidigen, der Mederkönig Arphaxad, der dafür all seine Verbündeten zusammenruft. Nebukadnezzar seinerseits will die gesamte übrige Völkerwelt in sein Heer eingliedern. Doch es heißt: „Er war in ihren Augen vielmehr wie ein allein dastehender Mann" (1,11). Und sie verweigern sich ihm. Als er ohne fremde Hilfe den Krieg gewonnen und den Sieg in einem 120-tägigen Fest gefeiert hat, beschließt Nebukadnezzar im Hochgefühl seiner Macht ein Strafgericht an den Völkern, die sich ihm verweigert haben. Mit furchterregenden Machtmitteln schickt er seinen Feldherrn Holofernes los. Volk um Volk, Stadt um Stadt, die sich vorher verweigert haben, werden jetzt erobert oder ergeben sich freiwillig. Alle Heiligtümer werden zerstört, „damit" – so heißt es – „alle Völker der Erde Nebukadnezzar allein dienen und alle Zungen und Stämme ihn allein als ihren Gott anrufen sollen" (3,8).

Darum geht es im ersten Teil (Kap. 1–3) des Buches Judit: Nebukadnezzar entfaltet vor aller Welt seinen Anspruch, Gott zu sein – der König ist Gott. Alles ist nur noch König, alle sind gleichgeschaltet. Vor ihm haben alle in die Knie zu gehen – totalitäre, absolute Macht in Reinkultur.

Der Verfasser des Buches Judit rechnet mit totalitären Verhältnissen – gesamtpolitisch und auch in persönlichen Verhältnissen. Es spürt solche Verhältnisse auf und fragt: Worin gründet das Leben und Überleben? Und: Wie kann solch ein totalitärer Anspruch wirklich erschüttert werden?

Wer in seinem Leben innehält und seine Lebenssituation

bedenkt, bedarf einer tiefen Hoffnung, dass sich immer wieder Wege öffnen, auch wenn manches versperrt und zugestellt ist.

2   „Wer ist Gott?"

Was kann man tun, wenn man sich einem gefährlichen Gegner gegenübersieht, der einem das Wasser absperren kann? Vor dieser Frage steht das kleine Volk Israel, als es die Kriegsmaschinerie des Königs Nebukadnezzar unaufhaltsam auf sich zukommen sieht. Das Buch Judit berichtet, dass dessen Macht so gefährlich ist, weil er sich in seinen maßlosen Ansprüchen zurückgewiesen sieht. Für einen Moment war sichtbar geworden, wie brüchig seine Macht ist, als Völker ihm für seinen Eroberungskrieg eine Absage erteilten. Nicht nur Israel, alle Völker sollten jetzt spüren, dass bei ihm die unermessliche Größe und Kraft Gottes liegt. Nebukadnezzar beansprucht, Gott zu sein. Wenn solcher Machtmissbrauch nahe kommt, kann man nur zittern.

Was tut Israel? Zweierlei (4,1–15) – zunächst: Es kapituliert nicht vor der Übermacht, sondern tut in dieser drohenden Gefahr, was es tun kann; es blockiert Straßen, besetzt Gebirgspässe; in den Ortschaften und Städten verschanzen sich die Menschen und decken sich mit allen verfügbaren Lebensmitteln ein. Sie richten sich ganz auf Widerstand ein. Und tatsächlich, der Vormarsch des Holofernes, des von Nebukadnezzar eingesetzten Feldherrn, gerät ins Stocken. Das andere: Die Israeliten flehen in dieser Not zu ihrem Gott, zum lebendigen Gott, um Rettung. Sie fasten, trauern und beten. Das ist ihre sichtbare Weise zu zeigen, dass sie zum lebendigen Gott gehören. Selbst den Tieren wird ein Bußgewand angelegt.

Dann wechselt die Erzählung in das Lager des Holofernes. Der ist natürlich wütend über den Widerstand Israels und berät sich mit den kanaanäischen Hauptleuten in seinem Heer (5,1–24). Einer von ihnen, Achior, erläutert Holofernes die Eigenart Israels. Er belegt aus der Geschichte dieses Volkes, dass man ohne dessen Gott ihm nicht beikommen kann. Deshalb gibt Achior Holofernes Ratschläge zur Vorsicht und zum Warten.

Holofernes hat seine eigene Art, auf solche Hinweise zu reagieren (6,1–21). Sein Grundsatz ist: „Wer ist Gott als allein Nebukadnezzar" (6,2)? Neben ihm duldet er keinen Gott; jede andere Gottheit verhöhnt er. Achior lässt er fesseln und an den Fuß eines Berghanges werfen, auf dem oben die Stadt Betulia liegt. Deren Bewohner holen Achior in die Stadt hinauf und erfahren so, was vorgefallen ist. Alles weitere Geschehen konzentriert sich von jetzt an auf und um diese Stadt. Der Name Betulia bedeutet „Haus Gottes". Auf keiner Landkarte ist dieser Ort zu finden. Er steht im Wirkungsbereich des lebendigen Gottes. Das ist sein Raum.

Natürlich will Holofernes zeigen, warum er gekommen ist (7,1–32). Er umgibt Betulia mit einem undurchdringlichen militärischen Ring und schneidet der Stadt die Wasserzufuhr ab. Wasser ist Leben. Wer das Wasser absperrt, geht daran, Leben zu zersetzen. Das ist Wahnsinn, teuflisch. Hier zeigen sich die verheerenden Folgen dieser Verkehrung der Wirklichkeit, dieser Nicht-Wahrheit, wenn ein Mensch sagt: Ich bin Gott.

Doch um diese Auseinandersetzung geht es: Ist Nebukadnezzar Gott oder ist es der lebendige Gott Abrahams, Isaaks und Jakobs? Das ist die Frage, die sich in Betulia entscheiden soll. Nach 34 Tagen Belagerung ist die Lage der Stadt äußerst kritisch. Die Wasservorräte sind zu Ende, die Hoffnung der Bewohner dahin. Diese Not führt sie in die Auflehnung gegen den lebendigen Gott und gegen die Anführer des Volkes. Sie fordern die Kapitulation: „Wir werden zwar zu Sklaven, aber wir werden am Leben bleiben" (7,27), heißt es. Die Stadtvorsteher stimmen ratlos zu, falls der Gott Israels nicht binnen fünf Tagen eine Wende herbeiführe.

Geradezu atemberaubend wird hier aufgezeigt: Leben und Überleben des Gottesvolkes ist an das Vertrauen auf den lebendigen Gott gebunden. Wenn es sich ihm entfremden lässt, ist es verloren. Wenn es aber vertraut, wird es leben. Es geht um die Frage, was im Leben an erster Stelle steht, bei jeder und jedem Einzelnen: Ist es der lebendige Gott? Bis heute bleibt diese Lebensfrage.

3   Judit – oder: Das Wichtigste im Leben

Was ist Ihnen das Wichtigste im Leben? Es wäre spannend, wenn alle einmal innehielten und die zehn wichtigsten Dinge in ihrem Leben der Reihe nach aufschrieben. Was käme da an die erste Stelle? In dem biblischen Buch Judit kommt das Gottesvolk aus einer Not- und Grenzsituation vor diese Frage: „Was ist dir das Wichtigste im Leben?"

Der König Nebukadnezzar, Inbegriff aller feindlichen Herrscher, die je in die Geschichte Israels eingegriffen haben, entfaltet über Eroberungskriege seinen Anspruch, allein Gott zu sein. Solange das in der Ferne geschieht, berührt es das Volk Israel noch nicht. Doch das riesige Heer des Nebukadnezzar will unter der Führung des Feldherrn Holofernes auch Israel kassieren und in ein System zwingen, das totale Unterwerfung fordert. Vor Betulia, einer Israel vorgelagerten Stadt, die „Haus Gottes" heißt, kommt es nicht nur zur militärischen Konfrontation. Es geht um die Lebensgrundlage des Gottesvolkes. Wenn Betulia sich von Nebukadnezzars imposantem, in seiner Maßlosigkeit alle Grenzen sprengen wollenden Auftritt und Anspruch, allein Gott zu sein, einschüchtern lässt, ist das ganze Gottesvolk gefallen.

Die Bewohner von Betulia sind überzeugt, dass der lebendige Gott in ihrem Leben an erster Stelle steht und zu stehen hat. Deshalb leisten sie Widerstand und vergewissern sich betend ihrer Bindung an Gott. Als ihnen im Zuge der militärischen Belagerung jedoch das Wasser abgesperrt wird, als ihre Hoffnung nach und nach auf diese Weise zermürbt wird, stellt sich die Frage neu: Was ist das Wichtigste im Leben? Ist es der lebendige Gott oder das nackte Überleben? Die Bewohner von Betulia sagen: Wir werden kapitulieren. „Wir werden zwar zu Sklaven, aber wir werden am Leben bleiben" (7,27). Ist das die Antwort auf das vollmundige, provokante, von kriegerischer Erpressung flankierte Wort des Holofernes: „Wer ist Gott außer Nebukadnezzar" (6,2)?

Nein – die Antwort auf diese Frage wird im dritten Teil des Juditbuches (Kap. 8–16) erzählt, wie nämlich das Gottesvolk diese Grenzsituation besteht. Hier taucht die Hauptperson auf: Judit. Sie ist es, die die Frage offen hält: Worin zeigt sich, dass der lebendige Gott wirklich Gott ist und nicht Nebukadnezzar? Für die Antwort bleiben fünf Tage Zeit.

Judit ist das Bild einer idealen Jüdin. Nicht nur ihr Name weist darauf, der heißt: „die Jüdin", auch ihr langer Stammbaum, der bis zu Jakob, dem Stammvater Israels, reicht, sagt es. Ihre Lebensgeschichte wird skizziert: Sie ist Witwe, schön, klug, reich und unabhängig. Sie lebt beispielhaft. Das wird mit dem Wort „gottesfürchtig" (8,8) zusammengefasst. Gottesfurcht heißt: Judit nimmt den lebendigen Gott ganz ernst, er ist für sie das Wichtigste im Leben. Sie anerkennt ihn als Gott, sie liebt und feiert ihn als von ihr geliebter Mensch. Und das wirkt sich in ihrer Lebensführung praktisch aus.

Was tut Judit? Sie ergreift die Initiative. Die letzte Auskunft über die Bewohner von Betulia war, dass sie in Niedergeschlagenheit versinken (7,32). Den Stadtältesten, die Judit zu sich rufen lässt, hält sie vor, dass sie in ihrer Verzweiflung mit dem Ultimatum Gott auf die Probe gestellt haben (8,12). Zwischen beiden Gruppen steht Judit. Leidenschaftlich legt sie die Fundamente des Gottesvolkes frei: „Wir haben keinen anderen Gott als IHN allein" (8,20). Darauf vertraut sie. Das ist das Wichtigste in ihrem Leben. Deswegen sagt sie: „Ich werde ein Werk vollbringen ... und aus der Stadt hinausgehen" (8,32 f). Weil sie Gott vertraut, hat sie Hoffnung. Hoffnung heißt: den ersten Schritt tun (Karl Barth).

Wenn in der Bibel vom Hoffen gesprochen wird, wird oft ein Wort gewählt, dem ein Bild zugrunde liegt: „flechten" als Tätigkeitswort oder „Schnur/Faden". Hoffen ist dann nicht etwas Abstraktes. Es führt in die Frage hinein, was denn von Gott mir als Hoffnungsschnur entgegenkommt und wie ich diese Schnur aufnehme und daran weiterflechte mit meinen Möglichkeiten. Darin liegt immer auch eine Bündelung aller eigenen Kräfte auf dieses Tun. Wer Zeichen der Hoffnung erfährt, kann aus dieser Hoffnung Schritte tun.

4 Judits Gebet als Ernstfall ihres Glaubens

Judit ist eine kluge, schöne und gottesfürchtige Witwe in Betulia. Das nach ihr benannte Buch schildert sie ausgiebig und versucht, ihre äußere und innere Erscheinung so zu erzählen, dass beides nicht auseinander klafft. Ihr verstorbener Mann hat ihr ein beträchtliches Vermögen hinterlassen, das sie selbständig verwaltet. Sie lebt in Betulia zu der Zeit, als die Stadt von Nebukadnezzars Heer belagert wird. In der Stadt ist sie eine hochgeachtete Frau. Mit allem weiß sie sich auf den lebendigen Gott bezogen und richtet auf ihn ihre ganze Aufmerksamkeit. So tritt sie auf den Plan, als es nur noch eine Frage von fünf Tagen scheint, bis das „Haus Gottes", die Stadt Betulia, sich dem Heer Nebukadnezzars notgedrungen ergeben muss.

Alle Aufmerksamkeit auf Gott richten heißt für Judit gerade nicht, untätig auszuharren und abzuwarten, ob irgendwie der Gott Israels eingreift – wie es weithin die Bevölkerung von Betulia tut. Judit ist überzeugt, dass Gottes Hilfe nicht ohne Menschenhand geschieht. Deswegen kündigt sie an, in der Nacht die Stadt Betulia zu verlassen. Dazu erbittet sie von den Stadtältesten die Erlaubnis. Darüber hinaus deutet sie lediglich an, dass sie einen Plan hat, um mit Gottes Hilfe ganz Israel zu retten. Nähere Auskünfte will sie nicht geben. So wird der Blick ganz auf das gelenkt, was Judit tut.

Das erste: Judit betet (9,1–10,6). Und wie! Immer wenn Judit einen entscheidenden Schritt tut, fängt sie nicht schnurstracks an, sondern lässt sich unterbrechen. Sie betet. Jetzt wirft sie sich auf ihr Angesicht. Das ist die Geste eines Menschen, der bereit ist, seinen Willen an Gottes Willen auszurichten, der anerkennt, dass Gott bestimmt, weil Er und nicht der Mensch mächtig und heilig ist. Judit will nicht eigenmächtig handeln, sondern in allem transparent sein auf Gott hin. Sie hält in ihrem Beten das Vertrauen auf die Wirksamkeit des lebendigen Gottes zusammen mit der aussichtslos erscheinenden Notlage ihres Volkes Israels.

Zugleich geht sie entschieden davon aus, dass sie dem lebendigen Gott willkommen ist, ja dass sie einmalig ist – wie jeder Mensch – und deswegen freimütig reden darf. Indem sie sich Gott restlos anvertraut, besteht sie darauf, dass er bei der

Ausführung ihres Planes schützend dabei ist. Sie traut ihm zu, dass er sich sichtbar mit dem in Erfahrung bringt, was das Gottesvolk von ihm bekennt: dass er da ist. Sie nimmt Gott geradezu in die Verantwortung für das Gelingen ihres eigenen Weges.

Judit lässt sich ein auf die Beziehung mit Gott, der ihr aus der Geschichte und in den Geschichten des Gottesvolkes entgegenkommt. Deshalb erinnert sie ihn an Situationen, in denen er spürbar für sein Volk eingetreten ist. Im Beten spricht sie es aus vor dem lebendigen Gott. Dieser Gott wird unglaublich konkret, und deshalb erzählt Judit auch, was jetzt geschieht: „Sieh doch, die Assyrer haben eine riesige Streitmacht, rühmen sich mit Ross und Reiter, prahlen mit der Kampfkraft ihrer Fußtruppen, hoffen auf Schild und Speer, Bogen und Schleuder und erkennen nicht, dass du der Herr bist, der die Kriege beendet" (9,7).

In diese gegenwärtige Not ruft Judit die Verheißung der erinnerten Geschichte, die Verheißung des erinnerten und jetzt gegenwärtigen Gottes, dem Judit begegnet. Vor diesem Hintergrund gewinnen ihre Bitten eine umso größere Eindringlichkeit. Sie werden unaufschiebbar: „Gib meiner Hand, mir, der Witwe, Macht zu dem, was ich geplant habe" (9,9). Doch misst sie ihre Bitten an der Wahrheit dieses Gottes. Darin ist sie ein Gegenbild zu Nebukadnezzar in seiner Maßlosigkeit und in seinem Wahn, Gott sein zu wollen. Im Beten erfährt Judit, wer Gott ist. Ihr persönliches Gebet ist der Ernstfall ihres Glaubens an den lebendigen Gott, von dem sie bekennt: „Du bist der Helfer der Kleinen, der Beistand der Schwachen, der Beschützer der Verachteten, der Retter der Hoffnungslosen" (9,11).

Judit beendet ihr Gebet mit der Bitte, dass all ihr Tun den lebendigen Gott als Herrn der ganzen Welt erweisen soll. Auch hier wird sie noch einmal menschliches Gegenbild zu Nebukadnezzar: Sie vertraut dem lebendigen Gott, auf den man sich bittend beziehen kann, während Nebukadnezzar selbst den Menschen und der gesamten Schöpfung in seiner Maßlosigkeit seinen Willen aufzwingen möchte. Nach ihrem Gebet steht sie auf, und es heißt: „Sie machte sich sehr schön" (10,4). Auch hier sind Außenseite und Innenseite zugleich in den Blick genommen. Für biblisch kundige Hörerinnen und Hörer klingt hier schon an, dass die unbegreifliche Schöpfungsmacht Gottes und seine Güte in Judit zum Vorschein kommen werden.

Vertrauen kann man immer nur riskieren, es lässt sich nicht kalkulieren – zwischen Menschen nicht und zwischen Mensch und Gott nicht. Chancen braucht es, die Vertrauen finden lassen.

5   Ein ungleiches Paar

Judit, die Hauptperson des biblischen Romans Judit, hat eine Tat zur Rettung des bedrängten Gottesvolkes angekündigt. Bevor sie diese Tat ausführt, betet sie. Sie will nicht eigenmächtig gehen, sondern das tun, was Gott in dieser Lage von ihr erwartet, was das Gebot der Stunde ist. Beten und Tun sollen sich aufeinander beziehen. Nach ihrem Gebet heißt es: „Sie machte sich sehr schön, um die Augen der Männer, die sie sähen, zu betören" (10,4). Festlich gekleidet steigt sie zusammen mit ihrer Leibmagd von der hochgelegenen Stadt Betulia in das Heerlager des Holofernes. Einen Vorrat an Speisen nimmt sie mit, um keine Gemeinsamkeit mit Holofernes zu haben und sich dadurch nicht durch Speisen von seinem Tisch zu verunreinigen.

Wo immer man Judit sieht, wird ihre Schönheit bewundert. Zuerst von den Stadtführern Betulias (10,7), dann von den assyrischen Wachen (10,14), die Judit überzeugt, dass sie zu Holofernes gehen muss. Sogar die Riesenmenge der Soldaten des Heeres bewundert Judit (10,19), und schließlich ist es Holofernes selbst, der geradezu in Bann geschlagen ist von ihrer Schönheit. Ihre staunenswerte Ausstrahlung bahnt ihr den Weg. Doch das Wunderbare an ihrer Schönheit ist – wie es einmal heißt – ihre Weisheit (11,20). Judits Schönheit ist also attraktiv aus ihrer Gottesbindung. Sie berät sich mit dem lebendigen Gott. Dadurch gewinnt sie Durchblick, behält den Überblick und kann tun, was der Augenblick erfordert. Dadurch gewinnt sie eine ungewöhnliche Ausstrahlung. Das alles gehört zur biblischen Weisheit.

Folgt man der Spur Judits, zeigt sich, was es heißt, sie wolle die Augen der Männer, die sie sähen, betören und verführen. Um zu Holofernes vorgelassen zu werden, kündigt sie an, „ihm einen

Weg zu zeigen, den er gehen kann", um zum Sieg zu kommen (10,13). Ein Doppelsinn liegt in vielen ihrer Worte. Judit spürt wohl, dass Holofernes die Wahrheit nicht hören will und sie niemals annehmen würde. Deshalb gibt sie ihm, was er haben will: ihre Schönheit und schmeichelnde Worte – Wahrheit, die ihm verhüllt bleibt. So sagt sie etwa zu ihm: „Fürwahr, Gott hat mich gesandt, um mit dir Werke zu tun, über die die ganze Erde, wenn sie davon hört, außer sich geraten wird" (11,16). Holofernes ist so fasziniert von Judit, dass er ihr alles gewährt, was sie erbittet. Darin bewegt er sich, durch Judit verlockt, in den Bereich, in dem der lebendige Gott seinen Plan ausführen wird. Judit darf sich frei bewegen und in jeder Nacht unbehelligt das Lager verlassen, um zu baden und zu beten – um Holofernes hinter sich zu lassen und einzutauchen in das Gebet zum lebendigen Gott.

Als Judit vor Holofernes steht, ist dessen erstes Wort: „Fasse Mut, Frau, fürchte dich nicht in deinem Herzen" (11,1)! Wer sind die beiden, die da voreinander stehen? Beide sind grundverschieden: Holofernes ist ein mächtiger Mann, ausgestattet mit einem riesigen Heer, mit dem er alles unterwerfen zu können glaubt. Judit ist eine Schönheit. Zutiefst ist es die Schönheit Gottes, seine unverdiente und unverdienbare, seine überschwängliche Zuwendung zu den Menschen, die durch Judit durchscheint und auch in gewalttätigen Verhältnissen ihren Glanz erweisen will. Das unterstreicht Judit lediglich durch Schmuck und Kleidung. So erzielt sie Wirkung. Holofernes hat zwar unzählige Menschen um sich; dennoch wirkt er allein wie eine Marionette seines Königs. Judit erscheint als Einzelne souverän. Sie hat sich mit ihrer Leibmagd aus der Stadt Betulia entfernt ins feindliche Lager. Holofernes steht unter der Befehlsgewalt Nebukadnezzars, Judit hingegen ergreift allein die Initiative, für die sie die Hilfe des lebendigen Gottes erbittet. Holofernes braucht Verehrung und lässt sich schmeicheln. Judit handelt aus ihrer Gottesnähe klug und findig, hell, fromm und weise.

Beide sind nicht als Einzelpersonen gezeichnet, sondern als Typen. Sie stehen stellvertretend für andere. Zuletzt stehen sich in diesem Paar der lebendige Gott Israels und Nebukadnezzar gegenüber, der beansprucht, Gott zu sein, und dies kriegerisch zu erweisen sucht. In der Begegnung dieses ungleichen Paares geht es um die öffentliche Antwort auf die Frage: Wer ist Gott? Dass wir in der Regel sagen: „Judit und Holofernes" und nicht umgekehrt, lässt schon den Ausgang der Geschichte anklingen mit der Antwort auf die Frage: Wer ist Gott?

Um diese Frage geht es bis heute: Wer ist Gott? Welchem Gott glaube ich?

6 Der Weg zur Befreiung des Gottesvolkes

In dem ungleichen Paar Judit und Holofernes stehen sich der Anspruch des lebendigen Gottes und Nebukadnezzars gegenüber. Wer ist Gott? Ist es der lebendige Gott, dem Judit restlos vertraut, oder Nebukadnezzar, der durch Kriege sein Gottsein beweisen will und die Befehle Holofernes' ausführt?

Judit ist souverän in das Heerlager des feindlichen Holofernes gegangen. Der sieht sie als willkommenen Vorgeschmack der Gesamtbeute. So lädt er Judit am vierten Tage ihres Aufenthaltes im Lager zu einem üppigen Festmahl ein, das der Auftakt einer Liebesnacht werden soll. Hatte er doch zuvor seinem Vertrauten gesagt: „Siehe, es wäre eine Schande für uns, eine solche Frau bei uns gehabt zu haben, ohne dass wir uns mit ihr vergnügt hätten. Sie selbst müsste uns auslachen, wenn wir sie nicht an uns rissen" (12,12). Bei dem Mahl mit wenigen Gästen zeigt Holofernes seine ungestüme Hemmungslosigkeit. Allerdings setzt er sich selbst schnell außer Gefecht, und es heißt schließlich: „Er war vom Wein volltrunken" (13,2). Judit hingegen isst ihre eigenen Speisen und bleibt nüchtern. Als sie schließlich mit Holoferens allein im Zelt zurückgelassen wird, betet sie, um sich noch einmal ihres Tuns zu vergewissern und den Weg zur Befreiung des Gottesvolkes zu bahnen. Dann enthauptet sie den auf seinem Diwan eingeschlafenen Holofernes mit dessen eigenem Schwert. Seinen Kopf versteckt sie in einem Sack und trägt ihn mit ihrer Magd in die Stadt Betulia.

In das ungläubig jubelnde Staunen der Bewohner hinein gibt Judit noch einmal Weisung: Bewaffnete Gruppen sollen von Betulia aus das riesige Heerlager in Verwirrung bringen. Denn als man Holofernes kopflos findet, greift diese Kopflosigkeit auf alle über. Das riesige Heer bringt sich in Unordnung und flieht, verfolgt und ausgeplündert von den gerade noch Belagerten. In Betulia und Jerusalem jedoch werden Feste gefeiert. Es wird des Menschenunmöglichen gedacht, das Judit mit Hilfe des lebendigen Gottes bewirkt hat. Er hat sich als der allein Wahre und Rettende erwiesen. Von Nebukadnezzar braucht nicht mehr geredet zu werden. Judit hingegen wird gerühmt und lebt im Gottesvolk als Hoffnungsgestalt, durch die die Lebenskraft Gottes offenbar geworden ist.

Vielleicht werden Sie sagen: „Das ist eine unmögliche Geschichte." Ja, das ist sie. Eine unmögliche Geschichte. Aber: „Wovon man nicht theoretisch sprechen kann, muss man erzählen" (Umberto Eco). Die Theorie dieser Erzählung lässt sich mit einem Wort aus dem Propheten Jesaja (43,11) fassen: „Ich bin der lebendige Gott, und außer mir gibt es keinen Retter." Verschiedenste Mittel verwendet das Buch Judit, um das Leben, das von diesem Gott kommt, deutlich zu machen. Dazu gehört etwa der Kontrast, dass das kleine Gottesvolk den übermächtigen Gegnern scheinbar hoffnungslos ausgeliefert ist.

Auch wird die Auseinandersetzung auf eine Ebene hingeführt, wo in ganz ungewöhnlicher Weise eine einzelne Person, dazu eine Frau, als Gegenbild zu einem übermächtigen Kriegstreiber fungiert und unter dem Risiko des Verlustes ihrer Würde und Ehre ein waffenstarrendes Riesenheer in Panik und geradezu in die Selbstauflösung treibt.

Schließlich wird die Tat Judits nicht blutrünstig ausgestaltet, wie es manche Gemälde der letzten Jahrhunderte getan haben. Judit siegt mit Holofernes' eigenen Waffen, die sie gegen ihn verwendet. Sie werden ihm zum Verhängnis. Denn es geht in der Erzählung darum, etwas darzustellen, was an der Grenze des Sagbaren ist: Dass der lebendige und geheimnisvolle Gott den Kriegen ein Ende setzt, ohne Krieg. Um dieses Paradox darzustellen, wählt die Erzählung die List, mit der sich Judit zur Wehr setzt und die Rettung bewirkt.

Die List ist immer als Möglichkeit des unterlegenen Menschen verstanden. Sie ist nicht Heimtücke oder Arglist. Vielmehr dient sie der Verteidigung. Ihr Anliegen ist es, das Verstehen einer hoffnungslosen Machtlosigkeit zu bewirken und Hoffnung zu eröffnen, die das Leben mit seinen Möglichkeiten wieder ernst nimmt. In Judit als dem Bild des Volkes sind Mann und Frau zugleich herausgefordert. Ihre Initiative zeigt, dass es vom Gott Israels her eine Regel des Lebens (5,21) gibt, die im Chaos des drohenden Untergangs überleben und neue Wege finden lässt. Dafür ist Judit die Hoffnungsgestalt.

Leben ist unser tiefster Wunsch. Wenn es schöpferisch gestaltet wird und sich für alle entfalten kann, wird die Hoffnung belebt. Wer möchte schließlich nicht zu einer Hoffnungsgestalt werden?

Ester –
Wie die Ordnung der Welt
erneuert wird

1   *Ester – eine Erzählung, um das Leben im Auge zu behalten*

Wie oft und wie viel wird tagtäglich erzählt! Etwa: Sie treffen
einen Bekannten oder eine Bekannte – und ehe Sie sich versehen,
sind Sie mitten im Erzählen. Erzählen lebt von der Erinnerung,
doch genauso von Träumen, von Erhofftem, dessen Erfüllung
man ersehnt. Oder: Sie hören an der Bushaltestelle: „Stellen Sie
sich vor, mein Mann war beim Arzt. Schlimm!" Die Gesprächs-
partnerin hört zu und vielleicht antwortet sie mit einer ähnlichen
Geschichte, die gut ausgegangen ist.

Erzählen – das vermindert die Angst und verweist darauf,
was es an Wichtigem jetzt zu tun gibt. Ganz unbewusst fallen uns
im Zuhören auch oft Gegengeschichten ein, die Mut machen, das
Leben mit eigenen Augen anzuschauen und Chancen zu ergreifen, die sich darbieten. Erzählen, das ist das beste Mittel gegen
Isolation und Mutlosigkeit, die aus Leid und Unglück erwachsen.
Erzählen kann helfen, das Leben zu bestehen, die Wüste des Lebens bewohnbar werden zu lassen, in den Zusammenhängen, in
denen ich lebe, befriedet zu werden.

Prallvoll von Erzählungen, die das Leben widerspiegeln
und ihm oft widersprechen, die sich in das Leben einmischen, ist
die Bibel, besonders das Alte Testament. Die Erzähler damals helfen bis heute, dass Gemeinschaft möglich wird – Gemeinschaft
der Menschen und Gemeinschaft mit Gott. Auf eine überraschende und manchmal zunächst fremde Weise tut dies das biblische Buch Ester. Meist kann ein Geleit durch solch eine vielschichtige Erzählung helfen. Sie ist das einzige Buch der Bibel, in
dem der Name Gottes nicht ausdrücklich vorkommt. Unser Leben kommt darin vor und mitten darin trotzdem der lebendige
Gott als der, der im Leben und Menschengeschehen seine Hand

befreiend im Spiel hat, gerade da, wo Menschen vom Tod bedroht sind und doch das Leben im Auge behalten.

Die Hauptfigur des Geschehens ist Ester. König Xerxes von Persien veranstaltet in seiner Residenz in Susa ein einmaliges Fest, das in atemberaubenden Bildern beschrieben wird. Der ganze Palast ist mit kostbaren Stoffen dekoriert. Wein gibt es kostenfrei für alle, aus goldenen Gefäßen. Alles zielt darauf, wie es wörtlich heißt, „seinen ganzen Reichtum und seine königliche Pracht, seine Herrlichkeit und den Glanz seiner Größe" (1,4) vorzuführen. Der König möchte, dass in diesem Fest eine große Harmonie und festliche Ordnung seines Weltreiches und damit der gesamten Weltordnung sichtbar wird. Alles ist in bester Ordnung. Darin sollen alle bestärkt werden. Wer es hört, denkt unwillkürlich: So muss es sein! Die Fantasie kann blühen und der Frage nachgehen: Wie könnte eine überzeugende und alle zufriedenstellende Weltordnung heute aussehen? Wer könnte solch eine Weltordnung stabilisieren?

Doch die Wirklichkeit ist nicht ungetrübt, auch bei dem mächtigen Xerxes nicht. Schon im persönlichen Bereich ist sie voller Störungen und Risse. Als nämlich der König Xerxes, vom langen Feiern angeheitert, seinen Höflingen befiehlt, die Königin Waschti vor ihn zu bringen, damit er sie allen zeige, weigert diese sich. Plötzlich ist die scheinbare Harmonie sichtlich gestört. Und – diese persönliche Disharmonie des Königs wird zur Staatsaffäre. Wenn das Schule macht! Das kann der König nicht dulden! Er berät sich mit seinen Weisen, und in einem Rechtsverfahren wird die Königin Waschti regelrecht verstoßen. Damit ist zunächst die formale Ordnung wiedergewonnen. Dennoch, dem König fehlt die Frau. Bei allen Vorzügen, die von der verstoßenen Waschti erzählt werden, wird es Xerxes nicht leicht haben, eine passende Königin zu finden. Denn wer könnte die wahre Harmonie in diese Weltordnung bringen und sie verlässlich stützen?

Hier bahnt sich dann die Stunde der Jüdin Ester an. Um sie rankt sich die Erzählung, die das Leben im Auge behält. Wie gut wäre es, ermutigt zu werden oder anderen Mut zu machen, wenn man erzählt bekommt oder selbst erzählt! Wie fängt man das an? Was ist dabei zu beachten?

2 Ungestörte Harmonie

Ester, nach der knapp die biblische Erzählung benannt ist, gilt bis heute als eine der größten Heldinnen des jüdischen Volkes. Am persischen Königshof hatte König Xerxes seine Gemahlin verstoßen, weil sie ihm nicht gehorchte. Der König sucht und braucht eine neue Königin, damit er darstellen kann, dass sich in seinem Reich die Weltordnung harmonisch abbildet. Der König lässt Scharen von hübschen jungen Mädchen an seinen Hof holen, um aus ihren Reihen eine neue Königin auszuwählen. Unter ihnen ist Ester, ein Waisenkind. Sie wurde von ihrem Verwandten Mordechai adoptiert und erzogen. Beide kamen bei einer Eroberung Israels in Gefangenschaft und lebten jetzt im Exil in Persien.

Ester ist jung und hübsch. Sie fällt auf und wird nun eingesammelt für den königlichen Harem. Die jungen Frauen werden ein Jahr lang gepflegt und unterrichtet, bis jede für eine Nacht zum König geführt wird. Niemand weiß, dass Ester eine Jüdin ist. Mordechai hält sich in ihrer Nähe auf und schärft seiner Adoptivtochter nachhaltig ein, ihre jüdische Herkunft nicht bekannt werden zu lassen. Warum tut er das? Wird es mit der Geheimhaltung gelingen? Die Fragen stehen mitten in der Erzählung da.

Es kommt dann so, wie man es beim Lesen oder Hören immer mehr ahnt: Xerxes wählt Ester unter allen jungen Frauen zu seiner neuen Gemahlin. Es heißt: „Der König liebte Ester mehr als alle Frauen zuvor, und sie gewann seine Gunst und Zuneigung mehr als alle anderen Mädchen" (1,17). Es gibt ein Fest, um die neue Königin zu feiern. Festgelage und Steuererlass unterstreichen: Die Harmonie der Weltordnung ist wieder hergestellt.

So scheint es. Doch es offenbart sich eine neue Disharmonie. Sie kristallisiert sich im Umkreis von Mordechai, dem Adoptivvater Esters. Er entdeckt eine Intrige am Königshof gegen Xerxes. Über Ester lässt er sie dem König mitteilen. Eine Untersuchung schließlich bestätigt ihre Mitteilung. Die Verschwörer werden gehängt. Ester aber bewährt sich darin und vergewissert den König, die richtige Wahl getroffen zu haben. Ester garantiert die Stabilität des Reiches für Xerxes.

Befördert wird für diese Rettung nicht Mordechai, wie man erwarten könnte, sondern Haman, einer der Vertrauten des Xerxes. Er bekommt vom König uneingeschränkte Macht. Entsprechend hat er Anspruch auf königliche Verehrung. Und sie wird ihm auch zuteil. „Mordechai aber fiel nicht nieder und huldigte ihm nicht" (3,2). Mordechai ist absolut unbestechlich. Er verweigert die Anbetung und Vergötterung von Menschen. Damit erweist er sich als wahrer Jude und wird sogar als Repräsentant aller Juden hingestellt. Die Folge ist, dass daraus sein persönlicher Konflikt mit Haman entsteht, der sich zu einem Konflikt für sein ganzes Volk ausweitet – und so auch Ester gefährdet. Denn Haman will aufgrund von Mordechais unveränderbarem Ungehorsam dessen ganzes Volk ausrotten. Dazu holt er sich beim König die Vollmacht zu einem radikalen Pogrom gegen alle Juden des Reiches. Der König zeigt sich eher teilnahmslos und lässt Haman gewähren.

Die Situation ist lebensgefährlich. Haman kann schalten und walten, wie er will. In seinem ehrgeizigen Willen zur Macht plant er sogar, eine riesige Summe Geld zu investieren, um die Juden auszurotten.

Diese Summe will er freilich aus dem zurücknehmen, was er aus dem Besitz der Juden zu erbeuten hofft. Haman wird als einer vorgestellt, der mit ungewöhnlicher Beflissenheit alles tut, was seinem eigenen Aufstieg dienlich sein kann. Dabei blendet er offenbar aus, sich „vorzustellen, was er eigentlich anstellt" (Hannah Arendt). Es scheint so, dass die Versuchung zum Eigennutz auf Kosten anderer umso größer wird, je mehr jemand Macht und Einfluss hat. Als ob Habgier und Geltungsbedürfnis die innere Freiheit zerfressen, die die Solidarität aller Menschen erst erspüren lässt – unsere Geschichte, die Geschichte unseres Volkes kennt solche verheerenden Vorgänge.

Wir sind herausgefordert, solchen Vorgängen ins Auge zu blicken und entschlossen gegenzusteuern. Den Blick dafür kann das Erzählen schärfen, auch diese Erzählung.

3   Was ist das „Gebot der Stunde"?

Im biblischen Buch Ester droht also dem jüdischen Volk die völlige Ausrottung. Weil der Jude Mordechai dem nach dem König mächtigsten Mann im persischen Weltreich die geforderte göttliche Verehrung verweigert, beschließt der so Gekränkte, Haman mit Namen, die gewaltsame Vernichtung Mordechais und des ganzen jüdischen Volkes. Dabei hat Mordechai nichts anderes getan als das, was einen Juden ausmacht. Er praktiziert hier das Erste der Zehn Gebote: „Du sollst neben mir keine anderen Götter haben" (Exodus 20,3)! Am Tag vor dem Paschafest, an dem die Juden ihre Vorbereitungen für die Feier ihrer Befreiung aus Ägypten treffen, wird das schreckliche antijüdische Dekret abgefasst und durch das königliche Siegel unwiderruflich gemacht. Die Angelegenheit ist dadurch verschärft, dass Mordechais Adoptivtochter Ester Gemahlin des Perserkönigs geworden ist. Wie reagieren die Hauptpersonen?

Mordechai, der die Krise unmittelbar ausgelöst hat, geht in der Stadt Susa umher. Alle sollen sehen, wie sehr er sich mit seinem Volk identifiziert, wie er in Sack und Asche gekleidet unverhohlene Trauer zeigt. Er ist geradezu das Volk der Juden in Person. Er weiß es so einzurichten, dass Esters Bedienstete ihn bemerken und ihr berichten, was alle anderen schon wissen. Zwischen Mordechai und Ester entwickelt sich ein dramatisches Hin und Her. Schließlich beauftragt Mordechai die Königin Ester, die getroffene politische Entscheidung aufzuhalten, indem sie – im Gegensatz zum bisherigen Verhalten – vor dem König zu erkennen gibt, dass auch sie zum jüdischen Volk gehört.

Doch das ist leichter gesagt als getan. Wie soll das gehen? Ester entgegnet, dass sie ihr Leben aufs Spiel setzt, wenn sie sich ungerufen vor dem König sehen lässt. Und wie Ungehorsam im Königreich bestraft wird, ist an ihrer Vorgängerin Waschti abzulesen. Dann kommt der springende Punkt. Mordechai lässt Ester bestellen: „Bilde dir ja nicht ein, weil du im königlichen Palast lebst, könntest du dich als einzige von allen Juden retten. Wenn du in diesen Tagen tatsächlich schweigst, dann wird den Juden von einem anderen Ort Hilfe und Rettung kommen. Du aber und deine Familie, ihr werdet zugrunde gehen. Wer weiß, ob du nicht gerade für eine Zeit wie diese zu königlicher Würde gekommen bist" (4,13 f)?

Unmissverständliche Worte, die ihre Wirkung haben. Denn nur diesen Wortwechsel lang zögert Ester. Dann setzt sie ihr Leben aufs Spiel. Es soll deutlich werden, aus welchem Holz sie geschnitzt ist, welche Lebenskraft und -sicht in ihr ist. Und dann ist sie es, die Frau, die Mordechai Anweisung gibt. Alle Juden sollen für sie fasten. Anstatt die Befreiung aus Ägypten zu feiern, gibt es jetzt ein Nicht-Essen und Nicht-Trinken, drei Tage und Nächte lang.

Wer kennt das nicht – plötzlich weiß man in einer bestimmten Situation: Dies ist jetzt meine Stunde! Jetzt kann ich und muss ich so und so handeln. Das kann mir niemand sagen oder befehlen. Wenn ich es nicht selber finde, darauf stoße, bleibt vielleicht der Sinn meines bisherigen Lebens verborgen.

Ester hat ihre Stunde. Sie kennt ihr „Gebot der Stunde". Und darin wird ihre wahre Identität als Jüdin offenbar. Sie ergreift die Initiative. Und wie! Was sie das Leben kosten könnte – der Ungehorsam, ungerufen vor dem König zu erscheinen –, beginnt sie, wie es nur eine Frau kann. Sie erreicht ihn da, wo er sich erreichen lässt. Sie bezaubert den König in vorteilhaftester Kleidung, mit unwiderstehlichem Charme. Sie gewinnt erneut und anhaltend seine Zuneigung und darf vor ihn kommen. Und dann das Spiel mit dem Feuer: Sie lädt den König und Haman, seinen Vertrauten und zugleich den Judenfeind, zu einem Festmahl. Was sie tut, tut sie nicht direkt. Sie sucht die Gunst der Stunde, um die Krise der Juden abzuwenden. Sie bahnt die Lösung an, vertraut dabei auch auf die erlösende Kraft der Liebe. Dieses Vertrauen paart sich mit einem guten Einfall und klärender Hilfe.

4   Wie wird die Ordnung wiedergewonnen?

Findet Ester zum König Xerxes Zugang? Alles hängt hiervon ab. Alles – das ist nach der biblischen Erzählung die Existenz des im ganzen Weltreich Persien zerstreuten Volkes Israel, das ist auch in der erzählerischen Vorstellung die Stabilität in diesem Weltreich. Bedroht ist beides durch einen Erlass, der die gewaltsame Vernichtung aller Juden möglich macht. Haman hat ihn im Namen des Königs erlassen. Ester, die Lieblingsfrau des Xerxes und selber Jüdin, schöpft ihre Möglichkeiten aus, und es gelingt ihr, den König auf ihre Seite zu ziehen. So nimmt der König ihre Einladung zu einem Festmahl an und kommt mit Haman. Ester nutzt die Gunst der Stunde und lädt beide für ein weiteres Gelage am anderen Tag ein, um dann ihre Bitte zur Rettung der Juden vorzubringen.

In der Zwischenzeit treffen verschiedenste Dinge zusammen. Haman, im Gefühl, fast am Ziel seiner Machtwünsche zu sein, erfährt auf dem Heimweg vom Festmahl von Mordechai, von Esters Adoptivvater, wieder nicht die gewünschte Verehrung. Daraufhin beschließt er, ihn noch am nächsten Tag am Galgen aufhängen zu lassen.

Der König hat eine schlaflose Nacht. Er lässt sich aus der Reichschronik (6,1) vorlesen und stößt dabei auf die bereits vier Jahre zurückliegende Meldung Mordechais, die den König vor einem Attentat gerettet hat. Der König erkundigt sich, welche Ehrung Mordechai zuteil geworden ist. Da es versäumt wurde, will Xerxes das unverzüglich nachholen. Haman, der gerade kommt, um sich die Erlaubnis zu holen, Mordechai am Galgen aufzuhängen, muss auf Befehl des Königs Mordechai öffentlich ehren. Die Art der Ehrung hat er selbst vorgeschlagen, ohne zu wissen, dass es um Mordechai, seinen Intimfeind, geht. Er hatte die Ehrung für sich erhofft. Dramatisch wird dieses Zusammenspiel beschrieben.

Mit diesem Erlebnis im Rücken kommt Haman zum zweiten Festmahl der Königin Ester. Mit einer klugen Schrittfolge bringt sie es dahin, dass Haman vor dem König als Übeltäter enttarnt wird und es selbst noch bestätigt. Die biblische Lebensweisheit: „Wer (anderen) eine Grube gräbt, fällt selbst hinein" (Sprüche 26,27), bewahrheitet sich an Haman. Die Rollen werden vertauscht: Haman kommt auf des Königs Befehl an den Galgen, Mordechai nimmt die Stelle Hamans im Weltreich ein. Ihm wird königliche Autorität übertragen.

Wie kann nach Mordechais Aufstieg jetzt das jüdische Volk gerettet werden? In dieser Frage wirkt sich Esters Kunst aus, je nach dem Gebot der Stunde zu reden oder zu schweigen. Der

König gibt ihr und Mordechai uneingeschränkte Vollmacht, eine Lösung zu finden. Schwierig ist dies insofern, als nach der Konzeption des persischen Reiches ein königlicher Erlass niemals aufgehoben werden kann. Auch nicht der gegen die Juden verfügte Vernichtungserlass. So kann es nur einen Gegenerlass geben, den Mordechai im Namen des Königs verfügt. Darin räumt er den Juden das Recht ein, sich gegen Pogrome zu schützen, zu denen der König ja unter Anstiftung durch Haman seine Untertanen zuvor aufgefordert hatte. Eine legitime Notwehr wird den Juden allen gegenüber eingeräumt, die sie, ihre Frauen und Kinder angreifen würden (8,11).

Leider sind die Bibelübersetzungen an diesem Punkt verfälschend und entstellen die rein auf Verteidigung ausgerichtete Intention Esters und Mordechais. Auch jüdische Theologen (Schalom Ben-Chorin z. B.) tun sich im Missverständnis dieses Erzählschritts mit der ganzen Erzählung schwer. Ausschlaggebend ist immer wieder das Motiv, dass die Ordnung der Welt, die im persischen König zur Darstellung kommt, wiedergewonnen und stabilisiert wird. Hier findet sich alles zu einer Einheit.

Von daher ist auch der Fortgang der Erzählung zu verstehen. Nicht rachgierig stellt die Erzählung die Juden dar; sie schöpfen nicht einmal aus, was ihnen aufgrund des Notwehrerlasses möglich gewesen wäre. Es gibt Pogrome und die Juden wehren sich. Die Zahl der Toten, die genannt wird, ist eine Symbolzahl. Sie unterstreicht, dass jetzt die tödliche Gefahr für die Juden vorbei und die Welt wieder stabil ist. Es heißt zudem, dass nicht nur das einfache Volk, sondern auch die hohen königlichen Beamten für die Juden Partei ergreifen. Sie alle erkennen nach der Entwicklung der Erzählung, dass die Ordnung der Welt gestützt und geschützt wird durch Menschen wie Ester und Mordechai, die ihre Wurzeln im lebendigen Gott haben.

So wirbt diese fiktive Erzählung unter den Juden, dass sie ihre Möglichkeiten da einbringen, wo immer sie leben, dass sie als wahre Juden auch in der Diaspora leben können, wenn sie aus ihren Wurzeln im Glauben leben. Und sie wirbt auch nach außen, indem sie zeigt, wie das Weltreich Persien und damit jeder Staat durch so unbestechliche Menschen wie Ester und Mordechai stabilisiert wird und existieren kann.

5 Gottes verborgene Gegenwart erwarten

Ester – ein schöner Name, den viele Mädchen und Frauen tragen. Reizvoll ist er gerade durch den Hintergrund, den das biblische Buch für Ester abgibt. Ausdrücklich kommt Gott nicht in dem dramatischen Ereignis vor: Ester, die im persischen Weltreich Königin geworden ist, sieht sich plötzlich in tödliche Gefährdung verwickelt. Und zwar soll nach dem Willen eines machtsüchtigen Fürsten das jüdische Volk im ganzen Reich ausgerottet werden, weil der Adoptivvater Esters ihm die eingeforderte göttliche Verehrung verweigert. Ester erkennt das Gebot der Stunde; mit Entschiedenheit, weiblicher Klugheit und positivem Engagement kann sie zusammen mit ihrem Adoptivvater Mordechai die geplante Vernichtung aufhalten und so dem Weltreich eine stabile Ordnung zurückverschaffen, in der auch Minderheiten geschützt sind.

Was bringt uns dieses erzählte Ereignis, das ein Dichter in eine damals so nicht bestehende Welt verlegt? Für eine Antwort ist das Wort „Ereignis" eine gute Brücke. Ursprünglich hieß es „eräugnis". Es hat damit zu tun, dass jemand die Augen aufmacht und auf etwas achtet, das ihn angeht oder interessiert. Ester hat in diesem Ereignis die Augen aufgemacht, und an ihr orientiert – möchte die Erzählung uns vermitteln – lohnt es sich auch für uns, die Augen aufzumachen.

Die Ereignisse mit Ester, wie sie erzählt werden, hinterlassen einen Eindruck, der genau dem Eindruck entspricht, den das Leben macht. Gott ist da, aber ich kann ihn nicht sehen. Ich kann ihn glauben. Ich kann dieselben Ereignisse im Leben unterschiedlich lesen. Die Erzählung von Ester etwa kann ich so lesen, dass ich auf die menschliche Weisheit und Initiative achte und in dieser weltlichen Leseart mich berühren und zu vergleichbarem Tun bewegen lasse, unterstützt vom Charme und Profil der Hauptfiguren. Auf einer anderen Ebene kann ich die Erzählung lesen als die Darstellung eines Konfliktes zwischen Juden und Judengegnern. Die Erzählung kann ich aber auch lesen als ein Buch von Gottes Führung im Leben und Menschengeschehen, wie Menschen das Gebot der Stunde erkennen und erfüllen, weil sie vertrauen, dass Gott da ist. Für diese Leseart gibt es im Buch Ester viele diskrete Andeutungen. Diese finden sich in vielen

parallelen Zügen zur Geschichte vom Auszug aus Ägypten und
zur Josefsgeschichte des Alten Testaments; Motive der biblischen
Weisheit werden in den Figuren unausgesprochen durchgespielt;
dazu gibt es unglaubliche „Zufälle" in der Estererzählung, die
auf die Wirksamkeit einer verborgenen Macht hindeuten.

Schließlich wird immer wieder die Weltordnung hergestellt,
und zwar dadurch, dass die Position von Starken und Schwachen, von Unterdrückern und Unterdrückten umgekehrt wird.
Bis hinein in die literarische Technik wird dies durchgespielt. Dadurch wird Gottes Gegenwart zwar verhüllt, aber genauso her-
ausgestellt – eben als verborgene Gegenwart, die in dem Hin und
Her des Lebens, in Machtkämpfen und Konflikten, in mutigem
Engagement, im Glück der Liebe wie auch in der Trauer da ist.
Wer an Gottes verborgene Gegenwart glauben kann, tut alles,
was mit der Kraft zu tun möglich ist, die Gott gegeben hat.

Das griechische Wort für „Lesen" ist – buchstäblich übersetzt – ein „HINAUF-Erkennen". Das ist die Bewegung, die dem
Lesen, diesem Gebrauch der Augen – angesichts des „eräugnis-
ses" – innewohnt. Darum geht es, dass wir mitten im Alltag die
Augen aufmachen und etwas sehen, was wir sonst nicht sehen.
Wie im Lesen des Buches Ester und der Bibel könnte sich uns entschlüsseln, dass Gott da ist, dass er das verlässliche Ja für uns ist,
dass wir uns ihm anvertrauen können. Und nur über diesen
„frommen Umweg" gibt es Veränderung in der Welt und Freiheit
und ein Fest – wie im Buch Ester.

6 Von der Not zum Fest

Die biblische Estererzählung ist eine Perle der Weltliteratur. Ihr
Reiz liegt auch darin, wie sie ihre Botschaft gestaltet. Durch vielfältige literarische Besonderheiten, die entdeckt werden möchten,
kann sich uns Lesern vermitteln: Der lebendige Gott ist verborgen da, und wer sich ihm anvertraut, kann da hineinwachsen –
um wie Ester in seinem Sinn an der Veränderung der Welt, an
ihrer friedlichen Ausgestaltung mitzuarbeiten. Diese Botschaft
will immer wieder erkundet und entschlüsselt, will zu einer – im
doppelten Sinn des Wortes – „er-lesen" Botschaft werden. Wer

„dahinter"-kommt, was mit der Königin Ester und durch sie geschehen ist, versteht, warum das Buch mit einer Anweisung zur Festesfeier endet. Die erfahrene Befreiung muss einfach gefeiert werden.

PURIM heißt das Fest. Bis heute ist es bei den Juden ein populäres Fest, das im Frühjahr gefeiert wird. Es ist so angelegt, dass jedem in der Mitfeier des Festes aufgehen kann, von welchem Kern es lebt. Mordechai, Esters Adoptivvater, der Großwesir im persischen Weltreich geworden ist, und die Königin Ester schaffen in zwei Erlassbriefen die Ordnung des Purimfestes. Das wird am Ende des Buches erzählt. Und zwar soll das Fest so vonstatten gehen:

– Alle Juden sollen in jedem Jahr an zwei festgelegten Tagen im Frühjahr Purim feiern.

– Eingeleitet werden soll das Fest zuvor mit Fasten und Trauer. Dadurch soll schonungslos die Wahrheit in Erinnerung gerufen werden, wie es in der Welt zugeht: Not, Opfer, Feindschaften, Vergehen, Gewalt. Es ist ein Tag der Solidarität mit den Geschundenen, deren Leid das eigene Herz erreicht.

– Dann soll der Ereignisse um Ester gedacht werden: Wie Gott verborgen da ist und die Geschicke lenkt, wie er menschliche Initiative freisetzt bei denen, die ihre Sorgen auf Ihn werfen, und wie solche Initiative Errettung und Befreiung wirken kann. Die Befreiung, die Ester mit ihrem Volk erfahren hat, ist ein wirkliches Wunder, das unmittelbar auf Gott weist. Dieses Gedenken geschieht heutzutage so, dass je am Vorabend und Morgen des Purimfestes in einem feierlichen Synagogengottesdienst die Esterrolle verlesen wird, immer wieder unterbrochen von Segenswünschen.

– Damit geht das Fest der Freude einher: mit festlichen Mahlzeiten, mit Geschenken an Freunde und an die Armen. Das Glück, aufatmen zu können, genießen zu können, in Ruhe gelassen zu sein, einer Wende zu einem gesicherten Leben sich zu erfreuen – all das soll die Grenzen des Alltäglichen sprengen. Es äußert sich bis in karnevalistisches Treiben.

147

Solch ein Fest ist etwas Außergewöhnliches. Wenn das Unwahrscheinliche, das Menschenunmögliche geschehen ist, dann braucht es diese Reaktion, dass man wie von Sinnen gerät, dass man ausgelassen ist, weil das alles nicht zu fassen ist. Denn jenseits unserer engen Grenzen, jenseits unserer Möglichkeiten liegt der Raum Gottes. Wo er sich auch nur momenthaft öffnet, da kann bloß ein Fest die Antwort sein.

Ein richtiges Fest nimmt die Feiernden ins Schlepptau dessen, was da gefeiert wird. Es formt die, die sich hineinziehen lassen. Wer den Geschmack dessen gefunden hat, woran das Fest sich entzündet, der wird ihm nachjagen – diesem Menschenunmöglichen, das wir doch nötig haben wie das tägliche Brot. Vielleicht entwickeln sich die Verhältnisse zum Besseren, wenn wir im Auge behalten: das Verhältnis von Einheimischen und Fremden, also auch mein Verhältnis als Einheimischer zu den Menschen in meiner Umgebung, die Fremde sind, das Verhältnis von Mann und Frau, von älteren und jüngeren Menschen. Immer geht es auch darum, darauf zu bestehen, dass das Leben aller, also einer jeden und eines jeden, unendlich kostbar ist. So gilt es, weder sich preiszugeben noch Erpressungen anderer nachzugeben, privat und öffentlich. Dazu gehört Mut, wie zu allem, was im Leben von Bedeutung ist. Das reicht bis in den Bereich Gottes hinein. Rettung, befriedete Verhältnisse erfassen wir nur, wenn wir uns danach ausstrecken. Manchmal kommen wir vom Ergebnis her leichter dahin. Etwa wenn wir ein Fest feiern und daran denken, woran es Anteil hat, was es beinhaltet. Deshalb ist es gut, wenn wir regelmäßig Feste feiern, wie etwa den Sonntag.

Ijob –
Ein unverbrauchtes Lebensbuch

1 Hiobsbotschaften

Was ist wirklich von Ijob bekannt – außer dem Namen und den „Hiobsbotschaften"? Dieses Wort hat sich eingebürgert. Hiob oder Ijob, wie es dem hebräischen Wort mehr entspricht, ist ein großes Buch im Alten Testament, benannt nach der Hauptgestalt, ein Buch mit einer unabsehbaren Wirkungsgeschichte in der Entwicklung der Menschheit. Bis in unsere Sprache hinein ist es gegenwärtig, etwa wenn – über Friedrich Schiller weitervermittelt – davon gesprochen wird: „Bis hierher und nicht weiter" (Ijob 38,11).

Hiobsbotschaften – sie treffen uns unvorbereitet, wenn wir nicht damit rechnen: am frühen Morgen, am späten Abend, im vollen Lauf des Tages. Da bleibt der Atem weg. Hiobsbotschaften, d. h. meist auch: unwiederbringlich zerbrochenes Leben. Nicht mehr nur zerbrechliches. Da sagen wir: „Er/Sie ist ein so zerbrechlicher Mensch." Wann sprechen wir so von jemandem? Wenn uns ein Mensch besonders kostbar erscheint. Wenn wir ihn vor gewalttätigem Zupacken schützen möchten. Wenn wir ihn von zerstörerischen Entwicklungen bedroht sehen. Darin schimmert durch, dass jedes Leben kostbar, unersetzlich, einmalig ist – wie ein zerbrechliches Gut, das angewiesen ist auf Achtsamkeit und Schutz vor Übergriffen. Um so schlimmer ist es, wenn dann Hiobsbotschaften eintreffen.

Beim biblischen Ijob kommen gleich am Beginn des Buches die Hiobsbotschaften wie gestaffelt (1,13–19), viermal. Noch ist der eine Bote am Reden, da kommt schon der nächste und berichtet noch weitaus Schlimmeres. Nacheinander erfährt Ijob, dass er alles verloren hat: seinen reichen Besitz – Rinder, Esel, Schafe, Kamele, Häuser; alle Bediensteten sind umgebracht, seine

Kinder, sieben Söhne und drei Töchter sind umgekommen – das Liebste, das er hat. Schließlich verliert Ijob seine eigene Gesundheit, seine Ehre, alle menschlichen Beziehungen. Was bleibt da einem Menschen? Was ist, wenn wir Hiobsbotschaften bekommen?

Erleben wir solch einschneidende Verluste bei anderen oder bei uns selbst, dann fragen wir: „Warum gerade ich? Wie kann Gott das zulassen? Warum lässt der gute Gott uns leiden?" Für schreckliche Ereignisse möchten wir eine Erklärung bekommen. Dann scheinen die Schrecken auf den ersten Blick nicht mehr so groß zu sein. Hinter den Fragen „Warum gerade ich? Wie kann Gott das zulassen?" steckt wohl auch die feste Überzeugung: Eigentlich dürfte uns so Schreckliches gar nicht zustoßen. Denn wem so etwas zustößt, steht allzu oft außerhalb der menschlichen Gemeinschaft. Ratlosigkeit macht sich breit. Wer kann ihm dann noch helfen? Eine Wende der Solidarität könnte sich vielleicht anbahnen seit dem unbeschreiblich schrecklichen 11. September 2001 von New York und Washington. Der Frage „Wie kann Gott das zulassen?" wird vielleicht eher standgehalten, wenn wir schauen, was Ijob widerfahren ist.

Fünfzig Prozent der Hiobsbotschaften gehen im Buch Ijob auf das Konto von Unwetterkatastrophen: Feuer vom Himmel und verheerender Wüstenwind. Natürlich, da bleiben Fragen genug. Die anderen fünfzig Prozent sind eine Folge menschlicher Gewalt. Sabäer und Chaldäer werden genannt, Menschengruppen, die sich gewalttätig zeigen. Es gibt Untersuchungen aus unseren Tagen, die weitergehen und sagen: Achtzig bis neunzig Prozent menschlichen Leids haben ihre Wurzeln in menschlicher Gewalt. Ob einer arm oder reich ist, ob er im Norden oder Süden, im Osten oder Westen lebt – alle werden direkt oder indirekt mit Phänomenen der Gewalt konfrontiert. Von Kain und Abel über den Mord am Kreuz bis zu den nicht abreißenden Kriegen und Terroranschlägen in unseren Tagen – die Frage der Gewalt durchzieht die ganze Menschengeschichte und auch die Bibel. Wagen wir, dies anzuschauen neben der Sehnsucht nach Frieden und Glück? Die Frage „Wie kann Gott das zulassen?" führt manche Menschen dazu, sich abzuwenden und nicht mehr zu versuchen, den Ursachen des Leids auf den Grund zu kommen.

Daher ist es wichtig, in dem Knäuel von Fragen rund um die Hiobsbotschaften die Aufmerksamkeit auf das zu lenken, was geschieht. Ob wir die Ursachen von Leid und Gewalt erkennen wollen – diese Bereitschaft kann den Blick weiten. Ob wir ins Gespräch kommen wollen mit dem, den wir vorab gerne für alles Unglück des Lebens allein verantwortlich machen, scheint mir eine Lebensfrage. Ijob kommt nach und nach mit dem Gott des Lebens ins Gespräch: Was ist mir heute an Gewalt aufgegangen, vielleicht widerfahren, vielleicht von mir selbst in Gang gesetzt – in Worten, im Verhalten, im Straßenverkehr …? Diese Frage verträgt keine schnelle Antwort, sie braucht Nachdenklichkeit, auch über Ohnmacht, wie auch die Bereitschaft, Ausschau zu halten nach Antwortmöglichkeiten.

2   Ijobs Klage

Ijob ist eine der erschütterndsten Gestalten der Bibel. Ijob klagt. Ihm ist alles genommen und er will alles haben. Wer die großen Reden des Buches liest und sich nicht betreffen lässt von dem geschundenen Menschen, macht sich selbst etwas vor.

Alles ist Ijob genommen, er hat nichts mehr: keinen Besitz, keine Kinder, keine Ehre, keine Beziehungen, keine Lebenshoffnung. Denn seine bisherige Erfahrung in einem gelungenen Leben und seine bisherige Überzeugung vom Halt des Lebens in Gott sind völlig auseinandergebrochen; ein tiefer Riss klafft in seinem Leben. Nichts von früher passt zu der Lage, in der er sich jetzt befindet. Alles will er haben, zuletzt Gott selbst als den, der sein Leben rettet. Gerade die schier undurchdringliche Nacht seiner Verzweiflung schreit noch einmal nach dem Gott, den er hinter allem am Werk geglaubt hatte.

Sieben Tage und sieben Nächte sitzt Ijob (2,13) auf der Erde, mit bösartigen Geschwüren übersät, mitten in der Asche, Sinnbild dafür, dass er zum Abfall des Lebens gezählt wird (2,7f) – verstummt, ohne ein Wort hervorzubringen, als das ganze Ausmaß des Elends bei ihm angekommen ist. Und dann bricht ein Strom der Klage aus ihm heraus. Sie findet solche Worte:

151

„Ausgelöscht sei der Tag, an dem ich geboren bin,
die Nacht, die sprach: ein Mann ist empfangen (3,3).
Jener Tag werde Finsternis, nie frage Gott von oben nach
ihm ...
Verfinsterung am Tag mache ihn schrecklich ... (3,5).
Warum starb ich nicht vom Mutterschoß weg,
kam ich aus dem Mutterschoß und verschied nicht gleich
(3,11)?
Wozu Licht für den Mann auf verborgenem Weg,
den Gott von allen Seiten versperrt (3,23)?
Die Pfeile des Allmächtigen stecken in mir,
mein Geist hat ihr Gift getrunken,
Gottes Schrecken stellen sich gegen mich (6,4).
Die Erde ist in Frevlerhand gegeben ...
Ist er es nicht, wer ist es dann" (9,24)?

In immer neuen Anläufen findet Ijob solche Worte. Seine Klage benennt alles – den ganzen Widerspruch, die Spaltung seines gegenwärtigen Lebens. Keine Kluft in seinem Empfinden und Denken wird geleugnet oder weggezaubert oder überspielt oder als überbrückt ausgegeben. Die Klage enthüllt die Verzweiflung Ijobs. Im biblischen Buch ist die verzweifelte Klage Ijobs der Ausgangspunkt eines langen Weges. Was am Ende stehen wird, lässt sich jetzt noch nicht absehen. Die Bilder der Nacht, die Bilder abgründiger Verlassenheit, die Feindschaft gegen Gott sprechen eine eigene Sprache. Wer verzweifelt ist, steckt in Ausweglosigkeit und droht darin umzukommen. Ijob ist so verzweifelt, dass er keine Unterschiede mehr machen kann zwischen dem „Jetzt" und seinem ganzen Leben, zwischen dem „Hier" und dem „Überall", zwischen dem vernichtenden Chaos und Gott. Er glaubt sich am Ende – und will es doch nicht.

Nur der Weg der Klage öffnet sich ihm. Ijobs Klage beginnt bei katastrophalen Erfahrungen. Sie macht die Wahrheit deutlich, dass er Opfer von Gewalt ist. Das schreit Ijob heraus. Und er schreit dazu seine Anklagen gegen Gott heraus, er treibe den Menschen in die Ausweglosigkeit und er sei ein Willkürgott. In diesem Zusammenhang spricht Ijob Gott nicht an, sondern er redet von ihm wie von einem weit Entlegenen, einem Er, Zielscheibe seiner Anklagen und Anschreie. Und doch spricht er Gott auch als „Du" an. Je mehr nämlich die Menschenfreunde versagen, umso mehr wird Gott sein einziger Bezugspunkt. Ijob geht es um seinen Gott und Gottesglauben, weil er allein von ihm her zu verstehen hofft, was es ist mit seinem Leben und Leiden. Dabei vertuscht er nichts von dem, was ihm widerfährt. Was für ihn wahr ist, muss auch wahr sein dürfen – vor anderen. Welcher Mut gehört dazu! Eben zur Klage! Weil Ijob nicht an seiner Not ersticken will, schreit er sie heraus mit dem Fragewort „lama – zu was, wozu?" (3,11.20). So fragt er nach dem Sinn, der bei diesem Geschehen angezielt ist, fragt in die Zukunft. „Warum" fragt in die Vergangenheit und nach einer Begründung für ein Geschehen. Mit den Wozu-Fragen sucht Ijob nach dem einzig wahren Adressaten. Denn in der Frage nach Gott sieht er sich als sein Gegenüber. Mit weniger gibt er sich nicht zufrieden. Die Freunde hingegen antworten auf „Warum" und reden an Ijob vorbei. Sie sind auf Gründe für das Leid und den „Gewinn" des Glaubens fixiert. Deswegen scheitert das Gespräch mit ihnen. Ijob hat den Mut, dem eigenen Herzen zu trauen oder „mit dem Herzen zu denken, das wir haben, und nicht mit einem, das wir angeblich haben sollten" (Karl Rahner).

3 Freundesreden

Der biblische Ijob ist das Opfer unergründlicher Gewalt. Zerschlagen, wie er ist, im Verlust seiner Gesundheit, seiner Familie, seines Besitzes, schreit er Gott an. Obwohl Ijob ihn anklagt, ist Gott dennoch untergründig der Garant dafür, dass Ijob nicht „Schluss macht" mit seinem Leben. Unermessliches Leid macht sprachlos und still. Angesichts der Wirklichkeit eines Ijob zerbrechen alle Gottesbilder, die Menschen sich selbst ausgedacht und konstruiert haben. Gerade deswegen besteht Ijob selbst auf einem Gott, der sich in Mitleidenschaft ziehen lässt von seinem Leid. Er weigert sich, sich einem Gott auszuliefern, der als unfehlbar bezeichnet wird, der Unglück und Leid zulässt oder sogar verhängt.

Umso mehr wird der noch nicht gefundene Gott Ijobs Bezugspunkt, je mehr er sich von seinen drei Freunden verlassen sieht. Dabei werden die Freunde mit einem sympathischen Bild der Solidarität eingeführt: Sie setzen sich zu dem entstellten Ijob auf die Erde, begeben sich in den Abgrund des Verstummens und harren bei Ijob aus. Sie werden mit ihm solidarisch in dieser Ratlosigkeit. So durchbrechen sie seine fürchterliche, geradezu tödliche Isolation (2,12 f).

Doch nach der ersten großen Klage Ijobs schleudern sie ihm geradezu in militärischer Ordnung ihre wortgewaltigen Reden mit düsteren Verwünschungen ins Gesicht. Elifas, Bildad und Zofar heißen die Freunde. Jeder von ihnen antwortet dreimal auf Ijobs immer neue Klagen. Antworten – das ist zuviel gesagt. Sie gehen gerade nicht auf Ijob ein. Sie weiten den „Fall Ijob" aus, machen ihn allgemein und weichen ihm persönlich mit seinem Leiden aus. So lassen sich Rat-Schläge geben, Wahrheiten von Nichtbetroffenen. „Ich aber, ich (an deiner Stelle) würde ..." (5,8). Das kann nur einer sagen, der nicht an dieser Stelle ist. Ferner: Die Freunde treten wie Händler auf und gehen die Situation mit Hilfe eines vorgegebenen theologischen Systems an, das sie verkaufen zu müssen meinen.

So kommen sie dahin, Ijob in seiner unvertauschbaren Situation als Frevler, als gottlosen Menschen hinzustellen, der sich nicht helfen lassen will. Schließlich geben die Freunde Ermahnungen, die in den langen Redegängen wie ein Pfeilhagel wirken. Ijob wehrt sich: „Wie lange noch wollt ihr mich quälen und mich mit Worten durchlöchern" (19,2)? Umgekehrt geht den Freunden Ijobs Situation auf die Nerven. Bildad, der zweite Freund, ist schon am Beginn seiner ersten Rede ungeduldig: „Wie lange noch willst du derlei schwätzen? Aufgebläht von Wind sind die Worte deines Mundes" (8,2). Sie wollen „kurzen Prozess" machen, da für sie selbst alles klar ist. Letztlich sind sie nicht an der Wahrheit dieses Einzelnen interessiert. Deswegen wissen sie auch, warum alles so gekommen ist mit Ijob. Ihre Mutmaßungen werden in Windeseile zu Thesen umgewandelt. So wollen sie etwa ein Schuldgeständnis von Ijob erzwingen, dass er sagt: „Ein unfehlbarer Gott hat mich geschlagen, weil ich schuldig bin." Wortgewaltige Reden, Gewalt im Wort, die schnell Komplizen findet – für den kurzen Prozess.

Ijob braucht Unterstützung, doch alle wenden sich ab. Wie Wasser in der Hitze der Sonne, so löst sich der gute Wille der

Freunde in Nichts auf. Um Ijob breitet sich gähnende Leere aus, an deren Rändern nur Wortlärm entsteht. Seine Freunde schätzt er so ein: „Ihr aber seid nur Quacksalber, Schwindelärzte allesamt" (13,4).

Welch ein Dilemma, wo Menschen zusammen vor dem Leiden stehen und nach Gott fragen! Der Leidende selbst gerät dabei allzu schnell aus dem Blick. Wer sich nicht vom Leid hat berühren lassen, vom leidenden Menschen, kann nicht glaubwürdig vom Leid sprechen. Wer vom Leid betroffen ist, erreicht im Sprechen nicht all das, was ihn in seinem Leid ausmacht, und auch nicht, was sich ihm noch eröffnen kann. Ijob selbst weicht diesem Dilemma nicht aus. Er nimmt sich ganz und gar ernst in dem, was er an sich erfährt. In dem Maße, in dem sein Sprechen mit den Freunden scheitert, erwartet Ijob nur noch von Gott selbst die Antwort. Doch wie kann er erhellende und zugleich rettende Antwort von dem Gott erwarten, den er andererseits für den gewalttätigen Verursacher seines Leidens hält? In diesem Dilemma geht Ijob auf der Straße des Fragens sehnsüchtig weiter.

4   Zerreißprobe

Wer einmal in dem biblischen Buch Ijob zu lesen beginnt, dem wird es schwer, sich der Gestalt Ijobs und den Fragen, die mit ihm verbunden sind, zu entziehen. Nach den Hiobsbotschaften, die den Ruin von Ijobs Leben offenkundig gemacht haben, bricht dessen Klage über seine himmelschreiende Situation heraus. Äußerlich ist Ijob zwar nicht allein. Drei Freunde sind bei ihm. Doch sie verstehen und erreichen ihn nicht in seiner abgründigen Not. Je mehr sie ihn von ihrem theologischen Denken aus festnageln als jemanden, der Böses getan haben muss – sonst könnte es ihm nicht so schlecht gehen, sagen sie –, desto krasser liegt Ijobs Dilemma offen. Gegen den Gott seiner Freunde wehrt sich Ijob mit allen Fasern seines Herzens. Denn der erscheint als ein gedachter, unerreichbarer Gott, der wie in ein theologisches System eingebaut ist, ein Gott wie eine Registriermaschine, die an bestimmten Punkten abrechnet. Eine Vorstellung von Gott, wie Menschen sie in ihre eigenen Vorlieben einbeziehen, sodass sie

155

selbst Richter-Gott spielen können. Gegen einen solchen Gott, gegen ein solches Gottesbild wehrt sich Ijob leidenschaftlich. Mit dem Glauben an ihn würde er sich selbst abschreiben. Zugleich sehnt sich Ijob nach dem lebendigen Gott, der auf seiner Seite steht, der in seinem Leben da ist und sein Los teilt und wenden kann. Das eine Gottesbild will Ijob nicht mehr, das andere zeigt sich ihm noch nicht.

Ijob hängt dazwischen. Ob das seinen Lebensbogen überspannt? Ijob kommt in die äußerste Zerreißprobe. Sie wird im 19. Kapitel des Buches drastisch vorgeführt. In diesen Versen erhebt Ijob eine zusammenfassende, dramatische Anklage gegen seine Freunde und gegen Gott selbst. Diese Anklage ist in einer Doppelstrophe gestaltet (19,2–6. 7–12). Sie beginnt mit der Vorwurfsfrage an die Freunde: „Wie lange noch wollt ihr mich quälen und mit Worten durchlöchern" (V. 2)? Ijob erklärt die Reden seiner Freunde zu einer sadistischen Vernichtungsmaßnahme. Die Anklage gegen Gott gipfelt in dem Vorwurf: „Er riss mein Hoffen aus wie einen Baum … er erachtet mich für seinen Feind" (19,10 f). Ijob sieht sich völlig entwurzelt und ohne jede Chance in diesem ungleichen Kampf.

Die zweite Doppelstrophe (19,13–17.18–22) beschreibt die Folgen des Leids, die totale Isolation, in die Ijob durch das Verhalten der Menschen und Gottes Tun geraten ist. Nicht nur, dass er den Menschen entfremdet und bei ihnen vergessen ist, „selbst mein Atem ist meiner Frau zuwider" (19,17). Der Grund dieser Verlassenheit ist für ihn Gott. Ijob sieht sich für alle als eine lästige Last, „denn Gottes Hand hat mich getroffen" (19,21).

An diesem Punkt verdichtet sich die ganze Trostlosigkeit seines Lebens. Zwei Doppelstrophen beschreiben das Ineinander von menschlicher und göttlicher Gewalt, wie Ijob es sieht. Eine Übermacht, vor der es für ihn keine Entrinnen gibt.

Gegen diese Übermacht, gegen diese lückenlose Darstellung der Not, die in den zwei Doppelstrophen sichtbar wird, steht eine einfache Strophe – unerwartet, geradezu wehrlos, eine einzelne Strophe, gegen alle Hoffnung in Hoffnung. Vier zu eins ist das Verhältnis der Strophen. Schon von der formalen Anordnung ist alles scheinbar klar. Doch mittendrin in der einzelnen Strophe der wehrlosen Hoffnung steht der Vers, den manche wohl kennen werden – von Todesanzeigen vielleicht, oder etwa aus der Geistlichen Chormusik von Heinrich Schütz: „Doch ich, ich weiß: Mein Erlöser lebt" (19,25). Ijob ersehnt wie einen ausgeworfenen Anker die Begegnung mit Gott, die endlich alle gegenwärtige Entfremdung überwindet. Sie ist ja durch die abgründige Not hervorgerufen. In dieser „Flucht nach vorne" sucht er die Rettung. Er durchlebt über zahlreiche Stationen hin das Dilemma, die Spannung gegensätzlicher Erfahrung – dieses Nicht-mehr-glauben-Können dem Gott seiner Freunde und dieses den Erlösergott-noch-nicht-sehen-Können, der sich ihm verbindet im Band der Liebe, der geheimnisvoll die Fülle des Lebens ist. Ijob versucht nicht, angesichts des unermesslichen und unverstehbaren Leids Gott zu verteidigen oder etwas zu vertuschen, um sich selbst zu trösten. Gerade darin empfängt er ungeschmälert die Würde dessen, der sich mit allen Fasern seines Herzens nach dem lebendigen Gott sehnt und nicht beim Wahr-Scheinlichen, d. h. dem Schein der Wahrheit, stehen bleibt. Weder durch falschen Trost, erst recht nicht durch Druck, noch durch ein selbstgesetztes Ende seines Lebens lässt er sich diese Sehnsucht abkaufen. Mit der letzten Kraft seines Lebens gibt er seiner Sehnsucht die Gestalt weitausgreifender Hoffnung auf dieses Geheimnis: „Doch ich, ich weiß: Mein Erlöser lebt!"

5   Gottes Antwort

Wer sich weit geöffnet hat in einem Gespräch, wer ganz Persönliches von sich gezeigt hat, wartet auf einen Hinweis, dass er gehört wurde, auf ein Zeichen des Verstehens. Bleibt solch ein Echo aus, dürfte die bestehende oder gesuchte Beziehung ihr Ende finden, enttäuscht und ungetröstet. Ijob, der leidende und klagende Mensch, hat in Verzweiflung seine Verletzung zu Gott hin offengelegt. Er ist sich selbst zur Frage geworden, ganz isoliert von den Menschen und von Gott, wie er sich selbst wahrnimmt. In der äußersten Zerreißprobe seiner Gottsuche hat er sich an einen abgründigen und doch auch untergründigen Glauben herangetastet: „Doch ich, ich weiß: Mein Erlöser lebt" (19,25). Wird Ijob für diesen Glauben Antwort finden?

157

Ja, Ijob findet Antwort. Keine einfache Antwort. Wort für Wort will schon die Einleitung zu dieser Antwort gehört werden. Sie ist der Schlüssel zum Ganzen. „Da antwortete der LEBENDIGE GOTT (JHWH) dem Ijob aus dem Wettersturm und sprach ...“ (38,1). Allein die Tatsache der Antwort ist von größter Bedeutung. Gott lässt sich ein auf die Empörung Ijobs. Was er herausgewimmert und -geschrieen hat, ist nicht irgendwo verhallt und verschluckt. Und Ijob ist nicht verstoßen. Er ist jemand. Ihm antwortet Gott, nicht den Freunden. Dieser Gott, der Rede und Antwort stehen will, antwortet freilich anders, als Ijob ahnen kann. Darauf deutet der Gottesname hin. Während der langen Redegänge zwischen Ijob und seinen Freunden ist das Wort „Gott" oft gefallen. Aber es waren unpersönliche Namen wie „der Höchste" (El = kanaanäischer Gottesname) oder der strafende und prüfende „Allmächtige" (Schaddai). Diesen Gott der Freunde hat Ijob angegriffen. Jetzt antwortet ihm der „LEBENDIGE GOTT" (JHWH), der sich im brennenden Dornbusch als der „Ich bin der ICH-BIN-DA" gezeigt hat – der Gott, den Israel solidarisch in der leidvollen Sklaverei in Ägypten und befreiend in der Herausführung durch das Rote Meer erfahren hat. Dass dieser Gott, der nicht in das Gottesbild der Freunde passt, antwortet, prägt die Begegnung. Nicht Urteil und Verurteilung, sondern Raum des Vertrauens, in dem das verletzteste aller Worte neuen Klang bekommt: Liebe – von diesem Gegenüber, das sich von Angesicht zu Angesicht zeigt. Dass der Gott Israels aus dem „Wettersturm" antwortet, erinnert an die Gabe des Gesetzes vom Sinai, an die umfassende Lebensordnung, die der Freiheit und dem Leben des Gottesvolkes Israel dienen soll.

Diese Einleitung will also in jedem Wort aufgenommen werden: „Da antwortete der LEBENDIGE GOTT dem Ijob aus dem Wettersturm und sprach ...“ Die Gottesreden wirken aufs erste Hören ärgerlich und schmerzlich. Doch mit diesem Vorzeichen lassen sie sich eher verstehen. In großen Bilderbögen wird Ijob gezeigt, dass der Kosmos eine lebendige Vielfalt unter Gottes zugewandter Macht ist. Diese Macht ist zugleich Gottes Verantwortung. Ijob bekommt keine Antwort auf die Frage, warum gerade er leidet, warum Gott Leid zulässt oder gar zufügt. Ob Sinn hinter dem Leid ist. Aber ihm wird gesagt: Alles, was dir begegnet ist und begegnen wird, verantwortet dieser LEBENDIGE GOTT, der sich in Mitleidenschaft ziehen lässt und zugleich der Schöpfergott und der gerechte Herr des Kosmos ist. Er ist es, der mit dir spricht.

Dieser Gott lässt Ijob mit sich verbunden sein im Band der Liebe; er respektiert seine Eigenständigkeit und Würde. Darin entbindet er ihn vom nur bedrohlichen Gottesbild der Freunde. Kein Dritter kann die Frage nach dem Wozu beantworten, nur der Leidende selbst im Ringen mit Gott. Der verliert sich nicht im Abstand, wie die Freunde meinen – er verbindet, er ist der, zu dem Ijob „Amen" sagen kann. Gottes Antwort weist auf, dass diese Welt eine sinnvolle Ordnung hat, dass sie aber für den Menschen zugleich undurchschaubar ist. Diese unbegreifliche Auskunft lässt sich nur in Verbindung mit diesem Gott, dem LEBENDIGEN GOTT, und mit einem allerletzten Vertrauen bestehen, in Partizipation an seiner wirksamen Gegenwart.

Ijob lässt sich ein auf diesen Gott. Er erfährt sich als sein lebendiges Gegenüber. Nur mehr in Bildern, nicht in abgezirkelten Sätzen spricht die Bibel davon. Ijob sagt: „Vom Hörensagen nur hatte ich von dir vernommen; jetzt aber hat mein Auge dich geschaut. Darum widerrufe ich und atme auf, in Staub und Asche" (42,5; vgl. 2,8). Ijob hat Gott, den Gott der Freunde, den bloß „Höchsten" und „Allmächtigen", verlassen um Gottes willen, um des LEBENDIGEN GOTTES willen, vor dem nichts vertuscht werden muss von dem, was ihn zerreißt, weil er im Innersten geheilt ist in erlösender Begegnung, in vertrauender Verbindung.

6   Erneuertes Leben

Ijob – ein Mensch des Alten Testaments. Der Rückblick auf das Buch, das nach ihm benannt ist, das lange Gespräche zwischen ihm und den Freunden, zwischen ihm und Gott erzählt, bringt mehr Herausforderungen als eindeutige Antworten. An Ijob zeigt sich, dass mitten im Leben Zerstörung einbricht, die Leiden schafft. Das ist die eine Herausforderung. Eine andere: Es gibt Menschen wie Ijob, die durch solch unsägliches Leiden nicht zerstört werden.

Das Ijobbuch will ein Lebensbuch sein, das inspirieren, in uns „hineinatmen" will, dass wir nicht am Leben verzweifeln, sondern leben – nicht an dem verzweifeln, der uns in dieses Leben hineingestellt hat, sondern mit ihm leben, mit dem LEBENDIGEN GOTT. Vielstimmig ist das Buch: Es erzählt und bedenkt, es bekämpft und bekräftigt, es hinterfragt und begründet, es lehnt ab und deutet an. So will es helfen, am und im Leiden nicht zu zerbrechen. Vor allem liegt ihm daran, dass wir das Leiden nicht als Nein Gottes erleiden müssen.

Am Ende des Buches spricht Gott zu den Theologenfreunden, die dem leidenden Ijob Lehrvorträge gehalten haben über etwas, was sie nie durchlitten haben. Gott sagt: „Ihr habt nicht recht von mir geredet wie mein Knecht Ijob" (42,7). Ijob hat in den Reden mit Gott erfahren, dass er selbst nicht das „Maß aller Dinge" ist. Dieser Gefahr war Ijob zunächst erlegen. Doch hat er sich den Weg führen lassen, Gott – als den entrückten Gott der Freunde – zu verlassen um des LEBENDIGEN GOTTES willen, der gerade auf der Seite der Leidenden steht. Wo das Verstehen seines Leides am Ende war, hat Ijob gerufen, geschrieen – wie blind zuerst. Doch hat er schließlich in einer letzten Entäußerung „zu" Gott gesprochen. Die Freunde hingegen haben „über" und „von" Gott gesprochen. Auf ihr eigenes Gottesbild, auf ihren erdachten oder bloß gedachten Gott fixiert, konnten sie den wirklichen Gott nicht sehen. Indem sie an Ijob vorbeiredeten und vorbeigingen, gingen sie auch an dem LEBENDIGEN GOTT vorbei. Indem sie ihre Lehre verordneten, fanden sie nicht die Beziehung zum LEBENDIGEN GOTT. Das eigene Maß haben sie zum Maß Gottes gemacht.

Die Fragen „Warum gerade ich? Wie kann Gott das zulassen?" bleiben letztlich offen im Buch Ijob. Es lehnt viele Antwortversuche als ungenügend ab – die der Freunde, aber auch die schrille Position Ijobs. Es will nachdenklich und „weise" machen und so einen Weg führen, mit dem Leiden und auch den Leidenden unter den Augen Gottes zu leben: einen Weg, wie Ijob ihn durchlitten hat – bis zum Aufatmen. Die Ermutigung für diesen nie beendeten Weg liegt in einem abschließenden Wort Gottes. Er sagt: „Mein Knecht Ijob soll für euch Fürbitte einlegen; zu ihm hin erhebe ich mein Angesicht" (42,8).

Das Bild des gütig verstehenden, teilnahmsvollen und zugleich machtvollen Gottes besteht auf der Menschenwürde jedes Leidenden. Es kämpft zugleich um das Klagerecht aller Leidenden und ruft nach der sensiblen Solidarität von Menschen. Das Bild dieses Gottes möchte dann in diesem Rhythmus, der schon im Gange ist, zum Vertrauen führen – zum Vertrauen auf den Gott, der zugleich größer und näher ist, als wir ahnen. Näher als wir ahnen, weil seine Liebe nicht Halt macht vor den Leidenden und angesichts des Todes nicht erschöpft ist, sondern sich mit den Ohnmächtigen und Leidenden unwiderruflich verbindet. Er ist größer, als wir ahnen, obwohl er nicht mit jener starken Hand durchgreift, wie sie von Menschen oft herbeigewünscht wird. Er hat den Faden geknüpft zu allen Geschöpfen, er ist der Erste und der Letzte und darin der Herr der Welt.

Am Beginn des Buches Ijob steht ein abgründiges Wort: „Der Herr hat gegeben, der Herr hat genommen; gelobt sei der Name des Herrn" (1,21). Wenn es unbedacht über die Lippen kommt, kann es menschliches Leid verachten und Gott zu einem Willkürgott machen. Dann ist es ein gefährliches Wort. Es kann auch ein realistisches Hoffnungswort sein: realistisch, weil menschliches Leben genommen wird durch Leid und schließlich durch den Tod. Entscheidend ist, wer es ist, der dieses Leben nimmt. Wenn ER es ist, der es gegeben hat, dann dürfen wir hoffen, dass er unser zerbrechliches Leben aufnimmt – auferweckend, weil es ihm kostbar ist: er, der LEBENDIGE GOTT, auf den sich die Sehnsucht derer richtet, die seiner bedürfen wollen.

Kohelet –
Guter Rat in schwerer Zeit

1 „Das alles ist Windhauch" (Kohelet 1,2)

Was soll man von jemandem erwarten, dessen erstes und letztes Wort heißt: „Windhauch, Windhauch, das ist alles Windhauch" (1,2; 12,8)? Wie soll ein Tag beginnen, wenn als Fazit im Vorhinein schon festzustehen scheint: „Alles ist windig, alles ist – nichts!"?

Jede, jeder reagiert auf diesen Satz anders. Unsere Erfahrungen und Wünsche prägen unsere Weltsicht. Und mancher wird getrost sagen:

„... noch kein Schriftsteller hat die Wirklichkeit
so beschrieben,
wie sie wirklich ist ..."

Thomas Bernhard, Heldenplatz. Frankfurt/M. 1988, 115.

Trotzdem sind das Lebensgefühl und die Weltsicht immer mitbestimmt von dem, was in der Welt im Ganzen geschieht, aber auch von individuellen Schicksalen überall um uns herum. Niemand kann das von sich abschütteln. Spätestens wenn das eigene Leben in unerwartete Bahnen gelenkt wird, fragen wir nachdenklich und mit geöffneten Augen: „Was ist das Leben? Wohin führt alles Mühen und Arbeiten? Was hilft alles Forschen und Wissen? Was ist letztlich schon verlässlich?" Fragen, die bis in die Eingeweide gehen können.

Das Ergebnis solchen Fragens kann sein: „Windhauch, Windhauch, das ist alles Windhauch. Auf Dauer ist kein Verlass, alles ist aufgeblasen (inflationär)." So verwirrend fremd und zugleich verwandt spricht eine Stimme aus der Bibel, vielleicht zweitausenddreihundert Jahre alt. Sie kommt uns im Buch Kohelet entgegen.

Kohelet – das ist kein Eigenname. Das heißt einfach „der Versammler". Oft wird er auch als „Prediger" bezeichnet. Er versteht es damals wohl wie wenige, einen Kreis interessierter Zuhörer um sich zu versammeln. Dann greift er Schlagworte auf, die die Runde machen, und geht ihnen auf den Grund. Er beobachtet die gesellschaftlichen Trends und klopft sie mit seiner Aufmerksamkeit ab. Er hat nicht den Anspruch, alles zu beantworten. Er ist vielmehr ein Meister des Fragments. Er will, dass andere ins Nachsinnen kommen.

Schon ein kleiner Streifzug durch das Buch Kohelet aus dem Alten Testament kann dies bewirken. Wenn auch das erste und letzte Wort heißt: „Windhauch, Windhauch, das ist alles Windhauch", dann ist damit die ganze Verschlungenheit unseres Lebens nicht aufgelöst. Die Erfahrungen, die Kohelet unerbittlich durchgeht, sind kaum zu widerlegen: Da rackern sich Menschen ab, um wenigstens für die Kinder bessere Verhältnisse zu schaffen. Dann kommt der Tod – und alles ist aus. Da suchen alle Anerkennung – und immer wieder lauern enttäuschende Konkurrenzkämpfe. Da hofft man auf Liebesbeziehungen und Freundschaften – und immer wieder zerbricht an menschlichem Unvermögen etwas, was nicht zerbrechen sollte. Da müht man sich um Bildung, um Rechtsprechung, um religiöse Echtheit – und dann stehen Fehlerquellen, Dummheit, Taktieren quer.

Was Kohelet mit seiner Eindringlichkeit als Ergebnis der Analyse festhält: „Windhauch, Windhauch, das ist alles Windhauch", das ist nur die halbe Wahrheit, die nach Ergänzung ruft. Das ist nur die eine Seite der Medaille, die nach der „Kehrseite" fragt. Aus dem unüberschaubaren Gewirr von Erfahrungen gilt es, das „gewisse Etwas" herauszusuchen, das, was Bestand hat. Indem Kohelet alles in der Welt für windig erklärt, öffnet er nämlich einen Raum zur Unterscheidung: Da gibt es bei ihm Vorletztes in der Welt, das zum Leben unentbehrlich ist. Doch davon das Heil zu erwarten, ließe uns nach ihm an dem vorbeigehen, der allein letztgültig ist: der lebendige Gott.

Das erste Wahrnehmen des Kohelet kann ein Anstoß für die Frage sein: Wie sehe ich mein Leben und die Welt? Ein offener Blick und vielleicht auch Gespräche mit anderen Menschen führen gewiss zu guten Entdeckungen.

2 „Keiner hat Macht über den Tag des Todes" (Kohelet 8,8)

Dass das Leben gelinge – dieser Wunsch löst Wohlbehagen aus. Bei jungen Menschen ist er noch offen und kann vieles in sich aufnehmen. Bei einem älteren Menschen meint er wohl, dass die Lebenssumme im Ganzen stimmig wird. Im biblischen Buch Kohelet geht es um gelingendes Leben. Und doch kommt dieser Weise aus dem 3. Jahrhundert vor Christus mit einem pessimistisch klingenden, immer wiederholten Satz daher: „Windhauch, Windhauch, das ist alles Windhauch." Wie kommt er zu diesem Grund-Satz? Was will er damit offen legen?

Kohelet beobachtet das Leben, „alles, was unter dem Himmel getan wird" (1,13), und untersucht es auf seine Stimmigkeit hin. Dazu macht er mit sich selbst Experimente, indem er Lebensentwürfe probiert und zum Beispiel alles auf die Karte „Weisheit" setzt oder auf die Karte „Freude" oder auf die Karte „Reichtum". Indem er etwa Reichtum an die erste Stelle setzt, hat er großen Erfolg, doch er befindet: Im Reichtum allein ist zu wenig für ihn (1,13–18; 2,1f; 2,3–11). Dabei entdeckt er, dass das, was vermeintlich das Selbstverständlichste im Leben ist, uns immer wieder neu gesagt werden muss, dass wir begrenzt und sterblich sind. Der Tod ist die Grenze, an der alles menschliche Streben und aller Gewinn (1,3) zusammenbrechen. Erschreckend nüchtern zeigt Kohelet dies auf.

Wie ein roter Faden zieht sich das Thema „Tod" durch seine 12 Kapitel umfassende Weisheitsschrift (z. B. 1,4.11.15; 2,14.16.18–23; 3,2.19; 8,8; 9,2–6.11; 12,1–8 u. ö.). Er entdeckt und entlarvt, wie groß für uns Menschen die Versuchung ist, vor dem Tod zu fliehen und bis zuletzt nicht wahrhaben zu wollen, dass wir sterben müssen. Wie stark die heimliche Illusion ist, doch noch am Geschick des Todes vorbeizukommen. So beobachtet er, wie die einen sich dem Bereich des Wissens verschreiben, um so den Kern des Lebens herauszufinden und in Händen zu halten. Er sieht, wie andere sich in Aktivitäten stürzen oder auf Besitz setzen, um für sich oder andere eine neue Welt zu bauen. Wieder andere suchen im Vergnügen bleibenden Genuss und erwarten davon alles. Kohelet zeigt, dass wir von uns aus immer mehr wollen, als wir können, dass wir im Über-Maß des

Immer-Mehr den Tod ausblenden – und so gerade nicht zu einem gelingenden Leben kommen. Im gelingenden Leben jedoch wird die unwiderruflich verflochtene Nähe von Leben und Tod aufgespürt und ausgehalten. Immer neu braucht es den Versuch, diese Erfahrung und Erkenntnis wachsend in sich aufzunehmen.

Darum spricht er das Thema Tod an. Er sagt: „Keiner hat Macht über den Tag des Todes" (8,8). Im Tod sieht er *den* Schlüssel zum wahren Leben. Das Todesgeschick trifft alle Menschen gleichermaßen. Es ist nicht eine Randerscheinung, es gehört mitten ins Leben hinein. Wenn das wahr wird, kann unser Leben gelingen, so sagt Kohelet. Alle Verschleierungen des Todes, die sich wie ein feines Lügengewebe über das Leben legen können, zerreißt Kohelet, damit wir erst gar nicht versuchen, dem Tod zu verdrängen.

Wohin führt solch eine Nüchternheit? Wohin führt es mich selbst, wenn ich zu hören bekomme: Zu meinem Menschsein gehört es, dass ich um meinen eigenen Tod weiß!? Solch eine Eröffnung muss nicht in die Verzweiflung führen. Im Gegenteil – wenn die bequemen und beliebten Selbsttäuschungen erkannt werden, liegt alles daran, ob sich der Blick neu öffnen lässt. Dafür nämlich, dass gerade das Schwerste im Leben, das Sterben, Leben enthält. Wenn wir uns der Vergänglichkeit und dem Tod stellen, kann jeder Augenblick kostbar werden. Gerade weil der Tod kommt, sollen wir vom Leben schöpfen. Gerade weil wir begrenzt sind, sollen wir unsere besten Möglichkeiten ins Spiel bringen.

Wenn es nach dem Buch Kohelet zur Lebenskunst gehört zu wissen, dass wir sterben müssen, und den Tod ins Leben einzubeziehen – ob das nicht uns alle menschlicher machen könnte, auch im politischen, wirtschaftlichen, gesellschaftlichen Bereich? Ich bin überzeugt, unser Umgang mit uns selbst und unserer Mitwelt würde sich eminent verändern, wenn wir beginnen, in allem Fühlen, Denken und Entscheiden wie auch in allem privaten und öffentlichen Tun im Angesicht des Todes zu leben. Unser Leben könnte dem *wahren* Leben entgegenwachsen.

3 „Alles hat seine Zeit" (Kohelet 3,1)

Das biblische Buch Kohelet ist keine Erzählung, in die man einfach einschwingen könnte beim Hören oder Lesen. Es ist eine wohl durchdachte Komposition von Erfahrungsschätzen, die ernüchternde Momentaufnahmen unseres Lebens offenbaren. Diese brauchen Zeit zum Nachspüren. Eine davon kennen viele unter der Überschrift: „Alles hat seine Zeit." Sie fasst ein wunderschönes Gedicht im Buch Kohelet (3,1–9) zusammen:

> ¹ *Alles hat seine Stunde, und eine Zeit ist gesetzt für alles Geschehen unter dem Himmel.*
> ² *Zeit zum Gebären, Zeit zum Sterben, Zeit zum Pflanzen, Zeit zum Roden,*
> ³ *Zeit zum Töten, Zeit zum Heilen, Zeit zum Einreißen, Zeit zum Bauen,*
> ⁴ *Zeit zum Weinen, Zeit zum Lachen, Zeit zum Klagen, Zeit zum Tanzen,*
> ⁵ *Zeit zum Steinewerfen, Zeit zum Steinesammeln, Zeit zum Umarmen, Zeit zum Scheiden,*
> ⁶ *Zeit zum Suchen, Zeit zum Verlieren, Zeit zum Bewahren, Zeit zum Wegwerfen,*
> ⁷ *Zeit zum Zerreißen, Zeit zum Nähen, Zeit zum Schweigen, Zeit zum Reden,*
> ⁸ *Zeit zum Lieben, Zeit zum Hassen, Zeit zum Krieg, Zeit zum Frieden.*
> ⁹ *Was für einen Gewinn hat der Macher, dadurch, dass er sich abmüht?*

Die Reihe der Aufzählungen beginnt mit dem, was für uns alle grundlegend ist: Wir werden geboren, aber wir können den Zeitpunkt nicht selbst bestimmen. Wir werden sterben, und niemand kann diesem Geschick entkommen. Damit erinnert Kohelet an eine Grundeinsicht: dass unserem Leben Grenzen gesetzt sind, vor allem durch den Tod. Wir können nicht vollständig über unser Leben verfügen. Doch wenn wir beginnen, die Grenzen anzunehmen, eröffnet sich ein Spielraum der Freiheit. Dessen Möglichkeiten sollen wir ergreifen.

Kohelet ist ein Meister des Realismus, der in dem großen Durcheinander der Welt einen Weg sucht und sieht. Er warnt vor der Illusion, als könnten wir die Zukunft in jeder Hinsicht planen und machen. Und er warnt ebenso vor der Falle der Resignation, als könnten wir nichts ausrichten und als sei es gleichgültig, ob wir etwas tun oder nicht.

Unser Anteil ist nach Kohelet, den rechten Augenblick zu ergreifen. Die Schriftstellerin Luise Rinser schreibt einmal:

„Ich habe im vergangenen Jahr etwas gelernt (zu lernen begonnen), ich habe aus der Bibel gelernt, aus dem Buch Kohelet: das (relative) Glück des Augenblicks erkennen. Das habe ich nie gekonnt. Immer war ich die Durchreisende, die nie irgendwo ankam ... Von *Kohelet* lerne ich jetzt ... *Dies ist die Stunde, dies ist der Ort.*"

Luise Rinser, Baustelle. Eine Art Tagebuch, Frankfurt/M. 1977, 27 f.

Den Augenblick ergreifen heißt auch, in der Gegenwart zu leben. Wer sich selber beobachtet, wird vielleicht erstaunt feststellen, wie schnell es gehen kann, auf der Flucht zu sein vor der Gegenwart und entweder in die Vergangenheit oder die Zukunft auszuweichen. Was uns umgibt, ist der gegenwärtige Augenblick. „Der Augenblick ist Gottes Gewand" (Martin Buber). Die wichtigste Zeit in unserem Leben ist das jeweilige Heute. Von daher sagt die jüdische Weisheit in vielen Variationen: „Ein Mensch, dem nicht an jedem Tag eine Stunde gehört, ist kein Mensch" – eine Stunde am Tag, in der ich gegenwärtig bin.

Den Augenblick zu ergreifen und zu tun oder zu lassen, was an der Zeit ist, das lebt davon, ob wir wahrnehmen wollen. Wahrnehmen bezieht sich auf das, was ist, was da ist, was geschieht. Es ist ein unumstößliches Fundament von allem, hält und erhält uns in der Gegenwart. Wo die Wahrnehmung ausfällt, wird sich das Leben in ein anfälliges und künstliches Gebilde verwandeln. An die Stelle dessen, was ist und geschieht, tritt dann das Reich diffuser Ängste, Träume, Illusionen, Schreckgebilde, Behelfs- und Ersatzmittel. Wahrnehmung hängt eng mit Vertrauen zusammen, dass unser begrenzte Leben wirklich trägt. Wenn dieses Leben aber nicht wahr-genommen wird, nicht geschaut, gehört, verkostet, berührt wird, bleibt es letztlich steril und leblos, wird es auch nicht mehr kreativ ergriffen, bleibt ohne lebendigen Bezug glück-los.

Kohelet sagt: „Der Mensch kennt seine Zeit nicht" (9,12). Wer etwa die Zeit zum Weinen nicht wahrnimmt, wird die Zeit zum Lachen auch nicht ergreifen. Die nicht wirklich gelebte Gegenwart drängt sich als unbewältigte Vergangenheit immer wieder in das gegenwärtige Erleben ein und verhindert so echte Gegenwart. Der springende Punkt dabei ist: Des Menschen begrenzte Zeit, die nur halbe Wahrheit, ruft nach der übergreifenden Ergänzung, dass des Menschen Zeit Gottes unbegrenzte Zeit ist. Diskret verweist Kohelet darauf, dass alles in Gottes Hand und Plan liegt. Dadurch, dass wir Menschen das, was auf uns zukommt, mit ganzem Herzen ergreifen, sind wir offen für unsere Gegenwart und Zukunft. Ja, die wahrgenommene Gegenwart führt an die Ewigkeit. An jedem Tag.

4   „Nicht im Menschen selbst gründet das Glück" (Kohelet 2,24)

Mitten in der Bibel kommt uns eine nachdenkliche und nüchterne Stimme entgegen – im Buch Kohelet. Der Weisheitslehrer, von dem das Buch stammt, ruft uns zu: „Schaut euch die Welt an! Schaut euch die an, die sagen, sie seien glücklich! Schaut euch die an, die dem Glück nachjagen!"

Seine eigene Antwort ist zunächst schockierend. Alles ist für ihn Windhauch, aufgeblasen, wirklichkeitsverzerrt. Es gibt für uns Menschen keinen Gewinn, der bleibt (1,3). Denn der Tod ist uns sicher, alles ist dem Tod verfallen – und dadurch ist alles unter der Sonne absurd.

Wenn man den Schock, den diese Lebenssicht mit sich bringt, erst einmal verkraftet hat und dann genauer hinhört, lassen sich bei Kohelet auch andere Töne vernehmen. Ihm geht es nämlich um die wahre Lebenskunst. Zu ihr gehört – das bleibt – grundsätzlich, den Tod als wahr zu nehmen. Erst so ergibt sich ein neues Verständnis zum Leben unter der Sonne. Sache des Menschen ist es, den rechten Augenblick zu ergreifen. Und dabei kann man Glück erfahren.

168

Was ist Glück? Was ist für Sie Glück? Ist Glück das, was jemand geleistet und erwirtschaftet hat? Ist Glück die Menge von Wissen, das jemand beherrscht? Liegt das Glück in einer friedvollen Gesellschaft? Ist Glück die Erfahrung von Genuss, Lust, Lebensfreude? Besteht Glück im Geschenk des Glaubens an einen guten Gott?

Kohelet spricht vom Glück, ganz ausdrücklich. Sie werden Ihren Augen und Ohren kaum trauen, wenn er sagt: „Das vollkommene Glück besteht darin, dass jemand isst und trinkt und das Glück kennen lernt durch seinen eigenen Besitz ..." (5,17 ff). Oder – und das sagt er als Mann: „Mit einer Frau, die du liebst, genieße das Leben alle Tage deines Lebens voll Windhauch, die er dir unter der Sonne geschenkt hat ..." (9,9). Das soll wirklich das vollkommene Glück sein? So leichtfüßige Töne?

Nun, unvorbereitet spricht Kohelet ja nicht vom Glück. Er spricht auch nicht vom „vollkommenen Glück", wie es die Bibelübersetzungen nahe legen (z. B. die so genannte „Einheitsübersetzung"). Er versteht Glück nicht im Superlativ, auf der Höchststufe, sondern sagt: „Es gibt nichts Besseres, als dass der Mensch sich bei seinem Tun freut, denn das ist sein Anteil" (3,22; vgl. 2,24; 11,9). Glück, das ist nach Kohelet nicht eine Garantie für unaufhörliche Hochgestimmtheit unter idealen Bedingungen, es ist auch kein unverlierbarer Besitz. Er nimmt nüchtern die Rahmenbedingungen in den Blick, nämlich die Tage voll Windhauch, die Tage voll Mühsal (5,17).

Unter den Bedingungen von Konkurrenz und Ellbogengesellschaft, die er damals erlebt, gibt es verschiedene Gaben des Glücks: Weisheit etwa und die Freude vor allem. Freude wird erlebbar, wenn jemand den Augenblick ergreift und genießt, auch die vielen Dinge, im rechten Maß. Wenn Kohelet zur Freude ruft, dann meint er das für die ganze Lebenszeit (9,9), und er zielt darauf, dass sie das ganze Leben durchdringt (11,8). Diese Freude hat eine ganz handgreifliche sinnliche Dimension: Brot essen, Wein trinken, frische Kleider tragen, duftendes Öl dem Leib auftragen, mit einer Frau, die man liebt, das Leben genießen ... (5,17). Freude erfährt man nach Kohelet also nicht nur innerlich, sondern eben auch sinnlich, wenn man mit weit offenen Augen das wahr- und annimmt, was der Augenblick bietet. Wenn ein

Mensch Freude erfährt, verwirklicht sich nach Kohelet etwas vom Glück.

Nun will Kohelet allerdings damit nicht zu einem gedankenlosen Leben auf Kosten anderer animieren. Das wird schon daran deutlich, dass er als Hintergrund seiner Lebensempfehlung sagt: „Nicht im Menschen selbst gründet das Glück … Ich habe vielmehr erkannt, dass dies aus der Hand Gottes stammt" (2,24; vgl. 3,12 f; 5,18; u. ö.). Gott ist es, der die irdischen Güter als Grundlage etwa für den Besitz stiftet. Der auch die Fähigkeit in den Menschen legt, damit umzugehen, das heißt: so, dass Freude daraus erwachsen kann. Gott ist es, der dem Menschen „in der Freude seines Herzens Antwort gibt" (5,19).

Von Gott spricht Kohelet zurückhaltend. Je genauer er vom menschlichen Leben spricht, umso mehr stößt er dabei auf die Frage nach Gott.

5   „Nähere dich, um zu hören" (Kohelet 4,17)

„Das macht Sinn!" Diese Feststellung ist seit einiger Zeit oft zu hören. Manche lassen sie ins Erzählen oder ins Gespräch einfließen. Sie soll wohl bestätigen, dass unterschiedliche Vorgänge gut zusammenpassen, oder auch, dass die eigenen Handlungen unabweisbar richtig sind. „Das macht Sinn!" Diese beliebte Redewendung möchte ich gern Kohelet vorlegen.

Was sagt dazu dieser Weisheitslehrer der Bibel, der ständig nach dem Sinn des Lebens sucht und fragt? Wie passt dieses Wort „Das macht Sinn!" in seine Lebenssicht? Wie fügt sie sich in seine Erfahrungen von Gott und Welt, von Gott und Mensch?

Kohelet sagt zu solch einer Lebenseinstellung: „Das ist Windhauch, das ist windig, aufgeblasen." Denn Sinn lässt sich nur empfangen oder entdecken, lässt sich aufheben wie eine Muschel am Strand, um sie ans Ohr zu halten und zu lauschen. Sparsam und diskret spricht Kohelet von Sinn – und von Gott. Er beschreibt das Leben. Doch dabei stößt er auf diese nicht greifbare Dimension: auf den lebendigen Gott. Gibt es nach ihm Aussagen über diesen Gott, über seine Lebensart mit den Menschen?

Ja, aber achten Sie darauf, welche: Gott ist der Ewige, aus dem alle Zeit fließt und von dem alle Zeit uns Menschen zukommt (3,1–8). Und dieser Gott ist es, der gibt, der das Leben gibt (5,17; 8,15; 9,9; 12,7), der den Menschen auch die Fähigkeit gibt, den rechten Augenblick zu ergreifen (2,24; 3,13; 5,18; 9,7). Dieser Gott ist es, der alles wirkt, was unter der Sonne geschieht (3,14; 8,17; 11,5), er hat den gewaltigen und ewigen Kosmos geschaffen und trägt ihn (1,4–11). Die Summe aller Aussagen Kohelets aber ist, dass Gott ganz anders ist, als wir denken. Er lässt sich nicht einbinden in menschliche Interessen und Selbstbehauptungen. Gott ist nicht auf eine Formel zu bringen. So betont Kohelet: „Gott ist im Himmel, du bist auf der Erde" (5,1). Oder: „Der Mensch kann das Tun Gottes in seiner Gesamtheit nicht herausfinden" (8,16). Immer wieder deckt er falsche Vorstellungen auf, mit denen Menschen Gott geradezu zu einem Möbelstück ihrer Lebenswelt machen.

Welches Verhältnis haben dann Gott und Mensch? Einerseits, sagt Kohelet, übersteigt Gott die Welt: „Gott ist im Himmel" (5,1). Andererseits wirkt Gott in der Welt und im Menschen. Von ihm stammen die guten und die bösen Tage (3,10; 8,14). Es heißt: „Sein Tun trägt Ewigkeitswert in sich, er hat selbst die Ewigkeit in das Herz des Menschen gegeben" (3,10–15).

Kohelet hat herausgefunden, dass das Tun Gottes und das Tun des Menschen ineinander greifen – und doch genau zu unterscheiden sind. Gott bleibt unfassbar – der Anteil des Menschen ist, tatkräftig zu handeln und genau darin Gottes Weltordnung zu respektieren. Das umkreist Kohelet immer wieder, indem er – was wohl leichter ist – beschreibt, worin wir Menschen in Gefahr sind, diese Ordnung Gottes zu ignorieren oder sie vermeintlich unseren Plänen dienstbar zu machen und sie damit letztlich zu zerstören.

Immer wieder nimmt Kohelet seine Hörer und Leser auf diesen Balanceakt mit: Zwischen Zeit und Ewigkeit, zwischen Endlichkeit und Unendlichkeit, zwischen Vergangenheitsverhaftung und Zukunftssucht, zwischen verbissenem Handeln und unbeteiligtem Geschehenlassen verläuft der Weg im Hier und Jetzt. Da liegt das Glück verborgen, da liegt der Sinn. Denn Gott ist ein Gott der Gegenwart und der übergreifenden Ewigkeit.

Deshalb erinnert Kohelet daran, dass wir Menschen vor Gott zunächst und vor allem anderen Hörende sind. „Nähere dich (dem Gotteshaus), um zu hören" (4,17), sagt er. Das ist der Anfang der Weisheit, das ist der Anfang des Glaubens. Dieser Weg des Hörens kommt an kein Ende und führt zur Frage: Wie kann ich vor und mit diesem Gott leben?

6 „Wer Gott fürchtet, wird sich in jedem Fall richtig verhalten" (Kohelet 7,18)

Von etlichen Menschen, die sich mit der Bibel beschäftigen und sie regelmäßig lesen, und von mir selbst weiß ich, dass sich nicht immer etwas vermittelt und klärt im Lesen. Beglückend ist es, wenn sich etwas auftut, wenn etwas erhellt wird für dieses Leben zwischen Himmel und Erde. Nach und nach kann die Bibellektüre von diesem Wunsch geprägt werden, Hilfen zu finden in der Frage: Wie kann ich mit dem lebendigen Gott leben? Nun gibt es hinter den einzelnen biblischen Schriften vielfältige Lebenserfahrungen und auch Lebensentwürfe. Ihre hintergründige Einheit ist wohl immer diese: Da sind Menschen auf Gott als Geheimnis der Welt und des eigenen Lebens gestoßen und fragen dann: Wie lässt sich mein Leben gegenüber Gott neu bestimmen und ausrichten?

Kohelet beginnt – wie durchgängig die Schriften der Bibel – mit Erfahrungen, nicht mit Moral. Seine Erfahrungen besagen: Für den Menschen gibt es keinen bleibenden Gewinn auf der Erde. Er will zwar alles erkennen, kann aber den inneren, tiefsten Zusammenhang der Welt nicht finden. Auf diesem Suchweg ist daher alles „Windhauch". Nichts hält letztlich, was es verspricht, oder besser: was wir uns von ihm versprechen. Wie da weiterkommen?

Je sensibler Kohelet unsere normalen Lebenswege beschreibt, umso hellsichtiger stößt er auf die Frage nach Gott. Vor ihm, der nach Kohelet in seinem Walten nicht erkennbar ist und doch in der Welt und in uns wirkt, gibt es eine prägnante Lebensmöglichkeit: die Gottesfurcht (3,14; 5,6; 7,18; 8,12 f). „Wer Gott fürchtet, wird sich in jedem Fall richtig verhalten", sagt Kohelet.

Vielleicht gehen Sie da unwillkürlich auf Distanz. Geht es da nicht um eine altmodische Ansicht und eine empörende Auskunft? Hat Kohelet Angst vor der eigenen Courage bekommen? Gottesfurcht – hört sich das nicht nach Fremdbestimmung, Drohung, Angstmacherei und Überforderung an?

Nein, darum geht es nicht. Den Weg zum richtigen Verständnis können irgendwie alle Menschen nachvollziehen: Es gibt eine gesunde und geradezu notwendige Furcht. Wer etwa zu weit ins Meer hinausschwimmt, kann berechtigte Furcht haben, ob er nicht seine Kraft überschätzt und seine Grenzen überschritten hat und am Ende nicht wieder ans rettende Ufer kommt. Kohelet möchte mit dem An-Gebot der Gottesfurcht erreichen, dass wir uns unserer Grenzen bewusst werden. Gottesfurcht hat nämlich mit der Einsicht zu tun, dass wir das göttliche Walten nicht durchschauen können, hat mit dem Realismus zu tun, dass ein fixiertes, enges Gottesbild nach eigenen Maßen uns ums Leben bringt. Das Gleiche gilt für unser Selbstbild: Gottesfurcht schützt uns vor Selbstüberschätzung und Selbstunterschätzung. Beide Extreme wären lebensgefährlich. Es geht um die Annahme unserer menschlichen Realität im Verhältnis zu Gott und unserer Mitwelt.

Innerhalb dieser Grenzen freilich sollen wir den Augenblick ergreifen, sollen wir glücklich werden. Innerhalb dieser Grenzen ist der Spielraum, der gestaltet werden will im Sinne der Lebenskunst, die Kohelet entfaltet hat. Gestaltet auf dem Hintergrund einer heiligen Ehrfurcht vor dem so ganz unverständlich anderen und doch zutiefst im eigenen Tun wirksamen und nahen Gott – und im Blick auf den jeweiligen Augenblick in den umgebenden Verhältnissen so unterschiedlicher Art. In diesem Spielraum bewirkt Gottesfurcht die Menschwerdung des Menschen im Ernstnehmen Gottes. Daraus vermag sich dann das richtige Verhalten im Anerkennen der Lebensweisungen der Bibel zu entwickeln.

Dieses Leben vor und mit Gott will regelrecht erlernt werden. Kohelet ermutigt deshalb seine Schüler dazu, sich von einem rein außengeleiteten Verhalten zu befreien und vielmehr auf das zu hören, was Gott selbst in ihnen wirkt (7,15–18) – dieser Gott, den wir nicht sehen können und der doch uns sieht und liebt und der eigentliche Ratgeber ist.

Das Hohelied –
Wechselgesänge der Liebe

1   *Stimme der Sehnsucht*

2,8   *Die Stimme meines Liebsten,*
horch doch – da –
er kommt gesprungen
über die Berge,
gehüpft
über die Hügel.
2,9   *Er gleicht,*
mein Liebster,
einer Gazelle
oder einem Dammhirschböckchen.
Sieh doch – da –
er bleibt stehen
hinter unsrer Mauer,
schaut durch die Fenster,
strahlt durch die Gitter.
2,10   *Da ruft mein Liebster*
und spricht zu mir –
Auf, du,
meine Liebste,
meine Schöne,
und komm du.

Hier ist der Beginn eines Liebesgedichtes. Da lenkt eine junge
Frau alle Aufmerksamkeit auf die Ankunft ihres Geliebten. Mit
allen Sinnen ersehnt sie ihn, vibriert vor Erwartung, ihre Gefühle
und Gedanken kreisen um ihn. Sie hört ihn kommen. Fast über-
menschliche Kraft schreibt sie ihm zu, ungewöhnlich schnell,
kraftvoll und grazil hört sie ihn mit seinem Springen und Hüpfen

auf sich zukommen. Für einen Moment setzt im Gedicht jede Bewegung aus – und dann sieht die Liebende, wie der Liebende schaut, wie er mit glänzenden Augen die Geliebte sucht. Der liebende Geliebte hat alle Hindernisse überwunden, um zur Geliebten zu kommen. Jetzt steht er vor ihrer Tür und lockt sie aus ihrem Haus: mit seinen Augen, mit seinem Ruf, liebt sie heraus aus der Verborgenheit.

Würden Sie darauf gefasst sein, diese Verse in einem Gottesdienst zu hören? Vermutlich nicht. Und doch kommen sie im Advent zu Gehör (21. Dezember). Jüngere Menschen sind sprachlos, wenn sie diese Gedichte hören und erfahren, dass sie in der Bibel stehen. Im „Hohenlied" nämlich. So heißt das Buch nach einer auf Martin Luther zurückgehenden Sprachgewohnheit. Es gehört zum Alten Testament. Wörtlich heißt dieses Buch „Das Lied der Lieder" und ist zu verstehen im Sinne von „das beste Lied" oder „das schönste Lied" oder *das* Lied schlechthin. Lied meint fröhliches Lied. Zehn Seiten umfasst es in der hebräischen Bibel. Zugeschrieben werden diese Liebeslieder dem König Salomo.

Umstritten wie kaum ein anderes biblisches Buch ist das Hohelied. Die Frage, wie man es verstehen soll, hat zahlreiche Antworten gefunden. Soll man es wörtlich verstehen oder im übertragenen Sinne und dann fromm? Schließt die eine Weise des Verstehens die andere grundsätzlich aus?

Das Hohelied gehört auf jeden Fall zur Weltliteratur. Deswegen, weil es Poesie von höchstem Rang ist. Es ist von der Frage bewegt, was das Menschenleben und die Welt begründet, auch, was dieses Leben fragwürdig macht. Poesie erfindet Leben und will so die eigene Lebensperspektive erweitern, indem es die Sinne für einen bislang verdeckten Bereich des Lebens öffnet. Von da aus ergibt sich nicht selten für unterschiedliche Menschen, dass jeweils anderes fühlbar wird und im Fühlbaren das andere.

2,10 *Da ruft mein Liebster*
und spricht zu mir –
Auf, du,
meine Liebste,
meine Schöne,
und komm, du.

175

Diese Gedichtzeilen warten in ihrem ganzen Zusammenhang mit einer bildreichen und doch unverblümten Eindringlichkeit auf, um die liebende Beziehung zwischen einer Frau und einem Mann anzuleuchten. Im Gedicht ist es Frühling. Nach der Regenzeit des Winters in Israel entfalten leuchtend aufspringende Knospen eine farbenfrohe Pracht. Eine ganze Sinfonie aus Landschaft, Pflanzen, Tieren, Düften wird im Gedicht mit Bildvergleichen eröffnet. Und mittendrin zwei Menschen, die mit geöffneten Sinnen auf die Wandlung ihres Lebens hoffen – durch die Liebe. Doch gegen die Natur als Ort der Liebe steht die Stadt als Ort des hilflosen Umherirrens und gewaltsam aufrecht erhaltener Ordnung. Wie kann der Mensch diese Entfremdung bestehen? Wie kann er darüber hinausgeführt werden? Durch die Liebe in allen ihren Formen – ist eine Antwort dieses biblischen Buches.

Dass die Entfremdung des Menschen sehr tief gehen kann – die Entfremdung zu sich selbst, zu den Menschen, zur Natur, zum tragenden Sinngrund –, ist eine schmerzliche Erfahrung. Manche hören in diesen Versen noch anderes heraus, nämlich dass die Liebe zu dem, der als der Bote der göttlichen Liebe ersehnt wird, zwar die Entfremdung einerseits spürbar macht, doch sie auch überwindet. Denn der erwartete Geliebte, der Gottessohn, verheißt, in das verlorene Paradies hineinzuführen, wo alle Entfremdung überwunden ist.

Hat das mit uns zu tun? Wessen Tag ist nicht voll von alltäglichen Dingen? Worüber sprechen Sie? Von den gesellschaftlichen Problembergen? Von den erhöhten Stromgebühren, vom gefüllten Wartezimmer, von den noch unerledigten Besorgungen …? Ist das alles? Gibt es in all dem nicht Gegenzeichen, die wir aufleben lassen? Wenn es früh dunkel wird, zünden manche Kerzen an. Wenn die winterlichen Bäume kahl sind, holen die Menschen grüne oder blühende Zweige in die Zimmer. Im Alltagstrott können Gefühle einfrieren, winterliche Zeiten brechen an, und es gibt Momente, wo das Eis taut, wo eine behutsame Frage, eine zärtliche Geste, ein offenes Ohr zeigen, dass es „Frühling" geben kann, neues Leben.

Der LEBENDIGE GOTT will, dass in solchen Gegenzeichen die Stimme der Sehnsucht sich erhebt, so oder so.

2   Geheimnisvolle Schönheit

Wie kaum ein biblisches Buch hat das Hohelied Salomos oder das Hohelied der Liebe die menschliche Fantasie beflügelt. Einige Verse heißen so:

> 1,15 *Sieh doch – schön bist du,*
> *meine Liebste,*
> *sieh doch – schön,*
> *Deine Blicke*
> *Tauben.*
> 1,16 *Sieh doch – schön bist du,*
> *mein Liebster,*
> *ja wie lieb.*
> *Unser Bett*
> *ja wie üppig grün.*

Gegenseitig besingen die Liebenden ihre Schönheit. In langen Perlenketten von Vergleichen wollen die Lieder die sichtbare Gestalt der jungen Frau oder des jungen Mannes ins Bild setzen, im Ganzen und auch in Details. Da heißt es von der Geliebten etwa:

> 4,2   *Deine Zähne*
> *wie eine Herde zur Schur bereiter Schafe,*
> *die heraufzieh'n aus der Schwemme*
> *alle*
> *doppelt trächtig*
> *und fehl wirft*
> *nicht eins*
> *unter ihnen.*

Was für ein Kompliment, was für eine Liebeserklärung! Weiße Zähne – wie eine Herde von Schafen, die vor der Schur gewaschen werden, damit man weiße Wolle scheren kann. Beabsichtigt ist dabei ein Gegensatz zu den schwarzen, frechen Ziegenböcken. Weiße Zähne also: verheißungsvoll und vital, rundum vielversprechend. Vom Geliebten heißt es:

5,11 *Sein Kopf –*
Gold, lauteres Gold,
seine Locken –
Dattelpalmenblätter,
rabenschwarze.

Wie eine Götterstatue erscheint der Geliebte, durch seine imponierende Erscheinung sticht er unter allen hervor, geheimnisvoll ist seine Ausstrahlung im Kontrast des rötlich-goldenen Kopfes und der schwarzen Locken. Doch geht es nicht nur um die Beschreibung der Gestalt, es geht vor allem darum, die Gefühlsbewegungen einzufangen, die die Liebenden dabei füreinander empfinden.

Schönheit will im Betrachten wahrgenommen und im Miteinander erfahren werden. Sie erschließt sich nur, wenn man sich von ihr ergreifen lässt. Die Bildvergleiche helfen, konkrete Anhaltspunkte zu haben und doch auf eine unauslotbare Tiefe zu verweisen, die das Geheimnis der anderen Person bewahrt. So entsteht der Zauber der Liebe, in den das Lied hineinzieht. Jede direkte Anweisung müsste eine falsche Wirkung haben und würde sich mit dem Sprachschutt des Alltagsallerlei und der Reklame vermengen.

Jeweils die Geliebte und der Geliebte sagen zueinander: „Deine Blicke - Tauben" (1,15; 5,12). Dabei geht es um die bewegliche Lebendigkeit der Augen. „Mit einem einzigen Blick" kann der Funke überspringen, kann ein Mensch verzaubert sein und zum Liebenden werden. Da im Alten Orient Tauben als Liebesbotinnen gelten, sind die Blicke im Hohenlied als Liebesboten zu verstehen – quicklebendig, glücklich, verheißungsvoll, tief wie ein Brunnen.

Karge Worte würden alles in blasser Allgemeinheit zurücklassen. Deshalb wird gesungen. Lieder entspringen der Schatzkammer des Herzens. Sie rühren an das Geheimnis des Lebens, sie helfen, im Leben daheim zu sein – im erfahrbaren und im ersehnten Leben. Singen reicht tief in die Vergangenheit und tief in die Zukunft hinein, in die Erfahrung, ein Ja erfahren zu haben und es immer noch mehr erfahren zu wollen.

So gibt es wunderbare Vertonungen zum Lied der Lieder, in denen der Zauber der Töne zur Bildkraft der Verse hinzutritt, um dem Geheimnis menschlicher Liebe sich anzunähern.

„Ein solches Lied kann nur die Liebe lehren" – sagt der mittelalterliche Mönch Bernhard von Clairvaux. Er legt das „Lied der Lieder" auf das Gesamt der christlichen Glaubenslehre hin aus und nimmt dabei vor allem die Beziehung Gott-Mensch in den Blick. Nach seiner Überzeugung ist der Mensch für die Liebe geschaffen. Er hat es zwar weithin vergessen und sich in alle möglichen falschen Richtungen verlaufen; doch wenn er wirklich in sich geht und zu sich kommt, findet er die verschüttete Quelle der Liebe wieder, die Quelle der Gottesliebe und der Liebe zum Nächsten. Bernhard schreibt in seiner ersten Hoheliedpredigt:

„Dies Lied klingt nicht im Ohr:
es jubelt auf im Herzen.
Es tönt nicht von den Lippen,
sondern erregt in tiefer Freude.
Nicht Stimmen schwingen da in eins,
sondern die Strebungen der Herzen.
Es ist nicht draußen zu vernehmen,
es schallt nicht offen auf dem Markt.
Nur die es singt, vernimmt den Klang,
und der, dem sie es singt:
die Braut und ihr geliebter Bräutigam."

3   Glück der Einzigartigkeit

Im Hohenlied Salomos gibt es kunstvolle Wechselgesänge. Der Rhythmus der Worte weist dahin, auch die Bilder ergänzen sich und veranschaulichen eine grundlegende Zwiesprache. Einmal singen der junge Mann und die junge Frau voneinander so:

2,2   *Wie eine Lotusblume*
      unter dem Dornengestrüpp,
      so, ja
      ist meine Liebste
      unter den jungen Mädchen.
2,3   *Wie ein Apfelbaum*

179

unter Waldbäumen,
so, ja
ist mein Liebster
unter den jungen Männern.

Diese beiden Verse sind die Keimzelle eines größeren Liedes. Mit äußerster Wachheit und voller Selbstbewusstsein nehmen die beiden Liebenden die Erfahrung der Beglückung wahr, im jeweils anderen einen einzigartigen Menschen gefunden zu haben. Weder sie noch er bestreiten das Kompliment, vielmehr geben sie es gegenseitig zurück.

Der junge Mann vergleicht seine Geliebte mit einer Lotusblume. Als Seerosenart verschwindet sie täglich, doch die Blüte entfaltet sich strahlend immer wieder neu aus dem Wasser. So wurde sie zum Symbol der Neugeburt, zum Zeichen des Lebens und der Fruchtbarkeit. Mit diesem Vergleich bestätigt der junge Mann seine Geliebte, die sich zuvor selbst als Lotusblume bezeichnet hat, als eine, die erfrischtes Leben und immer neue Lebenslust verheißt. Doch erhöht er sie auch. Denn er stellt sie in einen Kontrast zum Dornengestrüpp. So bezeichnet er die anderen jungen Mädchen. Dornengestrüpp – da ist es dürr, da gibt es keine Lebensnahrung. Die Geliebte wiegt leicht alle anderen Frauen auf, ist einzigartig.

Die junge Frau erwidert mit einem ähnlichen Vergleich. Er ist ihr wie ein Apfelbaum unter Waldbäumen. Der Apfelbaum gilt als belebend, trägt Früchte hinauf bis in die Krone, lädt dazu ein, von seinen Früchten zu zehren; in seinem Schatten kann man ausruhen und sich geborgen fühlen.

Wie alttestamentliche Menschen die Wüste mit ihrem Dornengestrüpp meiden, so auch den undurchdringlichen Wald mit seinem Geäst und seinen wilden Tieren. Beide Liebenden sind sich gegenseitig eine einzigartige Ausnahme in ruppiger Umgebung.

Die Einzigartigkeit eines geliebten Menschen zu beteuern und der persönlichen Zuneigung, die für die Liebenden unteilbar ist, Gestalt zu geben, ist eine große Kunst – auch in Worten wie in diesem Gedicht. Soll die Liebe aufblühen, braucht sie neben dem Verborgenen auch das Sich-Zeigen, ja sogar das Vergleichen mit anderen, die Lust, sich einen unaufgebbaren Platz im Herzen und im Leben einzuräumen.

Die Freude am geliebten Anderen wächst zur Freude an der Freiheit, einander zuzugehören. So heißt es in dieser biblischen Lyrik unübertroffen knapp:

> 2,16 *Mein Liebster*
> *mein*
> *und ich*
> *sein.*
> (vgl. 6,3; 7,11)

Dreimal begegnet dieser Vers. Schlichter Ausdruck glücklichen Erfülltseins. Ausdruck aber auch einer tiefen Ehrfurcht vor der Einzigartigkeit und Würde des anderen Menschen, zugleich auch ein Wort der Entscheidung: des anderen bedürfen zu wollen. Das wäre ein Spitzensatz der Liebe, sich zur gegenseitigen Verwiesenheit entscheiden zu wollen! Und doch wird hier keine Theorie der Partnerschaft entfaltet. Vielmehr sind Ausrufe verdichtet, die erfüllte Augenblicke in der Begegnung von Mann und Frau in Worte bringen – Worte freilich, die eine alles übersteigende Sehnsucht erwecken.

Das Hohelied kann in seiner Sinntiefe nicht erschöpft werden. Es hat nicht nötig, mit Kleidern der Auslegung überdeckt zu werden. Es kann selbst am besten mit seiner anregenden und erregenden Sprache die Lebensform besingen, die aus einem tiefen Glauben an die lebensstiftende und lebensverändernde Kraft Gottes im Vertrauen aufgenommen werden will. Und doch öffnen sich immer neue Sinndimensionen dieser Lyrik.

Eine von der Tatsache her, dass das Hohelied zu den fünf Festrollen für die jüdischen Hauptfeste gehört und als Lesung für das Pascha-Mazzot-Fest bestimmt ist. So gehört es zum Kern der Liturgie. Das Volk Israel erinnert sich an die Herausführung aus Ägypten und preist darin die überschwengliche Liebe Gottes. Denn dieses einzigartige Ereignis hat Israel aufgehen lassen, dass es als Volk dem lebendigen Gott einzigartig ist und Er ihm. Und daraus wächst neue Freiheit und neues Leben.

181

4   Ein kunstvolles Gewebe

Was das A und O Ihres Lebens ist – diese Frage auf nüchternen Magen gestellt zu bekommen und beantworten zu sollen, wäre ein harter Brocken. Und doch entscheidet sich in jedem Tag mit, was mir in meinem Leben so grundlegend ist, dass ich es mir nicht zerreden lasse, vielmehr mich immer wieder damit verwebe und davon mittragen lasse. Wahrscheinlich ist es nicht nur eine einzige Sache, der mein Augenmerk gilt, sondern eher ein Gewebe unterschiedlicher Lebensfäden.

Wer in das Hohelied Salomos hineinhört oder sich hineinliest, um die eigene Lebenssicht erweitern zu lassen, hat es ebenso mit einem Gewebe zu tun, das unterschiedliche farbige Lebensfäden aufnimmt und verflicht, sodass daraus ein anziehender „Stoff" entstanden ist, in dem jedes Detail im Gesamtbild leuchtend wird – ein Gewebe, das in Bewegung bringt, weil es immer neue Bilder zeigt, um darstellend anzudeuten, was letztlich nicht darzustellen ist.

Schon bei den römischen Dichtern des Altertums (z. B. Ovid) wird die Dichtung als Gewebe gedeutet, das durch Verflechtungen entsteht und besteht. Nichts anderes sagt unser Wort „Text". Es ist ein Lehnwort aus dem lateinischen „textura", das eben „Gewebe" heißt. Dass das Menschenleben, ja sogar die Welt ein großes Gewebe sei, davon sprechen viele große Dichter. Hinter jedem Text will sich also Leben enthüllen; Lebensbewegungen wollen als Hintergrund wahrgenommen sein, um anderes im Vordergrund stützen zu können.

Gerade weil ein Textgewebe einen Facettenreichtum erlebter Momente zusammenträgt, ist der Lese- und Hörvorgang aus sich heraus nicht ganz, nicht hell, vermag nicht abschließendes Verstehen zu gewinnen. Das bruchstückhaft Scheinende, der oft stammelnde Charakter der Äußerungen, die vielen Lücken, auf die der Orientierung suchende Mensch stößt, die kulturelle Bedingtheit der Form – das und anderes verlangen immer neues Schauen und Horchen, damit wir nach und nach uns selber gewinnen im Gegenüber zum Text. Jede Ungeduld, und sei sie noch so edel motiviert, ist in Gefahr, das zu verlassen, was sie sucht. Das Textgewebe soll uns ja treffen, wie es geschrieben ist; es braucht das Gegenüber von Text und Hörer oder Leser.

Bibelwissenschaftler haben in den letzten Jahren zunehmend deutlicher erkannt, dass wir es im Hohenlied Salomos mit einer Sammlung von Einzelliedern zu tun haben, die überarbeitet und bewusst gestaltet wurden. Dass viele Gewebefäden eingewebt wurden, dafür lassen sich etliche Anzeichen finden: Es gibt etwa Wiederholungen, refrainartige Sätze, ein Zueinander von verschiedenen Stimmen: Stilmittel, die manche Partien verknüpfen. Doch auch der Klang der Sprache spielt eine große Rolle. Im Hebräischen etwa klingt das Wort für Weihrauch (*lebonah* – 4,6) ganz ähnlich wie der Name des Gebirges Libanon (4,8). Beide Worte stehen an einer Stelle in großer Nähe zueinander. Sie sind zunächst Ortsangaben, aber auch Umschreibungen für die Sphäre und Umgebung der Liebenden. Was zunächst ganz spielerisch von der Lautgestalt her eine lockere Verknüpfung herzustellen scheint – lebonah und libanon –, führt weit darüber hinaus. Es entsteht mit ihnen eine feine Komposition, in der von Klangkombinationen her Stimmungsumschwünge, Hoffen und Bangen, Entschlossenheit der Liebenden und Ängste, das Auf und Ab der liebenden Annäherung ausgehen. So entsteht Poesie, in der die Gefühle der Liebenden die Welt des Textes bewegen, spielerisch und mehrbödig.

Andere Gewebefäden kommen hinzu. Die Elemente der Welt tauchen auf: Sonne und mit ihr Feuer sowie die Erde mit allen ihren Formungen von Berg und Tal, von Natur mit Tieren und Pflanzen, von Kultur mit Gold und Silber, Wasser mit Regen und Quellen, Luft mit Wind und Atem. Spannungsvoll sind auch die verschiedenen Orte des Gedichtes: die Berge und das Haus der Mutter, die Stadt und der Weinberg, der Garten und die Straßen. Alle Sinne werden angesprochen: Sehen und Hören, Riechen, Schmecken und Tasten. Gewebe, die das große Gedicht durchziehen.

Wer sie einmal wahrgenommen hat, wird einen kleinen Vers, der wie eine Zwischenbilanz wirkt, anders hören:

5,1   *Ja, esst doch, Freunde,*
       trinkt und werdet trunken
       an Liebe.

Diese Aufforderung zum Lebens- und Liebesgenuss ist ganz ernst
gemeint. Doch will sie im Zusammenhang des Gewebes nicht
platt verstanden werden. Zu ihr gehört, allererst wahrzunehmen,
was an Lebensfeindlichem, an Nicht-Liebe, an Tod in der Natur
und in der Gesellschaft mächtig ist. Zu ihr gehört, die Sehnsucht
groß werden zu lassen, die aus der Erfahrung entsteht, ergän-
zungsbedürftig zu sein. Dazu gehört auch der Mut, sich aus der
Hand zu geben und sich einem anderen Menschen in dessen Unverwechselbarkeit anzuvertrauen. Das gehört zur Liebe und
ihrem Genuss wie auch die Ahnung, dass der Liebe göttliche
Kraft innewohnt. In diesem Gewebe will das Wort gehört sein:
Ja, esst doch, Freunde,
trinkt und werdet trunken
an Liebe.

5   *Die Macht der Liebe*

„Damals … hat es mit uns angefangen." Nicht selten taucht dieses Wort bei Liebenden auf, wenn sie von sich erzählen, wie sie
sich gefunden haben. „Damals … hat es mit uns angefangen." Sie
sagen damit, dass ihr Anfang mehr etwas Passives als etwas Akti-
ves ist. Unsere Sprache ist da sehr genau. Der Anfang wird nicht
als etwas Gemachtes erlebt, sondern als etwas Erfahrenes, ja
Widerfahrenes. Das eigene Anfangen ist der zweite Schritt, ist
Antwort auf die Vorgabe. Dieses „Es", das mit den Menschen
anfängt, wird als Macht erfahren, als die Macht der Liebe. In
diesem Anfang steckt ein Überschuss, der dann den Stoff bietet
für die Geschichte der Liebenden. Solch ein Anfang übersteigt
alles, was wir ahnen, uns ausdenken, verwirklichen können. In
ihm steckt auch, dass die Spannung zwischen Sehnsucht und Erfüllung nie zu Ende kommt.
    Die Macht der Liebe kann Menschen überwältigen mit Lei-
denschaft, sodass sie die Liebe wie eine Krankheit empfinden.

Einige Wortscherben aus dem Hohenlied Salomos geben davon Ausdruck:

2,5 *Ja, stärkt mich doch*
mit Traubenmost,
erquickt mich mit Äpfeln,
denn liebeskrank bin ich,
ich.

Oder es heißt:
5,8 *Ich beschwöre euch,*
Töchter Jerusalems,
wenn ihr ihn findet,
meinen Liebsten,
was sagt ihr
ihm?
Wie
liebeskrank
ich bin.

Ein anderes Wort:
7,11 *Ich*
bin meines Liebsten,
und nach mir
ist seine Sehnsucht.

Hier spricht jeweils die liebende Frau. Sie bringt die Erfahrungen der Liebe ins Wort. Weil sie sich in der Liebe verzehrt, kann sie nur durch Liebe, durch neuen Liebesgenuss wieder gestärkt werden. Nach dem plötzlichen Entschwinden des Geliebten beschwört sie die Töchter Jerusalems, ihren Geliebten von ihrem Unglück in Kenntnis zu setzen, ihn wissen zu lassen, dass sie krank vor Liebe ist. Wer anders könnte die Krankheit heilen als der, der sie verursacht hat? Schließlich bekundet die Frau, dass auch der Mann nach ihr Verlangen, Sehnsucht hat. Beide sind sich ebenbürtig, in ihrer völligen Ausrichtung auf die je andere Person.

Aus diesen Wortscherben wird erahnbar, dass die Liebenden nicht mehr anders leben wollen als miteinander. So sehr diese

185

Liebe als Widerfahrnis erlebt wird, als etwas, das erweckt wurde in ihnen und eine Art Rausch entwickelt hat, so sehr ist auch vernehmbar, dass sie anders als in Freiheit nicht den geliebten anderen erleben und genießen können. Nicht gebraucht oder beherrscht fühlen sie sich, vielmehr hingerissen voneinander. Nur so, im Rausch und zugleich in Freiheit, lassen sich Grenzen überschreiten, wird jemand über sich hinausgeführt und begegnet darin dem, was er selbst nicht fassen kann.

Die Macht der Liebe – sie beschert das Helle, das Leichte, das Entzücken, den Rausch, den siebten Himmel, sie beschert genauso das Wilde, das Hingerissensein, die Entbehrungen, das Brennen, die Qual des Wartens. Sie lässt auf Hindernisse stoßen, wie das Hohelied mehrfach ausruft: „Weckt nicht, stört nicht die Liebe" (2,7; 3,5; 8,4).

Die Liebe hat wohl ihre eigenen Spielregeln, und sie wird zerstört, wo einer über den anderen verfügen will. Andererseits öffnet sich in ihr der Raum ins Unendliche, wo die Liebenden mit dem Staunen an kein Ende kommen.

Durch das Hohelied zieht sich ein Strang, der andeutet, wie sehr die Liebe auch eine Macht der Freiheit ist. Fast spielerisch verwandeln sich die Personen. So entsteht ein Raum von Freiheit, in dem Menschen sich über alle Hindernisse hinweg aufeinander zu bewegen, sich finden in einem lebendigen Hin und Her. Mal verwandelt sich die Frau zur Landarbeiterin oder zu einer hoheitsvollen, fast unberührbaren, göttlichen Person, mal verwandelt sich der Mann: Scheint der König zunächst der Geliebte zu sein, wird er später bei den Hirten gesucht. Als ob jede gesellschaftliche Position durch die Liebe verblasst, weil es einen neuen Mittelpunkt des Lebens gibt. Wo Sehnsucht und Erfüllung identisch werden, feiert die Liebe ihr Fest. In einem Abschlusswort zum Hohenlied heißt es von der Macht der Liebe:

8,7 *Selbst Unmengen von Wasser*
     können nicht löschen
     die Liebe
     und Fluten
     sie nicht wegschwemmen.

6   Liebe als Lebensgrund

Dichtung und Musik, Mystik und Malerei haben im Hohenlied der Liebe oft den Schlüssel gefunden, um grundlegende Erfahrungen auszudrücken. Unter ihnen ist Marc Chagall, der einen Zyklus von fünf Bildern geschaffen hat, die im „Nationalmuseum der Biblischen Botschaft Marc Chagall" in Nizza zu sehen sind. Dort sind sie entgegen dem Uhrzeigersinn aufgehängt, sodass der Blick des Schauenden, wenn er den kleinen Raum betritt, zunächst auf den krönenden Abschluss des Zyklus fällt. Weil sich die Liebe den Gesetzmäßigkeiten der Zeit entzieht, weil sie sich selbst übersteigt und nicht festzuhalten ist, weil sie auf das Hintergründig-Unsichtbare verweist, gibt es dieses Ordnungsprinzip im Museum. Es sind enthüllend-verhüllende Bilder mit Tiefenwirkung, die in das Geheimnis der Liebe hineinziehen.

Das erste Bild der Serie, dem man als letztem in der Anordnung begegnet, trägt den Titel: „Leg mich wie ein Siegel auf dein Herz". Ganz im Vordergrund ist die Liebende gemalt. Mit ihrem Kopf ruht sie auf dem Herzen des Liebenden, ganz ausgerichtet auf ihn, wie er umgekehrt voller Liebesverlangen über sie geneigt ist. Eine einzige Sinfonie in Rot ist dieses Bild.

Das Wort selber heißt in voller Länge so:

8,6   *Leg mich wie ein Siegel an dein Herz,*
      wie ein Siegel an deinen Arm.
      Denn:
      Stark wie der Tod ist die Liebe,
      unwiderstehlich wie das Totenreich
      ihr Begehren.
      Ihre Brände Feuerbrände,
      Flamme des Unnennbaren.

„Leg mich wie ein Siegel an dein Herz" – die geliebte liebende Frau singt diese Bitte, und darin schwingt die Sehnsucht nach engster Gemeinschaft mit. Für einen Menschen des Alten Orient war das Siegel oft der wertvollste Schmuck, zugleich der allerpersönlichste. Denn ein Siegel steht für den eigenen Namen. Deshalb trug man sein Siegel immer mit sich, und zwar an einer Schnur um den Hals und/oder um das Handgelenk. Solche Siegel waren meist sorgfältig graviert, sie waren Zeichen der Identität und persönlichstes Gut, von dem man sich nicht trennte, kostbarer als ein Juwel, das Ein und Alles. Die Bitte der Frau besagt dann: Ich möchte, dass uns nichts trennen kann, möchte dein kostbarster Schmuck, dein unaustauschbarer Schatz sein. Und zwar „an deinem Herzen" und „an deinem Arm", was im biblischen Verständnis meint: In deinem ganzen Sinnen und Denken, in all deinem Tun möchte ich das prägende Siegel, ja unvertretbar sein. Was die Frau sagt, gilt gleichermaßen vom Mann.

Das Siegel war deshalb so kostbar, weil es auch Amulett war, das vor drohenden Gefahren schützen soll. Es soll Lebenskraft und Lebensmut so schenken, dass es alle Formen des Todes wie Unglück und Krankheit abwehren kann. Das Siegel bedeutet also Leben. Deshalb schließt sich an die Bitte der Frau die entsprechende Begründung an:

Leg mich wie ein Siegel an dein Herz,
wie ein Siegel an deinen Arm.
Denn:
Stark wie der Tod ist die Liebe,
unwiderstehlich wie das Totenreich
ihr Begehren.

„Gegen den Tod ist kein Kraut gewachsen", sagen wir, weil wir erleben, dass niemand dem Tod entkommen kann. Doch die Frau setzt dagegen: Auch der Macht der Liebe kann sich niemand entziehen, wenn sie jemanden ergriffen hat. Das Lied sagt: Die Liebe ist in sich der Gegensatz zum Tod, sie ist dem Tod, dem größten Feind der Liebe, ebenbürtig und kann ihn überwinden. Weil Tod und Liebe den Menschen ergreifen, gibt es nur eine Möglichkeit, nämlich sich einer Seite zu überlassen, sich aus der Hand zu geben, sich anzuvertrauen. Wer sich der Liebe und damit dem Leben anvertraut, der stößt auf ihren wahren Grund – da lodert in ihr jenes Feuer auf, ohne das es belebende Liebe nicht gibt, weswegen der Tod als größter Feind der Liebe für diesen Vergleich taugt und die Liebe im Wettstreit mit dem Tod bestehen kann:

Ihre Brände – Feuerbrände,
Flamme des Unnennbaren.

Mit dem letzten Hauch des Hohenliedes klingt ein einziges Mal in der gesamten Dichtung hier der Gottesname an, fast zweideutig verborgen. Denn man könnte auch in dem Sinne übersetzen, dass hier die stärkste Flamme genannt wird, die man sich damals vorstellen kann, der Blitz, der dann aber als himmlische Macht verstanden wäre.

In diesen feierlich gestalteten Versen werden alle Bilder des Hohenliedes eingesammelt. Hier schwingt unausgesprochen, was die Poesie der Lieder nicht ausdrücklich braucht: Liebe ist eine göttliche, ja gottgewollte Kraft!

Das Hohelied zeigt, wie unendlich reich Liebe zu machen vermag. Sie ist uns als Geschöpfen eingewoben und uns aufgegeben, um uns von ihr ergreifen, um sie unsererseits wirksam werden zu lassen. Dann macht sie so reich, wie König Salomo es war, dem diese Lieder zugeschrieben sind. Wer liebt, glaubt an das Leben, kämpft um das Leben und widersteht den Todesmächten in den unzähligen Gestalten – ist dabei ganz nahe am Kern des Lebens und hat den lebendigen Gott auf seiner Seite, auch nach dem irdischen Tod. Denn ER ist stärker als der Tod.

Weisheit –
Der unerschöpfliche Schatz
der Menschen

1 *„Gott, du Gebieter, du Lebenliebender!" (Weisheit 11,26)*

Ist das, was ist, was Sie heute sehen, hören, tasten, schmecken, riechen – ist das einfach nun einmal so und ist das alles? Kann man dahinter kommen, ob es noch etwas anderes gibt? Lässt sich das überschreiten? Solche Fragen stellen sich nicht an jedem Tag. Auf den Leib rücken sie dann, wenn der natürlich-alltägliche Ablauf unterbrochen wird. Vielleicht durch eine überraschende Begegnung oder durch eine Schreckensnachricht. Unabweisbar aber sind dann Fragen, die hinter dem Sichtbaren nach Unsichtbarem suchen und es erkennen wollen.

Der Glaube an die Macht des Schicksals ist der Feind der Bibel. Fatalismus – also sich dem zu ergeben, was eine unsichtbare, überirdische, gesichtslose Macht bestimmt und über die Menschen verhängt – ruft immer den Widerstand der biblisch glaubenden Menschen hervor.

So ist es auch im jüngsten Buch des Alten Testaments, im Buch der Weisheit. Entstanden ist es an der Nahtstelle zwischen Altem und Neuen Testament (ca. 30 v. Chr.). Dieses Buch sammelt Erfahrungen aus schwieriger Zeit und schwieriger Umgebung. Mitten im Kunterbunt der ägyptischen Weltstadt Alexandrien, in der alle erdenklichen Erkenntnisse jeweils als der letzte Stand des Wissens angepriesen werden, erleben die jüdischen Bürger, dass sie viele Benachteiligungen in Kauf zu nehmen haben. Sie dürfen etwa ihr Bildungssystem, das auf höchstem Niveau ist und entsprechend beneidet wird, nicht aufrecht erhalten. Deshalb geht der Verfasser des Buches der Weisheit hin und richtet alle Aufmerksamkeit auf die Verehrung des einen, wahren, unverwechselbaren Gottes, der hinter all dem west, was ist und geschieht. Weil er sich seit je Menschen geoffenbart hat, weil er dem Volk Israel mitgeteilt hat, was er mit dieser Welt im Sinn hat, will der Weisheitslehrer vor allem die jüngere Generation mit diesem Gott, wie er sich mitgeteilt hat, vertraut machen. Weil Gott selbst geredet hat, will und kann er von Gott sprechen.

Das Ziel dieses Gottes ist: Alle Menschen sollen am Leben und an der Unvergänglichkeit Gottes selbst Anteil bekommen. Nun entdeckt der Weisheitslehrer: Viele Menschen leben so, als ob sie den Tod als die einzig verlässliche Wirklichkeit ansehen. Willst du Anteil haben an einem Leben auf ewig über den Tod hinaus, oder willst du in einem endgültigen Tod versinken? In diese Frage führt der uns unbekannte Weisheitslehrer alle, die ihn hören oder lesen.

Und wie spricht das Buch der Weisheit von Gott? Im Letzten einfach, doch immer auch im Blick auf vielfältige Zusammenhänge. Wenn es um das Verhältnis Gottes zur Welt geht, nennt es Gott „Gebieter" (6,3.7; 8,3; 11,26; 13,3.9). Denn Gottes Geltungsbereich ist die ganze Erde, die ganze Welt. Er ist der Schöpfer von „klein und groß" (6,7). Das wird im Gegensatz zu den damals Machthabenden gesagt, die sich in ihren Titeln mit göttlichen Ansprüchen schmücken. In diesem Kontrast entlarvt das Weisheitsbuch die Willkürherrschaft der Tyrannen (6,9.21; 8,15; 12,17) und mahnt an, Weisheit zu lernen, um nicht neben den richtigen und gerechten Weg zu geraten. Der Schöpfung ist Gott ein liebendes, fürsorgendes Gegenüber (14,3;17,2), wie in vielen Gottesbezeichnungen deutlich wird.

In einem der kostbarsten Worte dieses Buches und der Bibel überhaupt heißt es (11,20b–12,1):

20b *Du hast alles nach Maß, Zahl und Gewicht geordnet.*
21 *Denn du bist immer imstande, deine große Macht zu entfalten.*
Wer könnte der Kraft deines Armes widerstehen?
22 *Die ganze Welt ist ja vor dir wie ein Stäubchen auf der Waage,*
wie ein Tautropfen, der am Morgen zur Erde fällt.

Hymnische Verse über Gott, der die Welt geschaffen hat und sie lenkt. Doch dann gehen die Verse anders weiter: Diese Allmacht

191

Gottes ist der Grund dafür, dass er sich liebend den Menschen zuwenden kann. Die Beziehung zu den einzelnen Menschen kommt häufig in den Blick. Da wird Gott dann „Herr" (Kyrios) genannt (1,9; 2,13; 3,8.10.14; 4,13.17f; 5,7.15f; 9,1; 10,20; 11,13; 12,2 u. ö.). Er ist der „Gott der Väter" und der „Herr des Erbarmens" (9,1), der bereit ist, über das Pflichtgemäße hinaus für den anderen da zu sein. Er hat das Volk zu allen Zeiten begleitet, er ist auch der Richtungsgeber der Weisen (7,15).

Eindringlich geht der Text entsprechend weiter:

> 23 *Du hast mit allen Erbarmen, weil du alles vermagst.*
> *Du siehst über die Sünden der Menschen hinweg,*
> *damit sie sich bekehren.*
> 24 *Du liebst alles, was ist,*
> *und verabscheust nichts von allem, was du gemacht*
> *hast …*
> 26 *Du schonst alles, weil du es zu eigen hast,*
> *Gebieter, du Lebenliebender.*
> 12,1 *Denn in allem ist dein unvergänglicher Geist.*

Was für eine Spannung: Gottes gewaltige Schöpfungsenergie zeigt sich vor allem in seiner Kraft zum Durchtragen. Gebieter über die ganze Schöpfung und Liebhaber des einzelnen, einzigartigen Lebens ist er zugleich. Diese Lebensliebe wird einmal (16,21) als „Süßigkeit Gottes", als seine zarte Liebe bezeichnet. So unfassbar verlässlich ist diese Liebe Gottes. Sie lässt sich schon durch den bloßen Blick in die Natur oder den geschulten Blick ins Mikroskop wahrnehmen: welch unglaublich schöne, feinsinnige Ordnung! Jedes Pflänzchen, jeder Genabschnitt kann zum Abbild einer unausdenkbaren Fantasie des Schöpfers werden. In dieser wunderbaren Ordnung, die bleiben soll, entdeckt der Weisheitslehrer eine ständige Dynamik und Beziehung – Gottes liebende Zuwendung und Treue ist fantasiereich und geduldig – und er stellt heraus, dass das Geheimnis der Lebens- und Naturordnung ständig von Gott spricht. So zeigt er, wie Lebensweisheit und Gottesglaube nach seiner Überzeugung untrennbar zusammengehören. Beides können wir entdecken und damit leben. Denn Gottes Beziehungswille zur Welt und zu den Menschen und allen Geschöpfen übersteigt das, was nun einmal so ist. Überraschende Entdeckungen in dem, was ist, wünsche ich Ihnen.

2   *„Liebt die Gerechtigkeit!"* *(Weisheit 1,1)*

„Liebt die Gerechtigkeit!" – so beginnt das Buch der Weisheit. Woran denken Sie, wenn Sie das Wort Gerechtigkeit hören? Vielleicht daran, dass die Gerechtigkeit in der Welt mit Füßen getreten wird, dass sie täglich stirbt, wie uns zahllose Nachrichten vermitteln? Oder daran, dass jemand selbstgerecht ist und nicht sehen kann oder nicht sehen will, was sich in seinem Verhalten und Handeln für andere katastrophal auswirkt?

Im biblischen Buch der Weisheit meint Gerechtigkeit etwas Besonderes. Immerhin wirbt dieses Buch über 19 Kapitel hin auf vielerlei Weise für Gerechtigkeit. Es wendet sich an solche, die sich um Stimmigkeit im ganzen Leben bemühen. An solche also, die in ungeteilter Aufmerksamkeit und entschiedener Bereitschaft leben, um die Spuren von Gottes Wirken in der Schöpfung wie auch in der Geschichte des Volkes Israel und in der persönlichen Geschichte lesen zu lernen, um dann so zu leben, wie es diesem Gott entspricht.

Gerechtigkeit, was ist das? Die Beschreibung ist nicht leicht. Denn schnell gerät man in den Sog, schwarz-weiß zu malen. Und so tut es das Buch der Weisheit auch. Allerdings bewusst setzt es diese Technik als pädagogisches Mittel ein. Denn wenn man jemandem etwas einsichtig machen will, geht man erst einmal so vor: Man malt schwarz-weiß, auch wenn das Leben viel differenzierter und komplizierter ist.

Vom Gegenteil her leuchtet manches auf. Wer nicht „gerecht" ist, wird im Buch der Weisheit als „Gegner" (11,8; 18,8) oder „Feind" (5,17; 10,12; 11,3; 12,20; 15,14 u. ö.) bezeichnet. Auch als „gesetzlos" (4,6; 15,17) oder „Sünder" (4,10; 19,13), als „rechtbrechend" (3,19; 4,16; 10,3; 12,12; 14,31; 16,19 u.ö.) oder „unverständig" (1,3; 3,2.12), am meisten als jemand, der „gottlos, die Götter nicht ehrend" (1,9.16; 3,10; 4,3.16; 5,14; 10,6.20; 11,9; 12,9; 14,9 u.ö.) ist. Diese letzte Bedeutung wird auch oft als „Frevler" übersetzt.

Wenn also das Mahnwort gleich am Beginn ergeht: „Liebt die Gerechtigkeit!", dann kann nur etwas Grundlegendes gemeint sein. Wenn das Gegenteil von Gerechtigkeit katastrophale soziale, religiöse und politische Auswirkungen hat, muss es für das Gelingen geordneter Zustände Anstrengungen der Gerechtigkeit geben, wie sie aus allen Kulturen bekannt sind.

So heißt es: „Liebt die Gerechtigkeit!" Es ist eine ganz besondere Gerechtigkeit. Sie zeigt sich nach dem Buch der Weisheit in einem treuen, der menschlichen Gemeinschaft verpflichteten und hoffnungsvoll auf Gott vertrauenden Leben, und zwar nach den Grundweisungen des Volkes Israel. Sie wächst aus der innigen Gemeinschaft des Menschen mit Gott, der einzigen Quelle von Leben, das stärker ist als alle Nöte wie Unrecht, Leid und Tod. Gottes Gerechtigkeit – das meint seine Bereitschaft, immer und endlos neu uns Menschen nachzugehen und hineinzulieben in das Leben. Der dem Mahnwort „Liebt die Gerechtigkeit!" nachfolgende Vers heißt denn auch: „Denkt richtig über Gott, nämlich dass er gut ist und Gutes will." Hier kommt ans Licht: Wahre Gerechtigkeit entfaltet sich aus der Offenheit für den, der hinter allem steht – für den lebendigen Gott. Ein Spitzensatz als Gebetswort (15,3) heißt: „Denn dich kennen ist vollkommene Gerechtigkeit, und deine Vollmacht anzuerkennen ist Wurzel der Unsterblichkeit."

Wer also richtig denkt über Gott und die Welt und entsprechend seine Lebenspraxis ausrichtet, wer seine Beziehungen zu Gott und den Menschen neu ordnet, den führt der Weg der Gerechtigkeit in die Gemeinschaft mit Gott. Wer so lebt, wird Gott nahe kommen und sich als jemand erweisen, der im Sinne des Weisheitsbuches „wahrer König" dieser Erde wird. Denn in ihm wird anschaulich, wie der lebendige Gott zu uns steht und wie er möchte, dass wir mit dieser Welt, mit den Menschen umgehen.

Nun bleibt das alles aber keineswegs abstrakt. Im Buch der Weisheit selber heißt es: „Die Gottlosen sagen: Lasst uns dem Gerechten auflauern. Er ist uns unbequem und steht unserem Tun im Weg." Der springende Punkt dabei ist die „Gotteserkenntnis" des Gerechten. Deswegen werden die Ungerechten mörderisch aktiv. Also weg mit dem unbequemen Mahner! Wer kann schon leicht die Wahrheit ertragen, die der Gerechte anmahnt? Wer lässt sich gern zur Rechenschaft ziehen und fördert dann noch die Aufklärung? Der Gerechte aber lässt sich auch durch Gewalt nicht unter Druck setzen, nennt das Unrecht beim Namen – und geht neue Wege der Versöhnung. Ungerechtigkeit hingegen ist der dauernde Versuch, nach eigenem Belieben das Leben zu gestalten ohne Rücksicht auf Mitgeschöpfe, Mitmenschen und auf das, was über alles hinaus manchmal doch deutlich spürbar ist: das unfassbare Geheimnis, das sich in der Verletzlichkeit und Lebendigkeit des lebendigen Lebens zeigt und auf den Schöpfer allen Lebens verweist.

Wenn Gott weit weg scheint, glauben manche, machen zu können, was man selbstherrlich will. Doch werden nicht die Gottlosen das letzte Wort haben. Sie sind einen Pakt mit dem endgültigen Tod eingegangen. Wenn alle Falschheit an den Tag kommt, wird die Wahrheit siegen. Gibt es da nicht Grund genug, nach solchen Gerechten zu suchen und für sie dankbar zu sein?

3   „Weisheit: ein unerschöpflicher Schatz für die Menschen" (7,14)

Sich nicht treiben lassen von diesem und jenem, das aus dem eigenen Inneren kommt oder von außen. Leben, sich nicht leben lassen – das ist ein tief verwurzelter Wunsch, zumal wenn die Bedingungen dafür nur mühsam zu schaffen sind. Haben Sie nicht diesen Wunsch?

Das biblische Buch der Weisheit zeigt, wie sich dieser Wunsch erfüllen lässt. Im nüchternen Blick auf die Welt- und Lebensverhältnisse, wie sie sind, wirbt der Verfasser des Buches für die Gerechtigkeit. Damit meint er ein richtiges Denken und Sprechen von Gott und eine Lebenspraxis, die damit übereinstimmt. „Richtig" von Gott denken und sprechen heißt: sich zeigen lassen und erkennen wollen, dass Gott der Schöpfer von allem ist und alles liebt, sich allem persönlich zuwendet, was er geschaffen hat. Dass der Schreiber des Buches zu dieser Gerechtigkeit einlädt, hängt damit zusammen, dass er überzeugt ist: Gott lässt sich finden, er bringt sich denen in Erfahrung, die sich ihm öffnen und ihm vertrauen.

Wie zu dieser Nähe Gottes finden? Der Weisheitslehrer sagt: Durch die Weisheit findet der Mensch die Nähe Gottes. Weisheit geht von Gott aus, kommt aus dem Verbundensein mit Gott zum Menschen. Sie ist es, die auf den Weg der Gerechtigkeit führt. Weisheit ist das „gewisse Etwas" im Leben, ist die Innenseite der Gerechtigkeit, des wahren, Gott entsprechenden Lebens. Sie lässt alles von innen her verstehen, dringt unter die Oberfläche von allem und schenkt von daher den Blick ins Leben.

Damit seine Hörerinnen und Hörer Geschmack finden an dieser Weisheit, wählt der Verfasser des Buches der Weisheit ein besonderes Stilmittel: Er erzählt eine Rede des Königs Salomo, indem er ihn zurückblicken und vorausschauen lässt. So will er alle, die ihm zuhören, für die Auseinandersetzung mit konkurrierenden Sinnangeboten in der damaligen Weltgroßstadt Alexandrien in Ägypten rüsten. Salomo ist ja der Inbegriff des weisen Königs, zu dessen Lebzeiten auch andere Könige und Königinnen kamen, um von seiner Weisheit zu lernen. Wer wollte nicht wie er sein: souverän und weise! In einem kunstfertig gestalteten Loblied preist Salomo die Weisheit und das Leben mit ihr. Das Besondere dabei: Die Weisheit erscheint in Gestalt einer überaus attraktiven Frau, die die Eingeweihte Gottes ist.

Doch beginnt Salomo zunächst anders. Er erklärt, dass er ein sterblicher Mensch, dass er geboren ist und sterben muss wie alle Menschen. Er gesteht, dass er hinfällig ist und bedürftig, dass er nicht in sich selbst Bestand hat, dass er darin jedoch voller Wünsche ist. Er sucht etwas, was bleibt, was gilt, worauf Verlass ist, was ihn leben lässt (7,1–6). Dass er nach diesem Schatz sucht, erklärt er damit, dass er stellvertretend sieben Güter, die für manche das Leben ausmachen, nicht für das Letzte halten kann. Er nennt: Machtsymbole, Reichtum, unschätzbare Edelsteine, Gold, Silber, Gesundheit in Verbindung mit Schönheit, Licht (7,8–10). Das alles wertet er zwar nicht ab. Er hat es ja selber in Hülle und Fülle gehabt und genossen. Doch braucht er die Unterscheidungskraft zwischen Letztem und Vorletztem. Er sagt: Wenn die Weisheit fehlt, dann suchen wir Heil und Glück in dem, was vergänglich ist, dann wird aus Vorletztem Letztes, und dann steht das Leben buchstäblich auf dem Kopf. Diese Lebensweisheit der Unterscheidung ist zugleich Sterbensweisheit. Und diese erst öffnet ihn für Frau Weisheit. Denn diese Lebenskunst ist der untrügliche Beginn, das Leben richtig zu sehen, richtig zu leben, d. h. mit Frau Weisheit zusammen zu leben (6,12).

Dann erst sprudelt es geradezu aus Salomo heraus, welche Erfahrungen er mit Frau Weisheit gemacht hat: Sie lässt sich nicht zwingen, sie will begehrt sein, sie will erbeten sein. „Wer sie liebt, erblickt sie schnell, und wer sie sucht, findet sie" (6,12) – heißt es wörtlich. Als wäre sie längst schon da, wo andere sich erst auf die Suche nach ihr begeben. Frau Weisheit ist immer für die da, die nach ihr suchen, zumal in solcher Zeit der Verwirrung und Not, wie sie damals war.

Der Entstehungsort Alexandrien war ja ein Schmelztiegel aller Religionen und Völker. Frau Weisheit gibt Orientierung und Lebensmut auch in unübersichtlichen Verhältnissen. Mit ihr wird das Leben stimmig. Zusammen mit ihr braucht man kein Spielball des Lebens zu sein. Sie verhindert, in der Turbulenz der Tage völlig unterzugehen. Wer mit ihr zu tun bekommt, dem leuchtet unmittelbar ein, was sie nahelegt. Wer sich suchend zu ihr aufmacht, erweist damit, dass er schon im Bannkreis von Gottes Wort und Wahrheit lebt und nicht mehr zurück will.

„Frau Weisheit" ist Gottes bestes und vornehmstes Geschöpf, das sich allen schenkt, wenn sie es nur wollen. Sie ist geradezu Gottes Hofdame, die die Einladung zum großen Empfang Gottes ausspricht und das Fest mit größtem Charme arrangiert. Sie verspricht jedem und jeder, was sie selbst ist: Lebenskunst und Lebensweisheit. Weil sie ganz bei Gott und ganz beim Menschen ist, kann sie das Tiefenwissen für Gottes lebensstiftende Gegenwart und treue Verbundenheit schenken, kann sie auf den Geschmack des Lebens kommen lassen. Frau Weisheit schenkt sich selbst.

Weisheit ist demnach nicht Cleverness oder intellektuelle Klugheit, sie gibt auch keine Patentrezepte. Sie ist vielmehr eine Grundeinstellung derer, die sich nicht zufriedengegeben haben mit all dem, was üblicherweise geboten und gefordert wird. Weisheit wächst vielmehr aus Liebe, Leid und Gebet – Gebet, das in allem die Hoffnung über uns hinaus sucht: den lebendigen Gott. Mit der Weisheit finden all die, die der Stimme ihrer Sehnsucht folgen, Lebensmitte und Erfüllungshoffnung in Gott, und von daher können sie ihre menschlichen Möglichkeiten zur Entfaltung bringen, können weise leben, weil sie dem wahren Leben auf den Geschmack gekommen sind.

4   *„Wer hat je deinen Plan erkannt?"* *(Weisheit 9,17)*

Fantastisch sind wir Menschen begabt. Immer neue Möglichkeiten werden entdeckt: außerhalb unseres Erdballs bis in die Tiefen des Weltenraumes und zugleich bis in die kleinsten Zusammenhänge der Schöpfung wie etwa in der Atomforschung oder der Gentechnologie. Man kommt aus dem Staunen nicht heraus. Großartiges, völlig Unvermutetes wird entdeckt und auch entwickelt. Die Wunder der Welt und der Forschergeist der Menschen sind faszinierend.

„Wenn sie durch ihren Verstand schon fähig waren, die Welt zu erforschen, warum fanden sie dann nicht eher den Gebieter der Welt?" Mit dieser skeptischen Frage, die nun schon zweitausend Jahre alt ist, lässt uns das Buch der Weisheit (13,9) einen Moment innehalten. Natürlich: In allen Forschungen gibt es immer wieder Abweichungen; die Grenzen der Berechenbarkeit werden uns vor Augen geführt, wenn etwa das Wirtschaftsgutachten der „fünf Weisen" nur ungefähr stimmt, oder wenn, was als Tragödie fassungslos macht, Astronauten trotz aller genauen Planung im All verbrennen. Legt sich dann nicht der Gedanke nahe, all das zu lassen?

Die Skepsis des Buches der Weisheit ist nicht gegen die Erforschung all dessen gerichtet, was sich abspielt, was gefördert und was verhindert werden könnte. Sie hat einen anderen Punkt im Auge, nämlich die Fantasie des Menschen, alles erreichen und alles richtig erkennen zu können von sich selbst aus. Demzufolge nämlich würden die Menschen Erscheinungen und Ereignisse der Natur mit Gott selbst verwechseln; auch die Produkte menschlicher Fertigkeiten könnten in unserem Bewusstsein das Letztgültige und das ewig Wahre ersetzen. So würden Menschen zuletzt sein wollen wie Gott – und den Ablauf der Schöpfung durcheinander bringen, ja die Schöpfung zerstören. Beängstigende Beispiele aus unseren Tagen gibt es genug – wie das Ozonloch mit

seiner ganzen Vorgeschichte der gedankenlosen Energiever-
schwendung für beliebte Statussymbole. An den eigenen Grenzen
die Grenzenlosigkeit Gottes in den Blick bekommen, die Vollzüge
der Schöpfung ernst nehmen und sich in das Weltgefüge schöpferisch einfügen – das wäre weise im Sinne des Buches des Weisheit. Es spricht ja Menschen an, die „die Welt in ihrer Schönheit
vor Augen haben, ohne den zu entdecken, der wahrhaft ist"
(13,1). Ihnen allen – jedem – legt der Verfasser nahe, das Geschenk der Weisheit zu suchen und es zu erbitten. Die Weisheit
allein nämlich lässt die Schöpfung von innen her in ihrer einzigartigen Schönheit verstehen – und dann entsprechend leben.

Wie die Schöpfung uns nicht völlig durchschaubar ist, so
erst recht nicht Gott selbst. Wieder verleitet ein Wort aus dem
Buch der Weisheit zum Nachdenken: „Wir erfassen kaum, was
auf der Erde vorgeht, und finden nur mit Mühe, was auf der
Hand liegt. Wer kann dann ergründen, was im Himmel ist"
(9,16)? Was wissen wir Menschen denn in Wahrheit von Gott?
Wer ist er und was sind sein Wort und sein Wille? Aus uns heraus
wissen wir es nicht. Niemand von uns Menschen könnte von sich
aus je sagen, dass er Gott kennt. Genauso wenig, dass es ihn
nicht gibt.

Wie also in seine Nähe kommen? Wie etwas über ihn in Erfahrung bringen? Wie dahinter kommen, wer er ist und was er
will? – Allein dadurch, dass er sich selbst in Erfahrung bringt,
dass er von sich mitteilt und Einblick gewährt in sein Wollen und
Tun. Indem Menschen dies an unterschiedlichen Orten der Welt
aufgegangen ist und aufgeht im Aufnehmen des Wortes Gottes
aus der Heiligen Schrift, gibt es die Gewissheit, dass Gott mit
sich Gemeinschaft schenkt. Erst in seinem Licht können wir
sehen, wer er ist und was er will. Nur durch seinen Geist können
wir von innen her verstehen, was sein innerster Wille ist. Deshalb
sollen wir um seine Weisheit und um seinen Geist, ja um sein
Licht bitten.

Es ist wie in jeder menschlichen Begegnung. Immer begegnen sich unverwechselbar eigene Menschen. Niemand ist die
Kopie eines anderen, selbst wenn Kinder noch so sehr ihren Eltern ähneln. Jede und jeder haben eine ganz eigene Geschichte,
ganz unvertretbare Empfindungen. Je näher sich Menschen ken-

nen lernen, desto mehr werden sie miteinander und füreinander entdecken, dass sie original sie selber und er selber sind und auch werden sollen. Was weiß ich denn wirklich von einem anderen Menschen, was weiß jemand wirklich von mir? Doch immer nur das, was mir gesagt wird und was ich bei mir ankommen lasse vom anderen her. Allein da, wo jemand Einblick schenkt in sein Fühlen und Wollen, kann ich ihn kennen lernen. Ohne die Offenheit eines anderen bliebe sie oder er mir fremd und geradezu im Dunkeln.

Vergleichbares gilt für das Verhältnis zu Gott. Allein, was in der Heiligen Schrift von ihm gesagt ist, durch Generationen und Jahrtausende immer wieder neu entdeckt, gibt mir Kunde von Gott. Deshalb rät das Buch der Weisheit, Gottes innerstes Fühlen in den Heiligen Schriften der Bibel, in der Tora, in der Lebensordnung Israels kennen zu lernen. Nicht allein im Blick auf das, was es dann zu tun gibt, sondern vielmehr in Hinsicht auf das, was Gott damit ermöglichen möchte unter uns Menschen, welche Absichten er mit unserer Welt hat. Für das tiefe Erfassen, das innerliche Verstehen dieser Selbstmitteilung Gottes bedürfen wir freilich seines Geistes und seiner Weisheit. Erst die Wirkungen dieser erbetenen Gabe sind dann praktisch: die Korrektur der eigenen Lebenswege, Rettung und Erlösung (9,18f). Gottes tiefste Absicht ist unser Heil. Das steht vielfach auf jeder Seite der Bibel. Doch wird uns dies erst aufgehen, wenn wir bereit sind, in der Tiefe zu respektieren, dass wir nicht uns selbst geschaffen haben, dass wir uns vorgegeben sind, dass der, der uns in dieses Leben gestellt hat, anders ist als wir selbst – und noch einmal anders ist, selbst wenn wir ihn anders denken. An unseren Grenzen ist er nicht am Ende. Indem wir dieses Geheimnis wirklich wahr sein lassen, werden wir wahrhaft Menschen unter seinen Augen.

5   *„Da sprang dein allmächtiges Wort*
     vom Himmel" (Weisheit 18,15)

Mitunter gibt es Zitate, die immer wieder aufgenommen werden. Vielleicht erinnern Sie sich etwa an das vom „Ruck durch die Nation". Wenn es zitiert wird, steht gewiss im Hintergrund, dass nicht alles glatt gegangen ist und so nicht weitergehen kann. Die gegenwärtige Lage, in der sich jemand befindet, erscheint als Wiederholung dessen, was damals war, als das Zitat entstanden ist. Deshalb macht es sich jetzt jemand zu eigen. Ein gewichtiges Zitat soll also das Problem beglaubigen. Wer so zitiert, will nicht nur weitergeben, was jemand gesagt hat, sondern verfolgt auch eine bestimmte Absicht. Denn es soll etwas nicht beliebig weitergehen, sondern auf eine ganz bestimmte Weise. Im Zitat, dessen Autor fast allen bekannt ist oder eben bekannt gemacht wird als verlässliche, wegweisende Person, sieht man in solch einer Rückblende geradezu Trittsteine. Sie können gewährleisten, in unübersichtlichen oder gar chaotischen Gefilden weiter gelangen zu können, in überschaubarer Richtung. Man kann sie in seine eigene Weise, die Gegenwart zu deuten und eine vorwärts weisende Perspektive zu entfalten, gut einbeziehen.

Das Buch der Weisheit zitiert aus der Geschichte Israels. Es blendet in die Frühzeit des Volkes zurück. Denn von da aus ist ja der Weg weitergegangen, wie alle wissen. Wenn damals verwirrende Verhältnisse erfolgreich bestanden wurden, kann man aus der Vergangenheit Orientierung für heute finden. Das ist tröstlich und stärkend im Hier und Jetzt. In den verwirrenden Verhältnissen der Weltgroßstadt Alexandria vollziehen sich zur Entstehungszeit des Weisheitsbuches Übergänge in rasantem Tempo. In dieser multikulturellen Gesellschaft brechen tiefgreifende Fragen auf: Wie soll es weitergehen? Was trägt heute? Was gilt noch? Was kann den nächsten Schritt stützen? Und welche Richtung soll er überhaupt haben? Damit setzt sich der Weisheitslehrer auseinander.

Deshalb erinnert er an „jene Nacht". Sie ist allen Angehörigen des Volkes Israel vertraut. Es ist die Pascha-Nacht, in der die alte Verheißung von der Rettung und Befreiung aus der versklavenden Macht der Pharaonen Ägyptens sich zu erfüllen begann. Diese Nacht ist das Grunddatum des Volkes Israel, und in der christlichen Kirche hilft diese Nacht, dem Tod und der Auferweckung Jesu Christi von den Toten die Deutung zu geben. Wenn das Zitat „jene Nacht" auftaucht, wird immer die Konfliktgeschichte eingespielt, die mit dem Gottesglauben verbunden ist. Er ist eben kein konfliktloser Spaziergang durch die Geschichte.

An den lebendigen Gott zu glauben bringt Spannung mit sich, Ärgernis, Auseinandersetzung und Feindschaft, neben allem Trost, aller Freude und allem Glück. Denn immer gibt es solche, die Leben und Welt anders sehen und gestalten wollen. In diesem Grundwissen über den Ernst des Glaubens vermittelt das Buch der Weisheit zwei Einsichten.

Erstens entfaltet es Gottes entschiedene Zuwendung zu den Menschen. Bei ihm weiß man, dass auf ihn Verlass ist. Wo er ist, gibt es Rettung. Er steht auf der Seite derer, die ihm trauen. Im Rückblick auf die Geschichte Israels wird das offenkundig. Auch wenn man selbst kämpfen muss – auf das Dabeisein Gottes ist unbedingter Verlass. Als sein stärkstes Mittel der Zuwendung, ja geradezu sein Kampfmittel, um der Zuwendung Gestalt zu verleihen, wird sein Wort vorgestellt. Von ihm heißt es: „Als tiefes Schweigen das All umfing und die Nacht bis zur Mitte gelangt war, da sprang dein allmächtiges Wort vom Himmel, vom königlichen Thron herab als harter Krieger" (18,14 f). Aus dem Schweigen nimmt dieses Wort seine ganze Wucht. Es unterbricht den Lauf des Geschehens, er hält ihn auf im doppelten Sinn des Wortes, und ganz Neues taucht auf, kann sich einlassen in die Menschengeschichte – wie bei der Rettung am Roten Meer. Gottes Wort deckt in aller Klarheit, ja sogar Schärfe falsche, menschen- und gottverachtende Verhältnisse auf. Schockartig scheiden sich an ihm die Geister. Alles steht plötzlich auf der Kippe. Alle Selbstverständlichkeiten bisher sind erschüttert, wo Gottes Wort sich einmischt. Der Wirkraum des Wortes ist das Weltall. Es zeigt sich in der Schöpfung und in der Geschichte. Immer ermöglicht es die rettende Lebenswende. Sich von diesem Wort ergreifen zu lassen, unter dem Wort zu leben ist wahre Weisheit. Denn sie eröffnet das wahre Leben. Dahin will das Buch der Weisheit führen.

Die zweite Einsicht: Die Rettung ist nicht nur Schutz vor dem Tod. Sie hat ein unmittelbares Ziel: Sie ruft in die Nähe Gottes (18,8). Sie bereitet die Menschen dafür, dass der lebendige Gott seine Herrlichkeit an ihnen erweisen kann. Erwählung in der Bibel meint nie frommen Selbstgenuss. Immer ist Erwählung darauf bezogen, dass an Menschen und ihrem Leben ablesbar wird, wie erfüllend Gott ist, wie er alles liebt, was ist, wie klar und auch hart sein Wort uns mit den Verwischungen im Leben aufgrund unserer Haltung und unseres Tuns konfrontiert.

Das lässt sich erahnen, wenn wir schweigend hineinhören in das Geheimnis der Dinge und das Leben der Menschen. Die Konfrontation ist wiederum ausgerichtet auf die Klarheit und auf die Läuterung des Lebens. Alles soll durchsichtig werden auf Gott selbst hin. Im Wort lässt sich die wahre Stärke Gottes erkennen. Diese Stärke unterdrückt nicht. Vielmehr lockt sie, ist voller Geduld und Erwartung, bis wir sein Lebensangebot und seine Menschenliebe aufnehmen. Sie ist eine Mischung aus Gelassenheit und Entschiedenheit. Wenn das Leben jedoch zerstört zu werden droht, das Gott in seiner schöpferischen Fantasie geschaffen hat, dann gebietet sein Wort Einhalt, dann greift es machtvoll ein. Nicht um zu zerstören, sondern um aufzufangen – aus lauter Sorge um seine Schöpfung.

Sein vielfältiges Wort unterscheiden zu lernen von den unzähligen Menschenworten, es herauszuhören aus der Schöpfung, aus der Geschichte, aus der Geschichte eines Einzelnen und auch des eigenen Lebens – auch das ist Weisheit. Weisheit, die Geschmack gibt am Wunder dieses gottbezogenen, schöpfungs- und menschenbezogenen Lebens.

6 „Gott hat den Menschen ... zum Bild seines eigenen Wesens gemacht" (Weisheit 2,23)

Vor Jahren bin ich auf eine eigenartige Spruchkarte gestoßen. Von oben bis unten ist sie mit dem immer gleichen Satz bedruckt: „Alles ist selbstverständlich." Zehnmal wiederholt sich dieser Satz. Nur in der letzten Zeile zeigt sich eine Veränderung: „Alles ist ..." – und dann gibt es nur noch Pünktchen. Alle Selbstverständlichkeit kommt ins Stocken. Allem, was einfach für selbstverständlich genommen wird, entzieht sich offenbar der Boden. Dann wäre die unausgesprochene Folge: „Nichts ist selbstverständlich." So habe ich die Absicht dessen verstanden, der diese Karte entworfen hat.

Im Buch der Weisheit steht dieser Satz: „Gott hat den Tod nicht gemacht und hat keine Freude am Untergang der Lebenden" (1,13). Nehmen wir den Tod nicht für selbstverständlich? Gewiß schmerzlich, doch wir gehen im Tiefsten davon aus: Der Tod ist selbstverständlich. Letztlich zieht das Leben überall den Kürzeren: an Kriegsfronten, an Terrorfronten, an der Hungersfront in den weltweiten Elendsgebieten, an der Verkehrsfront, an der Krankheitsfront trotz größter ärztlicher Kunst. Im Kampf um das Leben unterliegt letztlich das Leben. Dagegen hat niemand ein Mittel. Auch am Ende eines langen Lebens tut der Tod immer noch weh und wirft Fragen auf. Ist der Tod doch nicht selbstverständlich? Irgendwann kommt er auf jeden Fall, wird jeder Biologe und Mediziner sagen. Denn der Tod steckt schon in jeder unserer Zellen, er ist uns todsicher einprogrammiert im Erbgut. Wie alles Leben enden wir Menschen im Tod. Selbstverständlich?

Der Verfasser des Weisheitsbuches kennt die Not um den Tod. Und doch gibt er zu verstehen: „Nichts ist selbstverständlich." Auch der Tod ist nicht selbstverständlich. Er sagt: „Gott hat den Menschen zur Unvergänglichkeit geschaffen und ihn zum Bild seines eigenen Wesens gemacht" (2,23). Der natürliche Tod kommt. Das ist eine Tatsache, die zweifellos bleibt. Doch hebt dieser physische Tod nicht die Zielbestimmung der Unvergänglichkeit auf. Der Weisheitslehrer denkt nicht an eine physische, biologische Unsterblichkeit, wenn er von der Unvergänglichkeit spricht. Vielmehr steht ihm der Tod vor Augen, den wir Menschen uns holen können, wenn wir die Beziehung zum lebendigen und lebenliebenden Gott nicht aufnehmen oder von uns aus stören. Unvergänglichkeit bedeutet: Wir können durch den Tod hindurchgehen. Wie soll das möglich sein? Indem wir uns mit unserem ganzen Leben für den lebendigen Gott öffnen und an ihn binden – an den Gott des Lebens und der Hoffnung.

Viel knapper nennt es der Verfasser des Weisheitsbuches: „Denn die Gerechtigkeit ist unsterblich" (1,15). Gerechtigkeit ist nicht, vordergründig einem Gesetz zu gehorchen. Wenn das Wort „Gerechtigkeit" in diesem biblischen Buch begegnet, dann meint es eine umfassende Lebensgestaltung. Gerechtigkeit setzt da an, wo nichts, vor allem das Gute nicht, für selbstverständlich genommen wird. Dann geht das Fragen weiter: Woher kommt diese Gerechtigkeit, was ist dahinter? Der biblische Schriftsteller ist überzeugt, dass wir bei diesen Fragen auf den stoßen, der hinter allem lebt, auf den lebendigen Gott. Im Nichtselbstverständlichen – im Wunder der Schöpfung, im Staunen vor dem Gang der Geschichte, angesichts des Geheimnisstandes eines einzelnen Lebens können wir dahin finden, dankbar Gott anzuerkennen, uns zu freuen, dass er da ist, ja um seinetwillen voll Hoffnung leben – und beten.

Wo nicht alles als selbstverständlich genommen wird, gerät ein Mensch unter die Oberfläche der Lebensstrudel und kann von da aus genauer anschauen, was alles sich selbst als heilsam anpreist. Im Unterscheiden von Endgültigem und Vorläufigem legt sich die Übereignung des ganzen Lebens an Gott nahe. Nur – das ist kein Gesetz; das Leben in Gottes Hand legen, das geht nur in freier Zustimmung. Ein „Gerechter" im Sinne des Buches der Weisheit lebt nicht auf eigene Faust, sondern mit geöffneten Händen. Sie lassen sich von Gott mit den Wundern des Lebens füllen. Das Wahrnehmen und Ernstnehmen der Wunder führt in die Klarheit, die auch Auseinandersetzungen bestehen lässt, weil Gottes langer Atem sie durchweht. Zu dieser Verbundenheit mit dem lebendigen Gott in allem hilft entscheidend die Lebensordnung Israels, das Zehngebot etwa. Das ganze Leben in allem von innen her zu verstehen, das heißt letztlich: in der Gegenwart Gottes leben. Das kann kein Mensch erwirken oder herstellen. Es ist Gabe der erbetenen Weisheit. Sie ist die Innenseite und die „Seele" der Gerechtigkeit. Sie schafft das Leben neu.

Beweisen kann das Buch der Weisheit diese Zusammenhänge freilich nicht. Doch weist es hin auf das Ein und Alles, das den Tod überwindet – auf das vorbehaltlose Verbundensein mit dem Gott, der sich über die Geschichte mit den Menschen hin als Lebenliebender, als Liebhaber des Lebens erwiesen hat. Um dieses Vertrauen wirbt das Buch. Deshalb erinnert es in der Form des Gebetes an Ereignisse aus der Geschichte, die aufzeigen, dass Gott den Menschen zur Unvergänglichkeit geschaffen und ihn zum Bild seines eigenen Wesens gemacht hat.

Im wohl immer auch konfliktreichen Leben derer, die dieses biblische Buch lesen, soll diese Absicht Gottes neu lesbar werden. In den Lebensgeschichten mit allen Höhen und Tiefen soll das Buch weitergeschrieben werden. So gibt es also keine leichtfertige Rede Salomos in diesem Buch. Wohl eine, die darin bestärkt, nichts für selbstverständlich zu nehmen. Wer im Leben davon ausgeht, dass wir am Grunde unserer Existenz beschenkt sind, kann dann auch ein Komplize, ein Verbündeter des Lebens werden, das der lebendige Gott in seiner eindeutigen Zuwendung uns ermöglichen will: Denn er „hat den Menschen zur Unvergänglichkeit geschaffen und ihn zum Bild seines eigenen Wesens gemacht".

Daniel –
Den Weg zu Gott bahnen

1 Röntgenbilder der Zeit und des Lebens

„Da müssen wir eine Röntgenaufnahme machen!" Viele Menschen schon haben dieses Wort von einem Arzt oder einer Ärztin gehört. Auch wenn es heute andere Verfahren gibt: Immer bleibt der andere Blick auf die Leibesgestalt. Sich selbst als Gerippe sehen, sich selbst durchleuchtet wissen: welch ein Gefühl! Und über alle medizinischen Befunde hinaus: der Röntgenblick auf die eigene Lebensgestalt! Sich selbst durchschaut wissen! Und darin auch der eigenen Hinfälligkeit ins Auge sehen – und dem eigenen Tod zuletzt auf die Spur kommen. Wer hätte nicht Angst davor? Wer möchte da nicht auch wegschauen? Wer kennt nicht die Versuchung, einfach auszuweichen?

Röntgenbilder helfen zu einer Diagnose und zur Therapie. Nicht selten gibt es beim Anschauen eines Röntgenbildes den Satz zu hören: „Da kommt was auf Sie zu." Wer das sagt, hat schon vieles kommen und gehen sehen. Weckt es eher Zuversicht oder eher Besorgnis? Wer bei dem Satz „Da kommt was auf Sie zu" nichts Gutes ahnt, stellt sich auf Krisen und Verluste ein. Jedenfalls geht nicht alles immer so weiter wie bisher. Viele Röntgenbilder sagen: „So kann es nicht weitergehen! Es muss etwas geschehen. Jetzt wird es Zeit."

Es gibt Ereignisse und Einschnitte im Leben, die die unweigerlich ablaufende Zeit des Lebens verdeutlichen, manchmal schockartig. Unabweisbar ist dann die Einsicht: Ich habe nicht beliebig viel Zeit – und: Ich kann die verbleibende Zeit nicht festhalten. Was ist dann unsere Aufgabe in der Erfahrung solch gestundeter Zeit? Und was erwartet uns in der noch ausstehenden Zeit, in der fraglichen Zukunft?

Solchen Fragen wendet sich ein Strang in den biblischen

Büchern des Alten und Neuen Testamentes zu, den man Apoka-
lyptik nennt. Diese biblischen Schriften erheben Einspruch gegen
den Lauf der Zeit im Namen des lebendigen Gottes, der mit seinem Volk eine ganz andere Geschichte begonnen hat als die, wie
wir Menschen sie in ihrem Ablauf begreifen wollen. Dieser Einspruch wird erhoben, weil die ursprüngliche Verheißung Gottes
für sein Volk und die Welt noch ihrer letzten Erfüllung harrt.
Deshalb wird die von Gott gemeinte Geschichte in die Welt gerufen, seine Regie über die ganze Welt und Weltgeschichte – gegen
die herrschenden Verhältnisse, gegen zahlreiche Formen staatlicher Macht und Gewalt, unter denen zahllose Menschen leiden,
gerade die, die in der Auseinandersetzung mit ihnen widerfahren-
der fremder Macht oder Gewalt unterlegen sind.

Zu dieser apokalyptischen Literatur gehört das Buch Daniel aus dem Alten Testament. Daniel, die Hauptperson, ist eine
Figur mit unterschiedlichen Gesichtern und Rollen. Immer wieder neu muss man sich ihr in den unterschiedlichen Geschichten
annähern. Daniel begegnet etwa als Abkömmling des judäischen
Königshauses und als hoher Beamter des persischen Königs, als
Traumdeuter und als Gerechter. Sein Name bedeutet: „Aufge-
richtet hat Gott". Mit dieser Gestalt des Daniel soll unsere Vor-
stellungskraft angeregt werden und nicht im Klischee erstarren –
wie immer in der Bibel. Denn die „Bilder des Glaubens bilden
nicht ab; und die Sprach-Bilder beschreiben nicht einfach, was
der Fall ist." Vielmehr fordern sie uns, wenn wir uns ihnen aussetzen, dazu heraus, unsere Lebenswelt mit der Wirklichkeit Gottes zusammenzubringen und zusammenzuhalten und uns vorzustellen, wie die Welt sich verändert, wenn sie zum Ort der Gegenwart Gottes wird. Diese Bilder lenken unseren Blick, damit wir
dem, was uns umgibt, schon ansehen, was daraus werden kann
und werden soll (Zitat und Gedanke aus: Jürgen Werbick, Auf
der Spur der Bilder, in: Bibel und Kirche, Heft 1, 1999, 2–9;
Zitat: 8).

Deswegen vermittelt das Buch Daniel eine Art Röntgen-
schock, in dem es zeigt, wie brüchig alle menschlichen Herr-
schaftsverhältnisse im Großen und im Kleinen sind und wie zer-
störerisch alle menschliche Herrschaft wird, die den Gott des
Himmels, der sich zugleich jedem einzelnen Menschen zusagt,

vergisst oder gar ausblendet. Solche Herrschaft steht auf tönernen Füßen, endet in einer Katastrophe.

Zugleich aber geben die Geschichten auch Orientierungshilfen, wie man in dieser katastrophischen Welt leben kann. Sie sagen: Nicht die Katastrophe hat das letzte und endgültige Wort, sondern die Treue Gottes. Wer es ersehnt, darauf vertrauen und hoffen zu können, kann anders leben. So atmen alle Geschichten auch die Hoffnung auf eine Veränderung der Welt zum Besseren hin. Mut zu finden, in der Wahrnehmung des eigenen Lebens und der Lebenszeit zugleich die Kunst des Lebens zu lernen, das sich in aller nahe liegenden Versuchung zu resignieren aufrichtet und Ausschau hält nach dem lebendigen Gott, ist ein Geschenk, das alles andere als selbstverständlich ist.

2   Von Gott, der Geheimnisse offenbart (Daniel 2,28)

Was fasziniert Menschen am meisten? Wovon lassen sich Menschen am tiefsten in Bann ziehen? Wohl von Schrecklichem und von Schönem, das die Grenzen des Normalen übersteigt! Nicht selten sind etwa bei katastrophalen Unfällen mindestens so viele Zuschauer zur Stelle wie Helfer. Oder bei Großkonzerten geben sich Menschen in die Bewegung der Musik hinein – mit Leib und Seele; sie vergessen, was sonst den Alltag ausmacht, und sind für ein paar Stunden wie in einer anderen Welt. Als ob im Erleben des Schrecklichen und des Schönen wir Menschen uns im Tiefsten herantasten an die Frage: Was ist das tragende Geheimnis von allem, was geschieht? Was ist das Geheimnis, das Anfang und Ende umspannt?

„Es gibt im Himmel einen Gott, der Geheimnisse offenbart" (2,28). So sagt der biblische Daniel. Er sagt dieses Wort dem babylonischen König Nebukadnezzar. Der hat ganz am Anfang seiner Regierungszeit einen beunruhigenden Traum, einen Angsttraum, mit dem er nicht fertig wird. Und zwar träumt er von einem Standbild in übermenschlicher Größe und von außergewöhnlichem, erschreckendem Glanz. Es ist aus verschiedenen Bestandteilen zusammengesetzt. Sieben Körperteile vom Kopf bis zu den Füßen aus vier Metallen in abnehmender Qualität, von

Gold über Silber und Bronze bis zum Eisen, bilden dieses Standbild, das auf tönernen Füßen steht. Die von dem Standbild verkörperte Weltherrschaft aller Zeiten ist – nach diesem Traumbild – in ihrem Bestand tief gefährdet. Und genau das zeigt der zweite Traumteil: Von einem Berg löst sich ein Stein und zerstört das Standbild restlos. Der Stein jedoch wird zu einem großen Berg und erfüllt die ganze Erde (2,31–35).

Dass der König über diesen Traum in große Unruhe verfällt, ist nicht nur verständlich, das hat einen Sinn: Damit wird nämlich angedeutet, dass der Traum in seiner Herkunft ungreifbar, von Gott gegeben ist, damit Menschen sich nachhaltig mühen, den Gang der Geschichte und die Wege Gottes zu erkunden und sich ihnen entsprechend auszurichten.

Einen eigenartigen Plan hat der König. Seine Zeichendeuter und Wahrsager sollen ihm nicht nur den Traum deuten. Nein, sie sollen ihm zuvor sogar den Traum selbst mitteilen. Hat er ihn vielleicht aus Angst vergessen, und nur die Unruhe ist geblieben? In einem drastischen Wortwechsel geben die Weisen des Königs zu erkennen, dass sie die Aufgabe nicht lösen können. Dafür sollen sie umgebracht werden. So ernst ist es dem König mit diesem Traum, und so tief scheint seine Angst.

Da genau kommt die Stunde des Daniel, der einen Zeitaufschub erwirkt. Er geht nicht flugs zum König und sagt: „Das mache ich schon." Vielmehr bittet er seine drei Freunde, mit ihm zu beten, damit ihm das Geheimnis enthüllt wird. Es ist der Gott Israels, dem die grenzenlose Allmacht in der Schöpfung und in der Geschichte zukommt. Dieser Gott kann allein den Traum des Königs aufdecken und deuten. Nach seinem Gebet, das den entscheidenden Umschwung dieser Geschichte bringt, erfährt Daniel, dass ihm das Geheimnis enthüllt wird und darin ihm in der unüberschaubar gewordenen Weltgeschichte ein Durchblick gewährt wird und der Weg des Glaubens sich öffnet. So tritt Daniel in großer Freiheit vor den König, er eröffnet ihm den Traum und die Deutung – dass der König nämlich Werkzeug des lebendigen Gottes ist, dass aber die Dynamik der Macht in der Entwicklung der Geschichte dem Walten Gottes entgegensteht und auf eine Katastrophe zusteuert, aus der dann die ewige und unzerstörbare Königsherrschaft Gottes aufsteigt. Der König nimmt die Deutung an und huldigt in einer ersten Reaktion dem Gott, von dem Daniel kündet, weil er in ihm das tragende Geheimnis der Welt erkennt. Wie lange und wie weit wird dieses Geheimnis, das Daniel ihm enthüllt hat, den König tragen? Der Fortgang wird es erweisen.

Daniel selbst erscheint als Mittler zum göttlichen Bereich. Allein in seiner Gestalt wird deutlich, dass uns die Erkenntnis des Vorletzten bleibt. Das Letzte steht uns Menschen nicht zur Verfügung. Doch können wir das, was uns vermittelt ist, immer neu aufnehmen, darauf intensiv hören, es zu deuten versuchen und in den daraus gewonnenen Perspektiven unser Leben gestalten. Es wäre die uns mögliche Entdeckung von wichtigen Aspekten der Wirklichkeit.

So bleibt unser Leben ein ständiges Wandern auf die unverborgene Begegnung mit dem lebendigen Gott hin, der wartet, bis wir sein Geheimnis nicht mehr ausschlagen, es vielmehr würdigen und annehmen.

In der Art und Weise, wie Daniel betet, eröffnet er uns einen Zugang zu diesem Gott als dem tragenden Geheimnis unserer Welt. Er verknüpft in der Gebetsanrede die vertraute, persönliche, in das Bekenntnis hineinragende Anrufung: „Dich, Gott meiner Väter" (2,23; vgl. 9,4) mit dem Bekenntnis zum Herrn über die ganze Erde, dem Himmelsgott (2,20). Demnach steht alles in der verfügenden Macht Gottes. Zu ihm betet Daniel als einer, der in seinem Leben bedroht ist, von ihm erhofft er Trost und eine neue Perspektive. Im betenden Sich-Anvertrauen wahrt Daniel das göttliche Geheimnis. Indem er Gott als den sich nahe zusagenden und als den ganz Anderen bekennt, wehrt er der Gefahr plumper Vertraulichkeit. Er bewahrt und würdigt das Anderssein Gottes. Wer nie die Ferne gespürt hätte, wüsste auch nicht, was Nähe ist. Das gilt in allen Verhältnissen. Je lebendiger eine Beziehung ist, desto gefährdeter ist sie auch. So bleibt Daniel in der Wanderung auf Gott, den unbegreiflich Anderen hin und den, in dessen Geheimnis wir suchen, wahrhaft daheim zu sein, wenn wir uns anvertrauen, statt aus dem distanzierenden Überblick nur zu überprüfen. Das Geheimnis Gottes will bewohnt und gelebt sein. Zumindest eine Ahnung davon wäre belebend.

3 Durchs Feuer gehen (Daniel 3)

„Für die Stadt gehen wir durchs Feuer – Feuerwehr Münster."
Manchmal sehe ich diesen Autoaufkleber. Mir kommen dann Bilder in den Sinn. Nicht nur, wie Feuerwehrleute in größtmöglicher Eile und Konzentration auf dem Weg dahin sind, wo es brennt. Auch, wie Menschen ohnmächtig erleben, dass verbrennt, was ihnen Schutz und Geborgenheit, ja Lebensraum und -unterhalt war. Und im schlimmsten Fall, wie Menschen in den Flammen umkommen.

„Der/die geht für den/die durchs Feuer." Das ist eine bekannte Redewendung in unserer Sprache. Sie meint, dass da jemand bis zur äußersten Bedrohung für einen anderen Menschen einsteht, um ihm die Not zu mildern oder abzunehmen.

Im biblischen Buch Daniel gehen drei junge Männer durchs Feuer für den lebendigen Gott. Die drei sind Freunde und Gefährten Daniels. Sie haben die gleiche Ausbildung und Ausrichtung wie Daniel selbst. Die Erzählung beginnt mit einer großen Demonstration der staatlichen Macht. Der König hat ein riesiges Standbild errichten lassen, sich mit allen Würdenträgern und Repräsentanten seiner Macht versammelt und den Befehl zur kultischen Verehrung dieses Standbildes erteilt. Alle folgen der Anweisung. Nur drei scheren aus: drei junge judäische Männer. Drei gegen alle. Das ist die Situation. Sie werden denunziert, verhaftet, vors Gericht gestellt.

In der Gerichtsverhandlung legen sie ihren Protest offen. Protest ist ja nicht allein Widerstand gegen etwas, sondern vor allem auch Zeugnis für etwas. Sie leisten Widerstand gegen die Selbstverabsolutierung staatlicher Macht im Standbild des Königs, der sich damit an die Stelle Gottes setzt. Wegen des Bildes sind sie bereit zum Martyrium. Denn die Frage nach den Bildern prägt das Gottesverhältnis der biblischen Menschen zutiefst. Die Verehrung des einen und einzigen Gottes bliebe graue Theorie, wenn sie nicht konkret würde in den alltäglichen Vollzügen und auch Anforderungen. Nicht nur, dass die Lebendigkeit aller Begegnung verloren ginge, vielmehr würde sich die Verehrung ausrichten auf ein selbst entworfenes Bild, das den eigenen Wünschen und Vorstellungen entspräche, jedoch keinen Raum mehr ließe für das Andere des lebendigen Gottes. Er will gerade im Menschen für Menschen sichtbar sein. Dafür treten die drei jungen Männer ein.

Sie legen vor dem König im Angesicht der drohenden Hinrichtung durch Verbrennen den Kern ihrer Glaubenshaltung offen: „Wenn überhaupt jemand, so kann nur unser Gott, den wir verehren, uns retten; auch aus dem glühenden Feuerofen und aus deiner Hand, König, kann er uns retten. Tut er es aber nicht, so sollst du, König, wissen: Auch dann verehren wir deine Götter nicht und beten das goldene Standbild nicht an, das du errichtet hast" (3,17f).

Tut er es aber nicht ... Was für ein abgründiger Satz! Nicht mehr um Lohn geht es in der Gottesbeziehung, sondern um die absichtslose Beziehung: weil Gott Gott ist. Dieser Glaube ruft den einzelnen Menschen vor Gott. Dieser Glaube ist eine Weise des Vertrauens, Mut, der ja sagt zu dem in Frage gestellten Leben und nicht irre wird, selbst wenn alle Hoffnungen auf das Leben zerbrechen. Dieser Mut ruft einen Sinn des Lebens und der Welt aus, der beiden einzig von Gott her zukommen kann und selbst noch angesichts aller Zerstörung Bestand haben wird.

So zeigt es die Geschichte weiter: Die Drei sollen durch Verbrennen im Feuerofen hingerichtet werden. Ihr Protest wird als so ungeheure Provokation erlebt, dass der Feuerofen siebenmal stärker geheizt wird (3,19). In das übermäßig lodernde Feuer werden die drei jungen Männer geworfen. Es heißt in der Erzählung: „Doch sie gingen mitten in den Flammen umher, lobten Gott und priesen den Herrn" (3,24). Ein langes Gebet folgt, das in der Bitte um Errettung gipfelt. Vielleicht sind solche außerordentlichen Erfahrungen der Lebensbedrohung eher zu ertragen in Gemeinsamkeit. Was wäre wohl, wenn die Drei isoliert gewesen wären?

Hineinverwoben in das Gebet ist die Notiz, dass „der Engel des Herrn zusammen mit den Dreien in den Ofen hinabgestiegen war" (3,49). Seine Aufgabe besteht darin, die Drei im Feuer unversehrt zu bewahren und so zu erweisen, dass „es keinen anderen Gott gibt, der auf diese Weise retten kann" (3,96). Die Nähe des Engels, der dafür sorgt, dass das Feuer die Drei nicht berührt, bewegt die jungen Männer zu einem zweiten Gebet, zu einem großen Lobgesang (3,51–90). Es spricht von der ewig währenden Güte Gottes. Gerade der Engel drückt die Zusage Gottes aus, die Menschen nicht allein zu lassen, sondern dabei zu sein in allen Nöten. Das Bild des sichtbaren und doch nicht greifbaren Engels mitten in der nicht mehr steigerungsfähigen Glut spricht davon, dass Gott anders ist, als wir vermuten, dass er eine Möglichkeit mehr bereit hat, als wir ahnen. In diese zuvorkommende Wirklichkeit Gottes schwingen die jungen Männer im Lobpreis ein. Sie loben Gott um Gottes willen, sind überzeugt von seiner Gegenwart, unterstellen ihm einen guten Willen uns und anderen gegenüber und bauen auf seine unbedingte Verlässlichkeit. Loben ist die intensivste Form eines Vertrauens, das sich mit aller Kraft auf den lebendigen Gott bezieht und Anteil bekommt am Leben Gottes.

Wie wahr das wird, zeigt die Erzählung im Buch Daniel. Am Ende entdeckt der König, wie unversehrt die Drei sind. „Nicht einmal Brandgeruch haftet ihnen an" (3,94), heißt es. Was die Drei gegen alle anderen dem königlichen Standbild an Verweigerung entgegengebracht hatten, entpuppt sich durch das Zeugnis dieser Zeugen zu einer Gegenveranstaltung zum Standbild: Der König erkennt die rettende Wirksamkeit des lebendigen Gottes an und stellt die drei jungen Männer unter seinen besonderen Schutz. Indem sie für Gott durchs Feuer gehen, geht Gott in Gestalt des Engels für sie durchs Feuer.

4 Daniel in der Löwengrube (Daniel 6)

Viele Menschen haben das erlebt und erleben das: Wenn man völlig kontrolliert oder gedrängt wird, sich anzupassen, geht das innere Wissen verloren, jemand zu sein. Ob dann noch Vertrauen da ist, überhaupt etwas Sinnvolles und Lebendiges im und mit dem eigenen Leben ausrichten zu können? Diese Fragen gehen tief. Sie sind Fragen der biblischen Erzählungen, auch des Buches Daniel. Es erzählt aus der Sicht der Bedrängten, von „unten", etwa aus der Sicht Daniels, der in die Löwengrube gestoßen wurde, zur Hinrichtung. Wie kann es dazu kommen?

Erzählt wird, dass der Mederkönig Darius eine riesige, umfassende Verwaltungsreform seines großen Reiches verordnete, weil „er es für gut befand" (6,2). Hinter diesem Willkürakt steht eine klare Intention: Darius möchte über Kontrollinstanzen eine Zentralisierung der Macht, die dann ganz auf ihn zuläuft. Zu seinen Spitzenbeamten gehört Daniel, der weise und standhaft ist. Eine Auseinandersetzung auf höchster Ebene zeichnet sich nun ab.

Als offenkundig wird, dass der König den Daniel wegen seiner Umsicht und Verlässlichkeit als höchsten Beamten einsetzen will, der allen anderen übergeordnet ist, werden bei den Vertretern des Staates Hoffnungen und Ängste wach. Hoffnungen, weil dann der Staat sich selbst nicht vergöttlicht – Ängste freilich bei den anderen Beamten, die unter Konkurrenzdruck stehen und Daniel, den viel beneideten Fremden, fürchten und ausschließen möchten. Er soll zu Fall gebracht werden. Weil er unbestechlich ist, fällt das nicht leicht. Am ehesten ist da etwas auszurichten mit der Religion, mit seinem Glauben, wenn man es nur geschickt aufzieht. Also packen sie den König bei dem, was ihn fesselt, was ihn in Bann schlägt: bei seinem Wunsch, wie eine große Gnadensonne zu sein. So wird ein Erlass entworfen, und der König unterschreibt ihn bereitwillig: Dreißig Tage lang sollen nur an den König Bitten und Gesuche gerichtet werden können, nicht an irgendeinen anderen Menschen und auch nicht an einen der Götter. Wer dem zuwiderhandelt, soll den Löwen vorgeworfen werden. Wo Eitelkeit im Spiel ist, wo es um die Macht geht, wird nicht lange gefackelt, da gilt ein Menschenleben nichts. Darius stutzt in nichts bei diesem Erlass.

So aufgeregt in diesem politischen Treiben die politischen Machthaber sich zeigen – Daniel wird ihnen gegenübergestellt: „Als er erfuhr, dass das Schreiben unterzeichnet war, ging er in sein Haus. In seinem Obergemach waren die Fenster nach Jerusalem hin offen. Dort kniete er dreimal am Tag nieder und richtete sein Gebet und seinen Lobpreis an seinen Gott, ganz so, wie er es gewohnt war" (6,11). Daniel grenzt sich von den übrigen Machthabern ab. Er wird zum Zeugen Gottes in einem Staat, der Gott ausblendet – eine grundsätzliche Herausforderung für Daniel.

Natürlich wird er überwacht, und die Falle schnappt bald zu. Die ganze Betriebsamkeit der anderen hohen Beamten kommt ans Ziel: Der Fall ist eindeutig. Der König ist entsetzt, dass diese eigenartig befristete Vorschrift nun auf den angewendet werden soll, dem er mehr als allen anderen vertraut. Doch hat der König sein Wort gegeben und muss zulassen, dass Daniel in die Löwengrube geworfen wird. Er selbst muss sogar den Stein versiegeln, der vor dem Eingang der Löwengrube liegt, damit es keine Manipulation an der Situation Daniels geben kann.

Niemand kann Daniel retten, es sei denn sein Gott. Ihm vertraut Daniel. Das gehört zu seinen Kennzeichen (6,11.12.17. 21.23.24.27), gehört zum roten Faden seines Lebens. Schon oft hat Daniel gegen die Ausblendung Gottes und den totalitären Herrschaftsanspruch menschlicher Macht gekämpft, jetzt setzt er zum ersten Mal unmittelbar sein Leben ein. Ob in dieser Bedrängnis noch Vertrauen da ist bei ihm? Die Erzählung richtet den Blick eher auf den König Darius, der nun mit einem Mal auf den Gott Daniels seine Hoffnung setzt. Er isst am Abend nicht, er schläft nicht in der Nacht.

Dann kommt der Morgen. Der König schleicht sich zur Löwengrube. Der, an den allein sich alle Bitten und Gesuche richten sollten, beugt sich kläglich über die Löwengrube und sieht nichts. Doch ruft er den Daniel: „Hat dein Gott, dem du so unablässig dienst, dich vor den Löwen erretten können" (6,21)?

Nicht das Gebrüll von Löwen bekommt er zu hören, sondern Daniels klare Stimme. Daniel verweist nicht auf sich, sondern auf den Engel Gottes, der den Löwen den Rachen verschlossen hat (6,23). Allein in seinem Sich-Anvertrauen, seiner immer neuen Hinwendung zum lebendigen Gott ist er „jemand" geblieben, ist er stark geworden zur Unterscheidung der Geister und zum Widerstand gegen alle Selbstvergöttlichung von Menschen.

Und dann endet alles, wie es schon mal geendet hat: Dem Gott Daniels wird in einer feierlichen, an alle Völker der Erde gerichteten Proklamation die Ehre gegeben. Eigenartig genug: Der König, der sich zum Mittelpunkt der Welt gemacht hat, sprengt nun selbst seinen totalitären Herrschaftsanspruch und den jedes ihm zugeordneten Staates auf, indem er sich freiwillig dem Gott unterwirft, „dessen Reich niemals untergeht", wie er selber sagt (6,27). Von Daniel wird kein Triumph erzählt, kein Gehabe der Besserwisserei. Vielleicht geschieht in solchen Ereignissen, was die Dichterin Ilse Aichinger einmal schreibt:

„Diese Nacht zwang die Großen in die Not der Niedrigkeit und die Kleinen in die Not der Größe, und sie ließ sie mit zitternden Fingern und gespaltenen Federn widerwillig in ihre Tagebücher schreiben, dass man erst nichts werden muss, um alles zu sein."

Ilse Aichinger, Die grössere Hoffnung, in: Dies., Die grössere Hoffnung / Meine Sprache und ich / verschenkter Rat. Frankfurt/M. 1986, 133.

So lässt sich an Daniel ablesen: Wer einem gewaltigen Anpassungsdruck – von wem auch immer – Widerstand leisten kann, hat Grund zum Vertrauen, von Gott – wie auch immer – nicht verlassen zu sein. Vielleicht blitzt dann schon etwas auf von dem Glanz, der dann vollends leuchtet, wenn von Gott die Wege gebahnt sind und er sie sich gebahnt hat.

5   Susanna – „eine Tochter Israels" (Daniel 13,48)

Der Name Susanne, den manche Mädchen und Frauen tragen, bedeutet „Lotusblüte" und erinnert an die sich strahlend immer wieder neu aus dem Wasser entfaltende Seerosenart. Dieser Name ist über eine biblische Erzählung zu uns gekommen. In dieser Erzählung spielt Daniel eine gewichtige Rolle. Deshalb steht sie in dem nach ihm benannten biblischen Buch. In der Kirche hat man sich von Anfang an mit dieser eindrucksvollen Geschichte um Susanna beschäftigt. Von ihr heißt es: „Sie war sehr schön und gottesfürchtig" (13,2). Damit sind für die biblischen Menschen zwei Kennzeichen von Belang genannt. Ihre Schönheit verweist auf die ursprüngliche Schönheit der Schöpfung, die Gott mit Freude ansieht (Genesis 1,31) und in der Gottes Schöpferfreude anschaubar wird. Die Gottesfurcht erinnert daran, dass im Risiko des Vertrauens die mögliche Seligkeit des überraschenden Findens liegt. Susanna hat das nicht aus sich. Ihr ganzer Werdegang ist stimmig, wie vermerkt wird: „Auch ihre Eltern waren gerecht und hatten ihre Tochter nach dem Gesetz des Mose erzogen" (13,3).

Das Ansehen ihres Mannes verdankt sich denselben Wurzeln. Nur, dieses glückliche und offenbar stabile Leben spielt sich

nicht im luftleeren Raum ab. Das erste Wort der Erzählung ist
von Belang: „In Babylon ..." Mit diesem Ortsnamen wird der Inbegriff von Gesetzlosigkeit, Falschheit und Lüge wachgerufen. Babylon ist gezeichnet als der Gegenpol zu dem, was Gott mit und
in Israel für die ganze Welt begonnen hat und vollenden möchte.

Susanna lebt in diesem gefährlichen Kontrast. Wie kann
man ihn so bestehen, dass man in der übermächtigen, andersartigen Umwelt die eigene Grundüberzeugung bewahrt und sich
nicht anpasst? Was kann zur Lebensbrücke werden, wenn man in
Kollision gerät mit Machtverhältnissen, die ein verschlungenes
Netz von Lug und Trug auswerfen? Diese Fragen werden an
Susanna beispielhaft durchgearbeitet.

Sie steht als wahre Jüdin nicht nur im Kontrast zu Babylon,
viel schlimmer noch ist der Kontrast in ihren eigenen Reihen. Das
Haus ihres hoch angesehenen Mannes ist zu einem Versamm-
lungsort der Gemeinde und zu einem Raum geworden, in dem im
Rückgriff auf die Lebensordnung des Volkes Gottes Rechtsstreit-
tigkeiten beigelegt werden. Und genau an diesem Ort amtieren
zwei judäische Richter, die von Ungerechtigkeit durchdrungen
sind, wie es heißt (13,5). Mittags wenn die Richter und Ältesten
das Gericht verlassen, geht Susanna im Garten spazieren. Kein
Wunder, dass viele auf sie schauen. Von den beiden Richtern wird
nun berichtet: „Ihre Augen gingen in die Irre" (13,9). Das richtet
sich gegen die biblische Weisung: „Deine Augen sollen geradeaus
schauen" (Sprüche 4,25) und offenbart Absichten, die nichts
Gutes verheißen. Mit allen erdenklichen Tricks lauern die beiden
Susanna auf, um ihren dunklen Wünschen näher zu kommen.

An einem heißen Sommertag (13,15) nun will Susanna baden. Sie lässt sich von zwei Dienerinnen Öl und Salben holen und
das Gartentor verriegeln, um ungestört und ungesehen bleiben zu
können. Doch längst haben sich die beiden Richter versteckt, um
über Susanna herfallen zu können. Sie sagen ihr: „Sei uns zu Willen und gib dich uns hin! Weigerst du dich, dann bezeugen wir
gegen dich, dass ein junger Mann bei dir war und dass du deshalb die Mädchen weggeschickt hast" (13,20 f).

Was soll Susanna in dieser Bedrohung tun? Wie wirkt sich
aus, dass sie zuvor Halt an Gottes Weisungen und daraus Wider-
standskraft gegen solchen Gewalttaten gefunden hat?

218

Susanna entscheidet sich ohne langes Zögern für die Lösung: den eigenen Überzeugungen treu zu bleiben in Übereinstimmung mit der Lebensordnung Israels – auch wenn sie die Rache der abgeblitzten Ältesten fürchten muss. Sie schreit also um Hilfe, erfährt aber, dass die beiden alles gegen sie auslegen. Auch hier steht eine biblische Erfahrung im Hintergrund: „Tod und Leben stehen in der Macht der Zunge" (Sprüche 18,21).

Das Ganze nimmt seinen Lauf. Mit Falschaussagen demonstrieren die scheinbaren Juristen die Macht von Lüge und Gewalt und bewirken das Todesurteil gegen Susanna. Sie gerät in der Rolle der moralisch, religiös und sozial gebrandmarkten Frau, da alle den Hochgestellten glauben. Susanna jedoch erweist, wie sehr sie eine gestandene Frau mit eigenem Glauben und eigenen Maßstäben ist, wie das Gebot des Volkes Gottes ihr Lebens-Angebot ist, ihre Brücke über alle Abgründe in eine heilvolle Zukunft. So schreit sie ihr Gebet öffentlich heraus (13,35.42f): „Ewiger Gott, du kennst auch das Verborgene, du weißt alles, noch bevor es geschieht. Du weißt auch, dass sie eine falsche Aussage gegen mich gemacht haben. Darum muss ich jetzt sterben, obwohl ich nichts von all dem getan habe, was diese Menschen mir vorwerfen."

Das himmelschreiende Unrecht ist öffentlich benannt. Und der Himmel greift ein, nicht magisch und unmittelbar, sondern mit tatkräftiger menschlicher Hilfe. Es heißt: „Der Herr erhörte ihr Rufen. Gott erweckte den heiligen Geist in einem jungen Mann namens Daniel, als man Susanna zur Hinrichtung führte" (13,44f). Der Name Daniel heißt ja „Gott richtet auf". Gott lässt Erniedrigte wie Susanna aufrichten und Bösewichtern – wie den Ältesten – das Handwerk legen. Gericht zeigt sich hier als rettendes Gericht und als Vernichtungsgericht.

Daniel rollt den Prozess neu auf, der das war, was man einen kurzen Prozess nennt. Er ist nicht geblendet von sexueller Lust. Er zerreißt vielmehr den kollektiven Verblendungszusammenhang, dessen Opfer Susanna fast geworden wäre. Neben der Schönheit bringt Daniel auch die Würde Susannas zur Geltung. Er zeigt, wie tiefer Respekt voreinander und Achtsamkeit auf Gottes Gegenwart und Wollen die personale menschliche Begegnung in hellem Licht aufscheinen lassen.

Die Ältesten werden enttarnt und zum Tode verurteilt. Alle, die dieses Drama erlebt haben, stimmen in den Lobpreis Gottes ein. Anlass dafür ist dieses Zusammenspiel von menschlicher Echtheit und lebendigem Gottesglauben einerseits und göttlicher Hilfe andererseits. In solchem Zusammenspiel bahnt sich an, was wir zutiefst ersehnen und was Gottes Anliegen für uns ist. Dafür stehen Susanna und Daniel. Nicht nur damals vor mehr als zweitausend Jahren.

6   *„Seine Macht ist eine ewige Macht,*
     die nicht vergeht" (Daniel 7,14)

Manchmal erscheint ein früher Morgen mit seiner bleiernen Schwere wie ein Bild fürs ganze Leben. Wie kann der Weg überhaupt weitergehen? – ist dann die Frage. Wenn Menschen die immer geschehenden Umbrüche am eigenen Leib als nachteilig empfinden, verlieren sie nicht selten das Vertrauen in die Welt, ja sie misstrauen dem Verlauf der Geschichte und der Zukunft im Ganzen. Angst, die dann aufsteigt, entfremdet Menschen von sich selbst und verhindert, in Gefahren auch Chancen zu suchen. Wie kann der Weg überhaupt weitergehen?

Das biblische Buch Daniel ist mit Fragen dieser Art randvoll. Entzündet haben sich die Fragen daran, wie der Verfasser des Buches menschliche Macht erfährt. Ohne Umschweife und ausgesprochen nüchtern stellt er fest: Solange es Menschengeschichte gibt, gibt es auch den Willen zur Macht und Herrschaftsgelüste. Die alles entscheidende Frage dabei ist: Wie wird diese Macht gewollt?

In den Danielerzählungen sind viele negative Erfahrungen mit menschlicher und staatlicher Macht zum Vorschein gekommen. Da zeigt sich überdeutlich, dass es einen Machtgebrauch gibt, der Machtmissbrauch ist, weil er Menschen unterdrückt und verachtet. Er zeigt sich in Inhumanität und Hass, weil dahinter ein Totalitätsanspruch steht, der sich selbst zum Maßstab aller Dinge macht.

Immer dann wird auch die Alternative klarer, nämlich der Gebrauch von Macht zur Befreiung und Förderung anderer, wo das menschliche Vermögen eingesetzt wird, auf dass andere besser leben können.

Daniel hat einen Traum, der ihn bedrückt. Er träumt beide Machtgestalten. Der erste Traumteil zeigt ihm vier Bestien, die unmenschlich sind, gefräßig und wild, die die entstellende Wirkung politischer Macht auf den Menschen zeigen. Anstelle dieser schaurigen Bestien, die dem aufgewühlten Meer entstiegen sind und schließlich alles gefressen und zertrampelt haben, erscheint dann in göttlichem Lichtglanz „einer wie der Sohn eines Menschen" (7,13). Nach dem göttlichen Gericht über die Bestien wird ihm nun alle Macht übergeben. Von ihr heißt es: „Seine Macht ist eine ewige Macht, die nicht vergeht" (7,14.18.27).

„Einer wie der Sohn eines Menschen" – in der Vision der Nacht erscheint er dem Daniel als wunderbarer Retter, als Lichtgestalt im Kontrast zur Nacht, als Mensch im Gegensatz zu den Bestien. Er ist vom selben Fleisch und Blut wie Daniel selbst, er ist einer von uns, ein einzelner Mensch. Nahe beim Thron Gottes steht er, ist geradezu bei Gott zu Hause und kommt von ihm. Ihm wird Gottes All-Macht übertragen; nicht zum Unterdrücken, sondern zum Aufrichten. Seine Macht, sein Reich werden eine andere innere Struktur, eine andere innere Programmatik haben als bei allen Machthabern zuvor. Er wird nicht durch die unmenschliche Fratze des Machtmissbrauchs entstellt, vielmehr ist er selbst ein Ohnmächtiger und Erniedrigter, der vor der Selbstvergötzung politischer Macht gefeit ist, dessen Grundanliegen es ist, den Gebeugten aufzuhelfen (Daniel 4,14; Psalm 145,14).

Daniel träumt in seiner als heillos erlebten Gegenwart, in auswegloser Not und Unterdrückung, unter einem König, der großsprecherisch „Kult und Gesetz" (7,25) außer Kraft setzt und zahlreiche Aktionen gegen Gott und sein Volk richtet – er träumt eine menschliche Lichtgestalt. Wer retten und heilen will, braucht Macht. Der „wie der Sohn eines Menschen" bekommt von Gott alle Macht und wird sie einsetzen: Indem er nicht entmündigt, sondern befreit; indem er nicht zerrüttet und spaltet, sondern Recht und Frieden schafft; indem er nicht niedertritt, sondern aufrichtet. „Seine Macht ist eine ewige Macht, die nicht vergeht" (7,14).

Kann mit solch einem Traum der Weg weitergehen? Daniel beschreibt mit dem Traum die Verhältnisse hier und jetzt und darin den Kontrast illusionslos: *Hier* Großmächte, die ihr Gebiet erweitern wollen, die raffgierig und auf Machtsteigerung aus sind, die wie Ungeheuer von unten kommen, aus dem Meer, aus dem Verschlungenen, auch aus dem Sumpf von Gier und Gewalt. *Da* der „wie der Sohn eines Menschen", der von oben kommt, von Gottes Licht durchleuchtet, von Gottes Gnaden, als Himmelsgeschenk, mit eindeutigen Absichten – zum Aufrichten aller Erniedrigten.

In diesem Kontrast können wir lernen, ohne Verwischung der Tatsachen unsere Welt zu beschreiben – und doch die Hoffnung zu bewahren! Denn die frühe Kirche sieht im Traum des Daniel eine Gestalt, die sie in Jesus von Nazaret wieder erkennt. Auch er hat Macht. Nicht wie eine gefräßige Bestie, vielmehr hat er Macht, die Erniedrigten aufzurichten, die Zerrütteten zu stärken, die Kranken zu heilen, die Entfremdeten zu sich zu bringen. Auch er wird ein Erniedrigter, ohne alle Macht, am Kreuz; doch er erhält von Gott alle Macht in der Auferweckung – um Leben zu stiften, unzerstörbares, unendliches Leben – durch Gewalt, Sünde und Tod hindurch. So ist er all-mächtiger Menschensohn, Inbegriff des wahren Menschseins.

Mit ihm ist neu und unwiderruflich wahr geworden, was schon aus dem Buch Daniel zu uns kommt: Gott setzt in allen und gegen alle Dimensionen des Zerstörerischen einen neuen Anfang. Von diesem von Gott allein gesetzten Beginn her als dem Ende alles Zerstörerischen sind wir gerufen, wie der und mit dem zu wirken, dessen Macht eine ewige Macht ist, die nicht vergeht. Wie könnten wir unser Leben und unsere Lebenszeit besser wertschätzen als im Licht dessen, der bei Gott ist und bei uns „wie der Sohn eines Menschen"?

Spirituell leben in unserer Zeit

Richard Rohr
Hoffnung und Achtsamkeit
Spirituell leben in unserer Zeit
11,9 x 19,8 cm, 256 Seiten, Paperback
ISBN 3-451-27584-8

Richard Rohr sorgte in der Vergangenheit für Aufsehen, weil er den Kern der religiösen und kulturellen Situation unserer Zeit bloßlegte. In diesem neuesten Buch errichtet er nun mit klarer Analyse und visionärer Kraft die Fundamente einer zeitgemäßen Spiritualität.

Henri Nouwen
Auf der Suche nach dem Leben
Ausgewählte Texte mit einer
Einführung von Robert A. Jonas
13,9 x 21,4 cm, 208 Seiten, Halbleinen
ISBN 3-451-27588-0

Texte von großer spiritueller Kraft. Der weltbekannte geistliche Autor entfaltet in diesen Texten den Blick auf die wahre Natur der Dinge und der Menschen, auf das, worauf es ankommt. Ein Buch „von tiefer Wahrheit" (Richard Rohr). Mit einer Kurzbiographie, in der der beeindruckende Weg von Henri Nouwen nachgezeichnet wird.

Jean Vanier
Einfach Mensch sein
Wege zu erfülltem Leben
11,9 x 19,8 cm, 192 Seiten, Paperback
ISBN 3-451-27404-3

Jean Vanier, der geistliche Lehrer von Henri Nouwen, öffnet das Tor zur Spiritualität, indem er Erfahrungen des Alleinseins, der Zugehörigkeit, der Freiheit, der Vergebung, der Offenheit für andere und für den eigenen Weg eindrucksvoll darlegt.

In jeder Buchhandlung

HERDER

Quellen der Inspiration

Anton Rotzetter
Wo auf Erden der Himmel beginnt
Jahreslesebuch
13,9 x 21,4 cm, 400 Seiten, mit 12 Abb.,
Lesebändchen, Halbleinen
ISBN 3-451-27590-2

Die Texte dieses Lesebuches begleiten durch das ganze Jahr und inspirieren zu einem christlichen Leben, in dem sich der Himmel auf Erden zeigt.

Carlo Carretto
Wo der Dornbusch brennt
Lebenswissen aus der Wüste
10,6 x 19,8 cm, 192 Seiten, Pappband
ISBN 3-451-27472-8

„Das größte Geschenk der Sahara für mich ist Beten" – alles, was von diesem Geschenk übertragbar ist, hat der unvergessliche Meister spirituellen Lebens diesem Buch anvertraut.

Gisela Zimmermann
Ein Engel dir zur Seite
Von den stillen Begleitern auf unseren Wegen
13,9 x 21,4 cm, 192 Seiten, zahlreiche Bilder,
Pappband
ISBN 3-451-27599-6

Als ob ein Raum der Seele wieder geöffnet würde, folgen Menschen heute neu den Spuren der Engel. Inspirierende Gedanken, Geschichten und Gedichte von Rose Ausländer, Anselm Grün, Romano Guardini, Max Frisch, Dorothee Sölle u. v. a. m.

In jeder Buchhandlung

HERDER